果濱學術論文集（一）

自序

本《論文集(一)》挑選這三年來較具有代表性的作品五篇,如:
「佛典臨終前後與往生六道因緣論析」。
「佛典瀕死現象研究」。
「再論慧能的二個偈頌──以《敦博本》與《宗寶本》壇經為研究題材」。
「論佛典教材數位化與青年學佛」。
「《華嚴經》華藏世界的宇宙論與科學觀」。

其中二篇探討生死學有關「臨終瀕死」問題。一篇是有關《敦博本》與《宗寶本》中六祖慧能的二個偈頌研究。一篇是「第七屆世界佛教青年僧伽協會國際論壇」的論文,以數位化教材與青年學佛為探討主題。一篇是《華嚴經》的「華藏世界」宇宙天文科學觀研究。這五篇重新整理起來已超過十萬字,後面再附上《華嚴經‧華藏世界品》全文解析。這品是筆者多年來在佛學院講解「華藏世界品」的研究成果,已將整品經文作條目式的歸納整理,並利用電腦軟體親自繪製十餘張的高清全彩「華藏世界」圖,其中「華藏莊嚴世界海」全景圖採用 6600 解析度,共花費一個月製作,可謂目前最高解析度的作品。

個人認為《論文集》不一定全是冰冷艱澀而無聊的著作,或是炮火相對的激辯,它可以變得很親切、有生命、有價值及具有高度的閱讀性;能容易深入民心而帶給大眾「正知正見」,釐清經教的盲點,宣揚如法的知見,讓論文也能便成「實用性」的文章。基於此故,已將某些原屬論文格式改成「條文標號」,也將人名或地名加上「底線標記」,艱澀經文旁邊也加了適當的白話解釋及注音。引用大量經藏時則改用❶或①或(1)標示之,至於文章底下的註解仍保留原論文格式,其餘則將「行距」加大,方便閱讀。期待這樣的《論文集(一)》能獲得廣大迴響,則筆者將再接再厲,繼續撰寫更多相關的主題。教學繁忙之餘,匆匆編纂,錯誤之處,在所難免,猶望群賢,不吝指正。

陳士濱 於二〇一〇年九月土城楞嚴齋

目錄

佛典臨終前後與往生六道因緣論析

發表日期：2009 年 7 月 3 日(星期五)
會議地點：德霖技術學院通識中心大樓 7303
會議名稱：2009 年【第三屆文學與社會論文發表會】

【全文摘要】

　　本文以「緒論、本論、結論」方式完成，「緒論」中先介紹「中陰身」及「前世因果與今生果報」的基本觀念。「本論」分成三小節，一是「臨終前後的探討」，這部份的篇幅比較少。二是「往生六道的各種徵兆」，引用般若共牟尼室利譯《守護國界主陀羅尼經‧阿闍世王受記品》經文中對眾生往生「五道」（註1）的內容說明，再加上劉宋‧求那跋陀羅所翻譯《佛說罪福報應經》中49條內容來補充說明。三是「六道輪迴的因緣觀」，引用唐‧不空譯《大乘瑜伽金剛性海曼殊室利千臂千鉢大教王經‧卷十》及北齊‧那連提耶舍譯《大寶積經‧卷七十二》的記載，筆者試著將這兩部經用圖表排列起來，這樣可以更加清楚自己「前世」大約是從那一道來投生轉世的。這兩部經的「譯文」非常精美，屬於典型的「佛典文學」之作，其中也有不少難解的「文言文」，為了儘量讓大家了解六道輪迴的前因後果，所以筆者已在「原文」旁作了白話翻譯，為了不礙原文的閱讀，所以字型僅以8級的方式作白話解釋，這也是本論文的特色之一。希望借著這篇小論文可以讓我們更了解「人生」輪迴的真相。

【關鍵詞】

中陰、中有、六道、輪迴、因果、守護國界主陀羅尼經、佛說罪福報應經

---

1 這五道是「地獄、餓鬼、畜生、人道、天道」，沒有第六道的「阿修羅」，這是因為「阿修羅」道在「五道」中皆有，故不需將之再獨立出一道。大乘經典也常說到「六道、六趣」，這是將「阿修羅道」另外獨立出一道的說法。

一、緒論

（一）中陰身簡介

「中陰」的梵語為 antarā-bhava，也譯作「中有、中蘊、中陰有」，指的是人死亡之後至再次投胎受生期間的一個「神識」(或說「靈魂」)狀態。若按照一般眾生輪迴的週期來分，還可分成「死有、中有、生有、本有」，製表可下：

❶死有（梵 maraṇa-bhava）	人生臨終死亡之一剎那，稱為「死有」。
❷中有（梵 antarā-bhava）	即指「中陰身」，指「死有」與「生有」中間所受之身。
❸生有（梵 upapatti-bhava）	來生要投胎的親緣成熟，亡者將脫離「中有身」而投生於母胎之最初剎那，此稱為「生有」。
❹本有（梵 pūrva-kāla-bhava）	「生有」以後漸漸長大，由出離母胎而「嬰孩、童子、少年、壯年、老年」，以至壽命將盡，從生命出生到接近死亡的全部生命過程皆稱為「本有」。

死有(初死的一剎那)➡ 中有(死後 49 天內的中陰身)➡ 生有(即將投生的一剎那)➡

➡ 本有(投生後的新生命，直到接近壽終爲止)

除了以「中陰身」為名外，它還有四種不同的譯名稱呼，如：

①「意成身」或「意生身」：(梵 manomaya)，這是指「中陰」身乃是由「意念」而生，並非是父母之精血等外緣所形成。

②求生：(梵 saṃbhavaiṣin)：這是指「中陰身」會常常去尋找來世可轉生之處，所以「中陰身」就有了「求生」的稱呼。

③食香：(梵 gandharva)：音譯為「乾闥婆」，指「中陰身」是以「香氣」為他的精神動力，所以我們祭拜亡者時，也都是以「燒香、鮮花香、水果香」來祭拜他們。

④起：(梵 abhinirvṛtti)：這是指當這一世的身體毀壞以後，在來生還沒發生前；

所暫時生「起」的一個「假身」狀態，所以「中陰身」也稱呼為「起」。

其實這個「中陰身」並非是有形物質，它只是一種「無形」的精神狀態，《阿毘達磨大毘婆沙論・卷第七十》說「中有身，極微細故」（註2），所以必須是要有證得「天眼」的人才能看得見「中陰身」（註3）。但也聽很多人說亡者往往會給生前有緣的親眷朋友們「看」見，這表示「中陰身」雖屬「極微細」狀態，但他們很有「神通」（註4），可以變幻出「色身」給有緣的親眷朋友們「看」見，不過這種變幻出來的「色身」剛開始會跟「本人」一樣，漸漸的隨著個人生前的「業力」而有所改變。大約在前二個七到三個七之間是與「本人」生前一樣的，在三個七以後就會與將來要投生的「去處」一樣，所以有可能會變成二手二足、或四足、或多足，或無足（註5），也有可能只有如五、六歲左右的孩童之形（註6），一切皆隨他生前的「業力」決定。

當處於「中陰身」狀態時的亡者，「香味」是它的主要精神食物，但也只能享用「以他的名字」所祭祀的供品，也就是如果祭祀時並沒有呼喚亡者的名字，或者沒有為它立一個「牌位」，那麼它是無法享用的，如《佛說除恐災患經》云：

餓鬼報佛言：或有世間，父母親里「稱其名字」，為作「追福」者，便小得食（稍為少少的能獲得飲食）。不「作福」者，不得飲食。（註7）

《法苑珠林・卷九十七》及《諸經要集・卷十九》皆云：

問曰：何須幡上書其「姓名」？
答曰：幡招魂，置其乾地，以「魂」識其「名」，尋「名」入於闇室，亦投之

---

2 《大正藏》第二十七冊頁 360 下。
3 《大般涅槃經・卷二十九・師子吼菩薩品第十一之三》云：「『中陰』五陰非肉眼見，『天眼』所見」。詳《大正藏》第十二冊頁 535 中。
4 《大寶積經・卷第五十六》云：「凡諸『中有』皆具神通，乘空而去，猶如『天眼』，遠觀生處（指來生可能轉世之生處）」，《大正藏》第十一冊頁 326 中。「中陰身」雖有「神通」，但這種「神通」仍然是抵不過「業力」的。
5 詳《大寶積經・卷第五十六》，《大正藏》第十一冊頁 328 上。
6 《阿毘達磨大毘婆沙論・卷第七十》云：「欲界『中有』如五、六歲小兒形量。色界『中有』如本有時（生前時），形量圓滿」。《大正藏》第二十七冊頁 360 下。
7 《大正藏》第十七冊頁 552 上。

於「魄」。(註8)

可見「中陰身」雖無法被我們的「肉眼」所見,但它的六根能力都是正常的,可以「見、聞、嗅、嚐、覺、知」。

(二)前世因果與今生果報的簡介

坊間有一本《佛說三世因果經》流傳了近千年,其實這部經並非是「佛說」,它是一本「非佛說」的「偽經」,故非收錄在正統的《大藏經》裡面,而是在民間到處流傳的一本「善書」。裡面的「經句」是非常粗糙的,然而就在最近民國 96 年 7 月 4 日(星期三)下午 2 時 30 分,「行政院社會福利推動委員會」第 13 次委員會,第 2 次會前協商會議紀錄中的「討論案」第 3 案就明白指出:「呼籲宗教界勿繼續宣傳錯誤偽造的經典《佛說三世因果經》,以消除國民對行動不便者的歧視,教育人人應以無分別的愛心接納任何一位傷殘者,才是真正的博愛慈悲」(註9)。

這部「偽經」前面套用了「爾時阿難陀尊者,在靈山會上,一千二百五人俱。阿難頂禮合掌,遠佛三匝,胡跪合掌,請問本師釋迦牟尼佛。南閻浮提一切眾生,末法時至,多生不善。不敬三寶,不重父母。無有三綱,五倫雜亂……望世尊慈悲,願為弟子一一解說,佛告阿難……」所以讓人誤以為是「真佛說」的經典,諸位看倌就算未讀佛經,也會發現經文中怎麼會有「中國傳統」的「三綱、五倫」字眼呢?而且目前網路上也有很多對這部「偽經」的批評(註10),筆者無意再詳細說明此問題。現在要介紹的是「真佛說」的「三世因果經」,這部經是劉宋・求那跋陀羅所翻譯《佛說罪福報應經》(註11),這部經的譯本有二種,一是《佛說罪福報應經》,收錄在《大正藏》第十七冊頁 562 中到 563 中。另一個譯本為「明本」版,已與「宋本、元本」對校過,名為《佛說輪轉五道罪福報應經》,收錄在《大正藏》第十七冊頁 563 中到 564 下。

---

8 《大正藏》第五十四冊頁 178 下。

9 內 容 請 點 「 行 政 院 」 網 站 所 公 布 的 內 容 , 網 址 如 下 :
http://sowf.moi.gov.tw/20/meeting/960704.htm。

10 批評內容詳 http://city.udn.com/60447/2974981。

11 另求那跋陀羅也翻譯過《過去現在因果經》,這部經有三種譯本,內容共四卷或五卷,又稱《過現因果經、因果經》,這是以釋迦佛自傳之形式,說其過去世為善慧仙人修行者,曾師事普光如來,至成佛後所說的本生之事蹟,由於此一因緣,故於現世能成就「一切種智」。

這部經的開頭說：「佛告阿難，吾觀天地萬物各有『宿緣』。阿難即前為佛作禮。長跪白佛：何等『宿緣』？此諸弟子願欲聞之，唯具演說，開化未聞。佛告阿難：善哉！善哉！若樂聞者，一心聽之」（註12）。接著佛就開始宣講前世因果與今世相關連的經文，底下便將經文完整錄出，原經文並無條目，筆者則另外整理成 49 條，這 49 條將在「本論」中加以分析運用，原經文內容如下（註13）：

(1)為人豪貴，國王長者➜從「禮事三寶」中來。

(2)為人大富，財物無限➜從「布施」中來。

(3)為人長壽，無有疾病，身體強壯➜從「持戒」中來。

(4)為人端正，顏色潔白，暉容(光輝容貌)第一。手體柔軟(四肢身體)，口氣香潔。人見姿容(姿態儀容)，無不歡喜，視之無厭(不會生厭)➜從「忍辱」中來。

(5)為人精修(精進修行)，無有懈怠，樂為福德➜從「精進」中來。

(6)為人安詳，言行審諦(謹慎周密)➜從「禪定」中來。

(7)為人才明(才智聰明)，達解(通達理解)深法。講暢(講述演暢)妙義(微妙義理)，開悟愚蒙(愚癡矇昧者)。人聞其言，莫不諮受(請教、承受)，宣用為珍(宣揚顯用以為珍貴)➜從「智慧」中來。

(8)為人音聲「清徹」(清明朗徹)➜從「歌詠三寶」中來。

(9)為人潔淨(簡潔清淨)，無有疾病➜從「慈心」中來，以其前生「不行杖捶」(不用棍棒或拳頭等隨意亂敲打眾生)故。

(10)為人姝長(長相端正身長)➜恭敬人故。

(11)為人短小➜輕慢人故。

(12)為人醜陋➜喜瞋恚故。

(13)生無所知➜不學問故。

(14)為人顓愚(愚昧笨拙)➜不教人故。

(15)為人瘖瘂(啞巴)➜謗毀人故。

(16)為人聾盲➜不視經法，不聽經故。

(17)為人奴婢➜負債不償故。

(18)為人卑賤➜不禮三尊故。

(19)為人醜黑(又醜又黑)➜遮佛前光明故。

(20)生在「裸」國(裸體的國家，或者該區因無衣物可穿，故只能裸體)➜輕衣(輕便之衣、重量輕薄之衣)搪揆(同「唐突」➜冒犯褻瀆)佛精舍故。

(21)生「馬蹄人」國(該國人或該區人只能穿著馬蹄，沒有一般的鞋子可穿)➜屐(木鞋)躎(踩踏)佛前故。

(22)生「穿胸人」國(該國人或該區人能穿著遮胸的衣物，不會有裸胸無衣可穿的情形)➜布施作福，悔惜(具懺悔珍惜)心故。

(23)生「麞鹿麋鹿」(註14)中➜憙驚怖人故(常作出令人驚怖恐慌之事)。

---

12 《大正藏》第十七冊頁 562 中。

13 底下經文節錄自《大正藏》第十七冊頁 562 中。

14 原文作「麞鹿麋塵」，今據《佛說輪轉五道罪福報應經》改作「麞鹿麋麈」。《大正藏》第十七

(24)生墮「龍」（註15）中➡喜調戲故(常對人作出戲弄嘲謔諸事)。

(25)身生「惡瘡」，治護(治療護理)難差_{ㄔㄞ}(病癒)➡喜鞭榜_{ㄅㄤ}(鞭打杖擊)眾生故。

(26)人見歡喜➡前生見人「歡悅」(歡樂喜悅)故。

(27)人見不歡喜➡前生見人「不歡悅」故。

(28)喜遭「縣官」(官吏)，閉繫(囚禁)牢獄，桁_{ㄏㄤ}械(加在頸上或腳上的刑械之具)其身➡
　　前生為人籠繫(用籠子繫縛)眾生，不從意(不讓他從自己的意念)故。

(29)為人吻缺(嘴唇殘缺)➡前生釣魚，魚決口(嘴巴被割)故。

(30)聞「好言善語」，心不樂聞。於中鬧語(以吵鬧喧嘩之語)，亂(去擾亂)人聽受經
　　法者➡後為耽耳(耳大下垂)狗。

(31)聞說法語，心不「湌_{ㄘㄢ}採」(聽聞採納)➡後生「長耳驢馬」之中。

(32)慳貪獨食➡墮餓鬼中。出生為人，貧窮飢餓，衣不蔽形。

(33)「好者」(美食之物)自噉，惡者(壞掉或較差的食物)與人➡後墮豬、豚、蜣_{ㄑㄧㄤ}蜋_{ㄌㄤ}
　　_{ㄌㄤ}(昆蟲)中。

(34)劫奪人物➡後墮羊中，人生剝皮(人們可能將它生生的剝皮而食用)。

(35)喜殺生者➡後生水上「浮游蟲」(幼蟲生活在水中，成蟲褐綠色，有四翅，生存期極短)，
　　朝生暮死。

(36)喜偷盜人財物者➡後生「牛、馬、奴婢」中，償其宿債。

(37)喜婬他人婦女者➡死入地獄，男抱銅柱，女臥鐵床。出生為人，墮「雞、
　　鴨」中。

(38)喜作妄語，傳人惡(造謠傳播諸惡事)者➡入地獄中，洋銅灌口。拔出其舌，
　　以牛犁之，出生墮「惡_ㄜ聲鳥(非常不悅耳的一種鳥聲)鶪_{ㄐㄩ}鶚_ㄜ(「鶪鶚」的一種)、
　　鸜_{ㄑㄩ}鵒_ㄩ(「八哥」的別名)中。人聞其鳴，無不驚怖，皆言變怪，咒令其死。

(39)喜飲酒醉，犯三十六失➡後墮「沸屎泥犁」中，出生墮「狌_{ㄒㄧㄥ}狌_{ㄒㄧㄥ}」(猩猩)
　　中，後為「人」愚癡，頑(頑固)無所知。

(40)夫婦不相和順者，數共鬥諍，更相驅遣(驅趕差遣)➡後生「鴿_{ㄍㄜ}、鳩_{ㄐㄧㄡ}」
　　鳥中。

(41)貪「人力」(貪圖別人的勞動精力)者➡後生「象」中。

(42)為州郡令長(縣令)，粟食(所食之穀粟)於官者。無罪(百姓無罪)或私侵「人民」，
　　鞭打捶杖。逼強輸送(強逼百姓運送財物)，告訴無從(百姓若無法順從的話)，桁_{ㄏㄤ}械
　　(加在頸上或腳上的刑械之具)繫錄(囚繫拘捕)，不得寬縱(寬容放縱)➡後墮地獄，神(魂神)
　　受萬痛，數千億歲。從罪中出，墮「水牛」中。貫穿鼻口，挽船牽車。
　　大杖打撲，償其宿罪。

(43)為人不「裁」(鑒別、識別)淨者➡從「豬」中來。

冊頁 563 中。

15 《佛說罵意經》云：「墮『龍』中有四因緣：一者、多布施；二者、多瞋恚；三者、輕易人；
　　四者、自貢高坐，是為四事作龍。上頭一得福，後三事得龍身」。詳《大正藏》第十七冊頁
　　532 上。據《正法念處經‧卷十八‧畜生品》的記載，龍王屬於「畜生道」，乃愚癡、瞋恚之
　　人所受之果報，其住所稱為「戲樂城」，分為「法行龍王、非法行龍王」二種。又據《佛母大
　　孔雀明王經‧卷上》載，龍王或行於地上，或常居於空中，或恆依妙高山，或住於水中。或
　　一首、二頭乃至多頭之龍王。或無足、二足、四足乃至多足之龍王等。此外亦有「守護佛法」
　　之「八大龍王」及「龍女成佛」之記載。

(44)慳貪(吝嗇貪心)不「庶幾」(希望、但使滿願)者➜從「狗」中來。

(45)很仄戾(凶狠暴戾)自用(自行其是，不接受別人的意見)者➜從「羊」中來。

(46)爲人不「安諦」(安詳審慎)，不能忍事者➜從「獼、猴」中來。

(47)人身「腥臭」(腥穢污臭)者➜從「魚、鱉」中來。

(48)爲人兇惡(兇狠惡毒)，含毒心者➜從「蝮、蛇」中來。

(49)爲人好「美食」，殺害眾生，無有慈心者➜從「豺、狼、狸、鷹」中來。
生世短命，胞胎傷墮不全。生世未幾，而早命終，墮在三塗，數千萬劫，
無得竟時。慎之！慎之！

二、本論

（一）臨終前後的探討

當人類的生命結束時，身上的「神識」會離開肉體，至於從身體那個部位離開？佛典中的論師一致皆說：生前造善者，死亡時，他的身體是從「下半身」開始冷起，然後神識從「上半身」離開。如果生前是造惡業的人，死亡時，他的身體反從「上半身」開始冷起，然後神識會從「腹部」以下的地方離開，這大多是生於「三惡道」的情形，如《法苑珠林‧卷九十七》中有詳細說明：

> 造善之人，從「下」冷觸至「臍」以上，煖氣後盡，即生「人中」。
> 若至「頭面」，熱氣後盡，即生「天道」。
> 若造惡者，與此相違，從「上」至「腰」熱後盡者，生於「鬼趣」。
> 從腰至膝，熱氣盡者，生於「畜生」。
> 從「膝」已下，乃至腳盡者，生「地獄」中。
> 「無學之人」(指四果羅漢) 入涅槃者，或在「心煖」，或在「頂」也。(註16)

明朝有位普泰法師，他在《八識規矩補註》中曾作了一個偈頌來說明人死亡時「煖氣」離開的情形，這個「煖氣」離開的地方就是指我們「神識」離開的地方，如他說：

> 善業從「下」冷，惡業從「上」冷，二皆至於心，一處同時捨。
> 頂聖眼生天，人心餓鬼腹，旁生膝蓋離，地獄腳板出。(註17)

現在將這個偈頌製表圖解如下：

偈頌內容	煖氣餘留情形	煖氣(神識)離開情形	將來投生的可能去處
頂聖	全身皆冷，唯「頭頂」上尚有煖氣。	從「頂輪」離去	將生於聖地為「聖人」(有可能是證果的羅

---

16 《大正藏》第五十三冊頁 1000 中。
17 《大正藏》第四十五冊頁 475 下。

			漢，或者是往生西方極樂世界者）
眼生天	全身皆冷，唯「眉心輪」眼部附近尚有煖氣。	從「眉心輪」離去	將生於天道成為「天人」（有可能是成仙、成天人，或者到上帝天國去）
人心	全身皆冷，唯「心輪」尚有煖氣。	從「心輪」離去	將投生人道，重新做「人」。
餓鬼腹	全身皆冷，唯「腹輪」尚有煖氣。	從「腹輪」離去	將墮落至餓鬼道成「餓鬼」
旁生膝蓋離	全身皆冷，唯「膝蓋」尚有煖氣。	從「膝蓋」離去	將墮落至畜生道而為「畜生」
地獄腳板出	全身皆冷，唯「腳底板」下尚有煖氣。	從「腳板」下離去	將墮落至「地獄道」

其實這個「煖氣」離開的分配圖，只能說是大約一般的情形，因為也有主張從「頂輪」離去只能生「天上」，從「肚臍」離去，表示可以生在任何地方，若從「心輪」離去，反而是屬於「證涅槃」者（註18）。

另一種情形是在《佛說金耀童子經》中，佛也曾為眾生「授記」將來往生諸道的情形，不過這不是指自己臨終時「煖氣」離開的方式，而是佛以「放光」的方式來告知眾生將生何道的情形。如當佛身上的光是從「足下」而入時，表示眾生將會生到「地獄」，如果佛光是從「足跟」而入時，則表示會生到「畜生」道去。底下將這部經的說法製表如下：（註19）

眾生將往生之處	佛光所入之處
地獄	光從佛「足下」而入
畜生	光從佛「足跟」而入
餓鬼	光從佛「腳足大母指」而入
人中	光從佛「膝下」而入
力輪王	光從佛「左手掌」而入
轉輪王	光從佛「右手掌」而入
聲聞	光從佛「臍間」而入
緣覺	光從佛「眉間」而入

18 如《鞞婆沙論・卷十四》云：「謂從『頂』滅者，當知必生『天上』。謂從『臍』滅者，當知必生『諸方』。謂從『心』滅者，當知必『般涅槃』」。《大正藏》第二十八冊頁518下。

19 詳《大正藏》第十四冊頁851下。

阿耨多羅三藐三菩提	光從佛「頂門」而入

從《佛說金耀童子經》可發現佛光從「肚臍」以上進入都是屬於最好的去處，如「肚臍」是「聲聞」，「眉間」是「緣覺」，「頂門」則是證得「阿耨多羅三藐三菩提」的聖人。所以如果眾生臨終時見佛來迎，可看「佛光」是從何處而入，也許就是代表將來會往生何道的去處。

（二）往生六道的各種徵兆

當眾生的世緣將盡，「神識」快離開肉體時，是有很多徵兆可供參考的，關於這類資料在佛經中就有很詳細的說明，尤其是《守護國界主陀羅尼經‧阿闍世王受記品》和《大威德陀羅尼經‧卷二》中的經文說明。

《守護國界主陀羅尼經》共有十卷，這是唐代般若(prajñā)、牟尼室利(Muniśrī)合譯的一部經典，略稱《守護國界經》及《守護經》，收錄於《大正藏》第十九冊。這部經敘說佛為「一切法自在王菩薩」演說「虛空性、心性、菩提性、陀羅尼性」等內容，共計有十一品，其中第十品是「阿闍世王(Ajātaśatru)受記品」，內容敘述佛以「二種夢」除去阿闍世王之疑惑，並為阿闍世王明示臨命終前將會投生「五道」之種種事相，進而使阿闍世王解悟這些道理而歸依「三寶」。最後阿闍世王命終後生於「兜率天」，再由慈氏菩薩授「成佛」之記。

《大威德陀羅尼經》共有二十卷，由隋‧闍那崛多（Jñānagupta 523～600）所翻譯，內容是佛為阿難說陀羅尼法本，一一法中示多種之名，多種之義，亦廣說末世惡比丘之事，及說菩薩住於母胎中之樓閣莊嚴……等。《大威德陀羅尼經》中的第二卷與《守護國界主陀羅尼經‧阿闍世王受記品》（註20）中均談到眾生臨終的徵兆與往生去處的內容，二部經應是「同本異譯」，底下將這二部經製作表格對照，有關文言文較難解的部份，筆者已作白話註解。

1、感應下「地獄道」，在四大分解時會有下列十五種徵兆

《守護國界主陀羅尼經‧阿闍世王受記品》	《大威德陀羅尼經‧卷二》

---

20 底下經文皆節錄自《大正藏》第十九冊頁573下，及《大正藏》第二十一冊頁760中。

(1)於自「夫、妻」，男女眷屬，「惡眼」瞻視。(指對自己親眷及夫或妻，竟以「惡眼」相視)	此等眾生捨此身已，當墮「阿鼻大地獄」中，何等為十？所謂：「惡心」觀己妻子(或惡心觀己「先生」)。
(2)舉其兩手，捫摸虛空。(指病人會常舉其雙手，一直在撫摸描繪著虛空，有著極度的失落及無奈)	手捫虛空。
(3)「善知識」教，不相隨順。(此時若有善知識來教導他，他不會相信，也不會隨順善知識的教導)	不受「善教」(善知識的教導)。
(4)悲號啼泣，嗚咽流淚。(會常常不斷的哭，淚流滿面)	流淚墮落。
(5)大小便利，不覺不知。(對於大小便利，已失去控制能力，甚至無法覺知)	屎尿污穢。
(6)閉目不開。(眼睛常閉著，無法打開，也可能會畏光)	「閉目」不視。
(7)常覆頭面。(常常找東西把自己的頭面遮住躲藏起來)	以「衣」覆頭。
(8)側臥飲啖。(喜歡側臥著吃東西，不像正常人的飲食方式)	無食(沒有食物時)空嚼(咀嚼)。
(9)身口臭穢。(身上及嘴巴都有臭穢的味道產生)	身體羶臭。
(10)腳、膝戰掉。(腳部和膝蓋常會因恐懼而發抖)	命欲終時，其「足」破裂。
(11)鼻梁欹側。(鼻子會歪斜不正)	「鼻根」傾倒。
(12)左眼瞤動。(左眼皮會常常跳動)	左右「縮申」(同「伸縮」➜身體左右緊縮屈曲)，而取命終。 伏面(面向下；背朝上俯臥)思惟，而動「左眼」。
(13)兩目變赤。(兩個眼睛常常泛紅，無法像正常人眼睛)	眼色焰赤。
(14)仆面而臥。(喜歡倒遮著臉而臥下，不喜見人，或者不喜見光)	
(15)踡身「左脅」，著地而臥。(將身體彎曲而左脅著地的姿勢臥著)	
	有如是種(種種貌)，如是狀貌，如是處所，智者應知。此等眾生，從此捨身，當墮阿鼻大地獄中。

　　以上是《守護國界主陀羅尼經》及《大威德陀羅尼經》中記載會下地獄的「徵兆」，如果一旦下地獄時，則「程序」又是如何呢？這是個有趣的問題，《大寶積經·卷一百一十》中說當行惡的人下地獄時會變成「足在上，頭倒向下」，然後看到一處「大血池」，見已，內心突然對這個「血池」味道有了貪著心，然後自己全

身也變成「血色」，於是便生到「地獄道」去了（註21）。《修行道地經》則說會見「大火」升起，圍繞亡者的身邊，像野火焚燒草木一樣，然後又會看見「烏、鵰、鷲、惡人之類」，爪齒皆長，面目非常醜陋。所穿的衣服都非常髒亂，頭髮上有火在燃燒著，手上都各執「兵仗、矛刺、刀斫」，此時的「亡者」內心非常恐懼，想尋找救護，結果看見前面有「叢樹」，於是就進入了「地獄道」（註22）。

至於藏傳《西藏生死書》則說亡者會見到漆黑及血腥恐怖之景象、幽暗的洲島、黑暗的地穴、黑白房子交錯等，會有悲哀的歌聲從中發出，接下來就會入「地獄道」了（註23）。

2、感應下「餓鬼道」，有八種徵兆（註24）

《守護國界主陀羅尼經‧阿闍世王受記品》	《大威德陀羅尼經‧卷二》
(1)好舐ᵃ 其唇（註25）。（病人常常會伸舌頭舔自己的嘴唇，其實餓鬼的報應就是會常常感到飢渴）	有八種相，智者當知。此等眾生捨此身已，生「閻摩羅」世（註26）。何等為八？「轉舌」(捲舌也)舐上，及舐「下唇」。
(2)身熱如火。	身體惱熱，求欲得「水」。
(3)常患飢渴，好說飲食。	論說飲食，而但「口張」。
(4)張口不合。（因為飢渴，所以嘴巴常常打開不合）	
(5)兩目乾枯，如雕孔雀。（兩眼乾枯無神，好像雕刻出來的孔雀眼睛）	眼目青色，如孔雀「項」(頸也)。瞳人(原指「瞳孔」有能看他人的像，故稱瞳孔為「瞳人」；亦指眼珠也)乾燥。
(6)無有小便，大便遺漏。（沒有小便，大便反而會自動遺漏，無法控制）	放糞，無尿。
(7)「右膝」先冷。（死亡時，右邊的膝蓋會先冷下來，因為是投生餓鬼道，所以最後應該是「肚腹」仍有一點微溫）	「右腳」先冷，而非「左足」。口言：「燒我」，亦云：「炙ᵃ(燒拷)我」。
(8)「右手」常拳。（病人右手常常緊握拳頭，有可能是他這生都非常慳吝，從不佈施，最後終將感	以「右手」作拳。何以故？如是「慳貪」諸過患故，不捨施故，而取命終。

---

21 詳《大正藏》第十一冊頁614下。

22 詳《大正藏》第十五冊頁186中。

23 詳達瓦桑杜英譯藏，徐進夫藏譯漢《西藏度亡經》頁256，天華出版公司，1983年。

24 底下經文皆節錄自《大正藏》第十九冊頁573下，及《大正藏》第二十一冊頁760中。

25 《賢劫經‧卷第八》云：「餓鬼飢渴，窮乏甚困。生死不得，苦惱燋然」。詳《大正藏》第十四冊頁65上。

26 閻摩羅，梵文作 Yama-rāja，或譯成「閻羅王、閻王魔、琰魔王、閻魔羅王、焰魔邏闍、閻摩羅社」，作為鬼世界之始祖，或指冥界之總司，亦即地獄之主神。

應下生到「餓鬼道」去）	
	有如是種(種種貌)，如是相狀。眾生具足命終之時，智者應知，當生「閻摩羅世」。

    《修行道地經》中說要入「餓鬼道」時，四面周遭會有「熱風」吹起，身體被熱氣給吹蒸著，頓時感到非常「飢渴」，接著會看見有人手上拿著「刀杖、矛戟、弓箭」而圍遶著自己，然後心中非常恐怖，突然望見前面有座「大城」市，於是就進入了「餓鬼道」（註27）。《西藏生死書》則簡單的說亡者會見到進入「密林」或「一片荒蕪草木不生之地」，地表也出現「龜裂」之相，接下來就會入「餓鬼道」了（註28）。

3、感應下「畜生道」，有五種徵兆（註29）

《守護國界主陀羅尼經‧阿闍世王受記品》	《大威德陀羅尼經‧卷二》
	又有眾生五相具足。智者當知，從此捨身，生「畜生」中。何等為五？
(1)愛染妻子，貪視不捨。(指病者會對自己的親眷產生極強的愛染心，這可能是因為病者將到「畜生道」，將與親眷「永別」，所以產生強烈的貪愛心)	於妻子所，「愛心」所牽。
(2)踡身 手足指。(全身縮曲成一團，手足腳指也全部捲縮起來)	手足指等悉皆癃 (手屈病)縮。
(3)遍體流汗。(全身一直盜汗，流個不停)	「腹」上汗出。
(4)出「粗澀聲」。(病人嘴巴開始發出類似禽獸粗澀的聲音)	作「白羊」鳴。
(5)口中咀出 沫。(嘴巴一直有唾液白沫產生，並不斷的咀嚼著)	口中沫出。
	如是五種，如是相狀，如是處所。智者應知，此等眾生，從此捨身生「畜生」中。

    《修行道地經》中說亡者若要進入「畜生道」時會看見「火、煙塵」繞滿著他的身體，也會被「師子、虎狼、蛇虺、群象」所追逐，然後看見「故渠、泉源、深

---

27 詳《大正藏》第十五冊頁186中。

28 詳達瓦桑杜英譯藏，徐進夫藏譯漢《西藏度亡經》頁256，天華出版公司，1983年。

29 底下經文皆節錄自《大正藏》第十九冊頁573下，及《大正藏》第二十一冊頁760中。

水、崩山、大澗」，心中非常恐怖，於是就進入了「畜生道」（註30）。藏傳的《西藏生死書》則說亡者會見到進入洞穴等之情形，很很多的「山穴、石窟」及很可怖的「深洞」，到處都是「煙霧瀰漫之相」，接下來就會入「畜生道」了（註31）。

　　本論文在「緒論」的第二節中有討論到「前世因果與今生狀況的簡介」，底下就以劉宋‧求那跋陀羅所翻譯《佛說罪福報應經》中第33條到42條來補充說明今生所作之事會感應下「畜生道」的特點(白話解說請參前文)：

(33)「好者」自噉，惡者與人➔後墮豬、豚、蜣┋蜋┋中。
(34)劫奪人物➔後墮羊中，人生剝皮。
(35)憙殺生者➔後生水上「浮游蟲」，朝生暮死。
(36)憙偷盜人財物者➔後生「牛、馬、奴婢」中，償其宿債。
(37)憙婬他人婦女者➔死入地獄，男抱銅柱，女臥鐵床。出生爲人，墮「鷄、鴨」中。
(38)憙作妄語，傳人惡者➔入地獄中，洋銅灌口。拔出其舌，以牛犁之，出生墮「惡┋聲鳥、鴟┋、鵰┋、鷲┋、鴿┋」中。人聞其鳴，無不驚怖，皆言變怪，咒令其死。
(39)憙飲酒醉，犯三十六失➔後墮「沸屎泥犁」中，出生墮「狌┋狌」中，後爲「人」愚癡，頑無所知。
(40)夫婦不相和順者，數共鬪諍，更相驅遣➔後生「鴿┋、鳩┋」鳥中。
(41)貪「人力」者➔後生「象」中。
(42)爲州郡令長，粟食於官者。無罪或私侵「人民」，鞭打捶杖。逼強輸送，告訴無從，桁┋械繫錄，不得寬縱➔後墮地獄，神受萬痛，數千億歲。從罪中出，墮「水牛」中。貫穿鼻口，挽船牽車。大杖打撲，償其宿罪。

4、感應生「人道」，有十種徵兆（註32）

《守護國界主陀羅尼經‧阿闍世王受記品》	《大威德陀羅尼經‧卷二》
	復有眾生十相具足，智者應知。從此捨身，當生「人間」，何等爲十？
(1)臨終生於善念，謂生「柔軟心、福德心、微妙心、歡喜心、發起心、無憂心」。	有一眾生，最後「三摩耶」(samaya 時：一致：平等)時，有如是心：「安住」不動、繫縛緣(諸外緣)中、端正可憙、所欲可作。

30　《大正藏》第十五冊頁186中。
31　詳達瓦桑杜英譯藏，徐進夫藏譯漢《西藏度亡經》頁256，天華出版公司，1983年。
32　底下經文皆節錄自《大正藏》第十九冊頁573下，及《大正藏》第二十一冊頁760中。

(2)身無痛苦。	無痛、無憂。
(3)少能似語，一心憶念所生「父母」。（因接近死亡，故很少能再多說話；只會一心的憶念自己的親生父母，懷感恩報答心，但不會產生愛染心）	彼臨命終，於最後息(氣息)出入轉(轉變)時，求「父母名」。
(4)於妻子、男女，作「憐湣心」。如常瞻視，無愛無恚。耳欲聞於兄弟、姊妹、親識姓名。（對自己的親眷有憐愍愛惜之心，就像平常一樣的看著自己的親眷，沒有愛染心，也沒有憎恨心，耳朵反欲聽聽兄弟姊妹親眷熟識朋友的「名字」）	求「兄弟名」、求「姊妹名」、求「朋友、知識」名。
(5)於善於惡，心不錯亂。（對於善的或惡的事，都能清楚辨別，內心沒有錯亂，不會以善為惡，也不會以惡為善）	其心不亂，其心不迷。
(6)其心正直，無有諂誑。（內心正直，沒有奉承諂媚及欺誑的事）	其心不諂ィ(奉承:獻媚)，其心惇タ(敦厚:篤實)直。
(7)知於父母親友眷屬，善護念我。（知道自己的父母及親眷都在護念著自己，不會對他們產生懷恨之心）	付囑父母，囑累朋友，及與知識。
(8)見所營理，心生讚歎。（見到親屬打算對自己後事之管理或經營，心中常加讚歎，沒有任何遺恨之心，也不會有抱怨）	相憙樂者。
(9)遺囑家事，藏舉財寶，示之令出。（將自己的遺囑與後事，及財寶所藏之處或密碼等等，全數供出，清楚的交待，內心毫無怨恨遺憾）	所發業事(生前所開發經營諸事業)，皆悉付囑。所有藏「伏藏る」(隱藏:潛藏➜指財寶)，皆悉示人。
(10)起淨信心，請佛法僧，對面歸敬。（如果家眷有人請佛法僧三寶來為自己做功德，內心立即生起清淨的信心，而且面對著三寶恭敬皈依禮拜或供養）	若世有佛，信如來者，彼稱「南無佛陀」。 若非佛世，當信「外仙」，彼稱其名，作是希有。 乃至如是微妙「園林、河池」住處： ❶亦不張口。 ❷仰臥(面部朝上躺著)端身(擺正身體)。 ❸不作「荒言」(荒誕語:荒謬言)。 ❹不受苦惱，不恐不驚。 ❺身不皴す(肌膚粗糙或受凍開裂)裂，亦無惡で色。 ❻身體柔軟，轉縮任心(動轉縮放自如，任心使喚)。 有如是等，有如是種(種種貌)，如是形相，智者應知。此等眾生，從此捨身，當生「人間」。

會感應生「人道」的經文在《佛說胞胎經》中也有記載，經文說如果「薄福」

的人（註33）要轉生成「人道」時會有①有「水冷風」吹來，好像今天下雨的感覺。②有大眾來「欲捶害我」的樣子。③我好像走入一個「大積」（草堆積也）「草」下。④或入「葉積」諸草眾所聚之處。⑤或入「溪澗、深谷」。⑥或登上「高峻」之處，無人能得。⑦我應該脫離今天的「冷風」及「大雨」。⑧於是入了所謂的「屋子」（也就是投生成人了）。如果是「福厚」的人（註34）要轉成「人道」，則心中會感覺今天有「冷風」而「天下大雨」，然後我當「入屋」，再登上「大講堂」最後昇於「床榻」間，這就轉世成功了。

5、感應生「天道」，有十種徵兆（註35）

《守護國界主陀羅尼經·阿闍世王受記品》	《大威德陀羅尼經·卷二》
(1)起憐湣心。（對自己的親眷朋友及一切眾生皆有憐愍心）	一、離「慢心」。
(2)發起善心。（能發起自己善良的本心）	二、生「愛念心」（對自己的親眷朋友及一切眾生皆有憐愍愛念之心，但非屬「貪愛、貪戀」心）。
(3)起歡喜心。（對親眷朋友一切眾生及周遭諸事，皆能發起「歡喜心」）	三、生「歡喜心」。
(4)正念現前。（有正念，沒有邪念產生）	四、生「作業心」（生起種種善業之心）。
(5)無諸臭穢。（身體沒有臭穢染污）	五、生「踊躍心」。
(6)鼻無欹側。（鼻子不會歪斜）	六、彼現前「念心」（正念之心）。
(7)心無恚怒。（內心沒有瞋恚忿怒）	七、彼惡色不入，鼻不喎曲（嘴歪也）。
(8)於家財寶，妻子眷屬，心無愛戀。（對自己的家務財寶、妻子眷屬，沒有任何的貪愛依戀）	八、臨命終時，心不「懷惡」。（對自己的妻子眷屬，沒有任何的懷惡之心）
(9)眼色清淨。（雙眼清淨明亮，沒有污濁，亦不充血）	九、於愛物（所愛財物等）中，不生「慳恪」。
(10)仰面含笑，想念「天宮」，當來迎我。（頭面正仰含著微笑，一心想念著天宮或天國諸護法菩薩、帝釋天神……等，當來迎接我去）	十、彼「眼目」狀如「欝金」（kuṅkuma 茶矩麼、鬱金香）根色，歡喜微笑。其面「向上」，觀自（自己所屬之）「宮殿」。

---

33 詳《大正藏》第十一冊頁886中。另《瑜伽師地論·卷一》中也說如果「薄福者」要往生「人道」，可能生在「下賤」家。彼於死時及入胎時，便聞種種「紛亂之聲」，及自妄見入於「叢林、竹葦、蘆荻」等中。詳《大正藏》第三十冊頁282下。

34 詳《大正藏》第十一冊頁886中。另《瑜伽師地論·卷一》中也說如果「厚福者」要往生「人道」，可能生在「尊貴」之家。彼於爾時便自聞有「寂靜美妙」可意音聲，及自妄見昇「宮殿」等可意相現。詳《大正藏》第三十冊頁282下。

35 底下經文皆節錄自《大正藏》第十九冊頁573下，及《大正藏》第二十一冊頁760中。

	若有眾生，具足如是諸根狀貌，智者當知。是人即生「三十三天」宮殿之中。

　　有關生「天道」的經典，除了《守護國界主陀羅尼經·阿闍世王受記品》中的介紹外，在其餘的佛典中也介紹非常多，例如《正法念處經·卷三十四》中說如果要生於「天上」，則臨終時會見很多美麗的「花樹林園」，也有「蓮花池水」，然後會聽到「歌舞」的「戲笑」聲，也會聞到很多「香味」（註36）。《修行道地經·卷一》中則說，會有香味的「涼風」吹來，然後聽到「樂音」，也有「林園樹觀」等情形，甚至在《大寶積經·卷一百一十》中還詳細記載了「生天」的步驟及種種情形（註37）。

　　上述五種往生前的徵兆，係歸納後的大約情形，每人因「業力」不同，所以可能有人每個條件都感應，或者只有感應其中二、三個條件，或者感應方式不在「條文」中，這都是不一定的。

　　《守護國界主陀羅尼經·阿闍世王受記品》中只有談到眾生往生「五道」的情形，至於往生到「極樂世界」的條件並沒有說明，下面就從佛典中整理出會往生「佛國」的大約徵兆。

6、將往生「佛國極樂世界」者，大約有底下幾種徵兆：

(1)、心不顛倒。（臨終時，一心正念向佛，不再受眼前境界影響而起凡俗情念）

(2)、預知時至。（能預先知道何月何日何時可以「壽終」而「往生」）

(3)、淨念不失。（不再有雜染的妄念，往生佛國的意志非常堅決，不再依戀人間）

(4)、洗漱更衣。（自己能事先就潔淨身體和更換衣服）

(5)、自能念佛。（能自主性的出聲念佛或金剛持默念）

(6)、端坐合掌。（能端身正坐，合掌向佛）

(7)、異香滿室。（常會有「香氣」滿室的情形）

(8)、光明照身。（也可能室外有「光輝」射在臨終者的身上，或者屋外感得「光明」照射）

(9)、天樂鳴空。（戶外空中會傳來「仙樂」或莊嚴佛曲，不知音從何來）

(10)、說偈勵眾。（大多會作偈頌，即使沒有讀過書的人也會留幾句「偈語」以勉勵後人念佛）

---

36 詳《大正藏》第十七冊頁 197 下。
37 詳《大正藏》第十一冊頁 614 下。

以上十條祥瑞的徵兆（註38），也並不是每條都全見於一人身上的，其中只要有一、兩條相應，都是往生西方佛國瑞相的參考。

（三）六道輪迴的因緣觀

佛經上說的「六道輪迴」有「地獄、餓鬼、畜生、阿修羅、人間、天道」，這六個地方是眾生輪迴之處。「地獄」道的總數有多少呢？在「欲界」中的地獄有「根本八大地獄」，每一大獄各皆有「十六小地獄」，計「一百二十八」，加根本之八大地獄，大小總成「一百三十六」個地獄（註39）。餓鬼道的眾生非常多，《佛說長阿含經・卷二十》就說凡有人住的地方，甚至無人住的地方，都有「鬼神」，在這個世界中沒有任何一個地方是「無鬼無神」的，如《佛說長阿含經》云：

> 佛告比丘，一切人民所居舍宅，皆有鬼神，無有空者。一切街巷，四衢道中，屠兒市肆及丘塚間。皆有鬼神，無有空者。凡諸鬼神皆「隨所依」，即以爲名。依人名人，依村名村，依城名城，依國名國，依土名土，依山名山，依河名河。（註40）

這在《起世經・卷第八》也有同樣的說明：

> 諸比丘！「人間」若有如是「姓」字，「非人」之中，亦有如是一切「姓」字。
> 諸比丘！人間所有「山林川澤、國邑城隍、村塢聚落、居住之處」，於「非人」中，亦有如是「山林城邑、舍宅」之名……
> 諸比丘，一切街衢，四交道中。屈曲巷陌，屠膾之坊，及諸巖窟。並無「空虛」，皆有眾神及諸「非人」之所依止。（註41）

「畜生道」指的是「鳥獸蟲魚」等一切動物，據《正法念處經・卷十八》舉出畜生總共有「三十四億」種，並廣述其相貌、色類、行食之不同、群飛之相異、憎愛之違順、伴行之雙隻、同生共遊等（註42）。另據《大智度論・卷三十》載：

---

38 詳《樂邦文類》，《大正藏》第四十七冊頁 161 上。
39 詳《正法念處經・卷第十八》，《大正藏》第十七冊頁 103 中。
40 《大正藏》第一冊頁 135 上。
41 《大正藏》第一冊頁 347 下。
42 《大正藏》第十七冊頁 103 中。

依畜生之住處，可分為「空行、陸行、水行」三種，又依晝夜還可分「晝行、夜行、晝夜行」等三類（註43）。

「阿修羅道」為印度最古的諸神之一，係屬於戰鬥一類之「鬼神」，經常被視為「惡神」，而與「帝釋天」（因陀羅神）爭鬥不休，以致出現了「修羅場、修羅戰」等名詞。據《楞嚴經‧卷九》載：阿修羅因業力之牽引，也分為「胎、卵、濕、化」四生，所以可說「六道」眾生中每一道都有「阿修羅」存在。

「人間道」的分類也非常多，據《大唐西域記‧卷一》、《俱舍論光記‧卷八》等將「人道」分成四洲（註44），即：

①**東勝身洲**(Pūrva-videha)，舊稱「東弗婆提、東毘提訶」，或「東弗于逮」，略稱「勝身」(Videha，毘提訶)。以其身形殊勝，故稱「勝身」。地形如半月，人面亦如半月。

②**南贍部洲**(Jambu-dvīpa)，舊稱「南閻浮提」。「贍部」(jambu)原為「蒲桃樹」之音譯，本洲即以此樹而得名。地形如車箱，人面亦然。

③**西牛貨洲**(Apara-godānīya)，舊稱「西瞿耶尼」。以牛行貿易而得名。地形如滿月，人面亦然。

④**北俱盧洲**(Uttara-kuru)，舊稱「北鬱ⵁ單越」。俱盧，意謂勝處，以其地勝於上述三洲而得名。地形正方，猶如池沼，人面亦然。

每個洲的人類生活婚嫁情形如《佛說長阿含經‧卷二十》所云：

「閻浮提」(地球)人：以「金銀、珍寶、穀帛、奴僕」治生，販賣以自生活。

「拘耶尼」(西牛貨洲)人：以「牛、羊、珠寶」市易生活。

「弗于逮」(東勝身洲)人：以「穀帛、珠璣」市易自活。

「欝ⵁ單曰」(北俱盧洲)人：無有市易治生自活。

「閻浮提」人：有婚姻往來，男娶女嫁。

「拘耶尼」人、「弗于逮」人，亦有婚姻、男娶女嫁。

---

43 《大正藏》第二十五冊頁 279 下。

44 這四洲是佛典中對一個須彌山下的「原則、基本」性說法，類似科學家說的可「住人」的星球，實際上「他方世界眾生」不只是四洲，應有無數洲、無數的星際世界。

「欝心 單曰人」(北俱盧洲)，無有「婚姻」、男女嫁娶……（註45）

「閻浮提」人：男女交會，身身相觸，以成陰陽。

「天道」總共有「二十八天」，即「欲界」有六天、「色界」有十八天、「無色界」有四天。其中在欲界六天中有一個「忉利天」，是諸天眾遊樂之處，加「中央」一城，合為「三十三天城」，也就是「忉利天」有「三十三個天城」（註46）。

底下將詳述「六道輪迴」之間的微妙關係，據北齊·那連提耶舍(Narendrayaśas 490~589)譯《大寶積經·卷七十二》、唐·不空(Amoghavajra 705~774)譯《大乘瑜伽金剛性海曼殊室利千臂千鉢大教王經·卷十》及宋·日稱(譯經年代為元年 1064 年)譯《父子合集經·卷十五》這三部的記載，筆者試著將前兩部經用圖表排列起來，這樣可以更加清楚自己「前世」大約是從那一道來投生轉世的。有關文言文較難解的部份，已作白話註解。

1、從「地獄道」出來，投生「人間」的特點

《大乘瑜伽金剛性海曼殊室利千臂千鉢大教王經·卷十》	《大寶積經·卷七十二》
彼人若從地獄中出來，生於人間，當有見相，智者應知（註47）。	彼人若從地獄終，來生人中者。當有是相，智者應知（註48）。
(1)其聲瘂破(聲音沙啞破嗓)， 驢騾之音(聲音像驢騾的動物聲)。 聲大忽忽(聲音雖大，卻模糊不清)， 吼喚捩急(聲音又吼又喚，暴戾急躁)。	(1)其聲嘶破(聲音沙啞破嗓)、 騾聲、忽嚙 急聲(聲音急迫)、 怖畏聲(聲音會令人起怖畏聲)、 高聲(聲音太尖銳，令人不悅耳)、 淺聲(聲音太低太淺，令人不悅耳)。
(2)心常少信(言而無信，不講信用)， 多饒誑妄(常饒舌虛誑妄作)， 不令所信(讓人很難信任)， 無人親友(所以就會像「沒有人的親友」一樣，遭人棄捨)。	(2)小心常怖(心量窄小，常有怖畏心)， 數數戰悚(同竦→因害怕而常常發抖)， 其毛數豎(身上毛髮大多倒豎著)。
(3)其人醜陋，不敬師長，不信佛法。	(3)夢中多見「大火熾然」。 或見「山走」。

---

45 詳《大正藏》第一冊頁 133 下。

46 詳於《正法念處經·卷二十五》，《大正藏》第十七冊頁 143 中。

47 底下經文皆節錄自《大正藏》第二十冊頁 773 上。

48 底下經文皆節錄自《大正藏》第十一冊頁 410 上。

	或見「火聚」。 或見「釜ɻ 鑊(大鍋)沸湧」。 或見有人「執杖」而走。 或見己身爲「鋒ɻ (劍鋒)矟ɻ (同「槊」字→長矛)所刺。 或見「羅剎女」。 或見「群狗」。 或見「群象」來逐己身。 或見己身「馳走四方」而無歸處。
(4)不孝不義，無慚無愧。	(4)其心少信(言而無言，不講信用)， 無有親友。
(5)好行殺生，常造諸惡。	
(6)此人短命，不得長壽。	
(7)見善不發「菩提之心」。	
(8)死墮諸趣，常沒(輪迴沉沒)「三塗」(三惡道)。	外道！有如是等無量眾相，我今略説如是等相，是名從「地獄」終，來生「人間」。此智所知(此由大智慧者方能知)，非愚(愚笨)能測。

　　兩部經比對之下，內容大同小異，基本相同點有「聲音沙啞、有驢騾(公馬與母驢交配所生)聲、模糊不清、言而無信、無親無友……」等。《大乘瑜伽金剛性海曼殊室利千臂千鉢大教王經·卷十》多了「常誑語妄作、心量狹窄、人醜、不敬師長、不信佛法、無慚無愧、好殺生造惡、短命、不孝不義……」等。不同的是《大寶積經·卷七十二》中除了說「身上毛髮大多都呈倒豎」外，還有夢中會常見「大火、山走、大鍋沸湧、有人手執棍杖而走、己身被劍鋒所刺、被羅剎女及群狗群象來追逐、己身奔走四方而無歸依處」。所以如果諸位常常會作上述的「夢境」，恐怕前世與「地獄道」多少是有點「因緣」的？

2、從「畜生道」出來，投生「人間」的特點

《大乘瑜伽金剛性海曼殊室利千臂千鉢大教王經·卷十》(註49)	《大寶積經·卷七十二》(註50)
從「畜生」終沒，來生「人中」，當有是相。	彼人若從「畜生」終，來生「人中」者，當有是相，智者應知。
(1)其人闇鈍，處事多愚，少智無方(沒	(1)闇鈍少智(為人昏庸愚昧無智慧)，

---

49 底下經文皆節錄自《大正藏》第二十冊頁 773 上。
50 底下經文皆節錄自《大正藏》第十一冊頁 410 上。

有智慧，也沒有任何方術)，**懈怠懶墮**。	**懈怠多食**(好吃懶做，懈怠放逸)， 樂食「泥土」(喜歡吃雜碎不良的食物)。
(2)多貪多食，不揀麁_廳細。(什麼東西都吃，也不管它髒或不健康，都無所謂)	(2)其性怯弱，言語不辯(無法與人言語辯論)。
(3)其性拗_幼捩_獵(同「拗戾」→生硬拗口)，出語直突(講話無禮，出語直言且唐突)。	(3)樂與「癡人」而爲知友。(喜歡與愚癡的人作為知心朋友)
(4)此人力壯，常常負重。(身強體壯像條牛，因此可常搬重物)	(4)憙黑闇處(喜歡黑闇不亮處，不喜光亮處)，愛樂濁水(喜愛污濁的水，不愛乾淨的水)。
(5)常共癡人，常爲知友。(常與愚癡人共為相處，作為知心朋友)	(5)喜齧_嚙草木(喜歡咬啃嚼食草木)，喜以腳指剌_乃掘於地(喜歡用腳指在地上作刻挖掘取的動作)。
(6)好喜踡_拳腳。(喜好將腳踡縮彎曲，既非單盤，亦非雙盤，亦非瑜伽坐)	(6)喜樂動頭(因頭多臭氣，導致蠅蟲來食，故需將頭轉來動去51)，驅遣蠅虻_乃。(只為了盯住蒼蠅與蚊虻並驅趕它們)
(7)隨時臥地(隨時就地而亂躺臥下)，不避穢污。	(7)常喜昂頭，欠呿_五空嚼_罵(咀嚼)。(喜歡抬著頭，然後對著虛空張口打呵欠，或者對著虛空咀嚼)
(8)欲得裸形(裸露身形，不願著衣)，不羞不恥。(對裸身不會感到羞恥)	(8)常喜踡_拳腳，隨宜臥地，不避穢污。
(9)心常虛詐(虛偽狡詐)，異言誑語(怪異言論與誑妄的語言)。	(9)常喜空嗅(類似某些畜生動物會對著空間環境到處嗅聞)。
(10)妄說他人諂曲不實。(喜歡妄說有關別人「曲意逢迎不真實」的話語)	(10)喜樂「裸形」(裸露軀形)。
(11)取他財物，常愛「抵債」(抵賴債物)。(取了別人的財物後，又常常愛抵賴債物而不還)	(11)常喜虛詐(虛偽狡詐)，異言(怪異言語)異作(特異行為)。多喜「綺_幼語」(雜穢語、無義語，一切淫意不正之言詞)。
(12)此人見善不能「發心」，不信「正法」。(見到善良光明的事，不能發心學習，也不相信正法之教)	(12)夢「泥」塗身。(註52) 或夢見己身於田野「食草」。 或夢見己身爲「眾蛇」纏繞。 或夢見己身入於「山谷叢林」之中。
(13)常造「不善十惡」之罪，流浪生死，難得人身。死沒苦海，還墮「畜生」。	
以此思之，須當發覺(發醒覺悟)。是故當知外道愚人，非汝能知，非愚所測。	外道！有如是等無量眾相，我今略說如是等相。是名從「畜生」終，來生「人間」。智者能知，非愚能測。

---

51 《父子合集經・卷十五》云：「頭多臭氣，蠅虫咂食，動搖無時，不能暫止」。《大正藏》第十一冊頁 962 中。

52 《父子合集經・卷十五》云：「或於夢中，身墮糞穢」。《大正藏》第十一冊頁 962 中。

　　兩部經比對之下，前世如果為「畜生道」基本相同點有「為人昏庸愚昧無智慧；懈怠好吃懶隋；喜歡吃雜碎不良的食物；不管它髒或不健康都無所謂；個性怯弱；無法與人言語辯論；講話無禮硬拗，出語直言且唐突；喜歡與愚癡的人作為知心朋友；喜好將腳踡縮彎曲；隨時就地而亂躺臥不避穢污；裸露身形不願著衣；內心虛偽狡詐；異言誑語綺語……」等。

　　《大乘瑜伽金剛性海曼殊室利千臂千鉢大教王經‧卷十》多了「身強體壯像條牛，常搬重物；取了別人的財物後，又常常愛抵賴債物而不還；見到善良光明的事，不能發心學習，也不相信正法之教」。《大寶積經‧卷七十二》的內容則多了許多，計有「喜歡黑闇不亮處；喜愛污濁的水；愛啃咬草木；喜歡用腳指在地上作刻挖掘取的動作；喜歡抬著頭對著虛空張口打呵欠，或者對著虛空咀嚼；喜歡空曠臭穢之地……」等，另外也會常常作如下的「夢境」，如：夢全身被污泥塗滿；夢見自己在於田野中吃草；夢見己身為很多蛇纏繞著；夢見自己身入於山谷叢林之中。

　　底下就劉宋‧求那跋陀羅(Guṇabhadra 394～468)所翻譯《佛說罪福報應經》中第 43 條到 49 條來補充說明「前世從畜生道出來，再投生回人間」的特點(白話解說請參前文)：

(43)為人不「裁」淨者➔從「豬」中來。
(44)慳貪不「庶幾」者➔從「狗」中來。
(45)很戾自用者➔從「羊」中來。
(46)為人不「安諦」，不能忍事者➔從「獼、猴」中來。
(47)人身「腥臭」者➔從「魚、鱉」中來。
(48)為人兇惡，含毒心者➔從「蝮、蛇」中來。
(49)為人好「美食」，殺害眾生，無有慈心者➔從「豺、狼、狸、鷹」中來。

3、從「餓鬼道」出來，投生「人間」的特點

《大乘瑜伽金剛性海曼殊室利千臂千鉢大教王經‧卷十》(註53)	《大寶積經‧卷七十二》(註54)
彼人若從「餓鬼」終沒，來生世間。	彼人若從「餓鬼」終，來生「人中」者。

---

53 底下經文皆節錄自《大正藏》第二十冊頁 773 上。
54 底下經文皆節錄自《大正藏》第十一冊頁 410 上。

當有是相。	當有是相，智者應知。
(1)其人黑瘦，面無光色。	(1)其頭髮黃，怒目直視。
(2)頭髮短惡(又短又醜貌)，黃赤(黃紅色)、蒼浪(花白色)。	(2)常喜飢渴，慳㗸 貪(吝嗇好貪)嫉妬，喜饞(喜好貪吃)飲食。
(3)褰㗸 鼻(鼻子張開或散開)怒目，眼白(常露出眼白來)直視(目光僵硬發直)。	(3)喜背説人(喜歡背後說人是非)。
(4)而常飢渴，多思飲食。	(4)身體饒(眾多)毛，眼精光赤(眼白裸露)。
(5)慳㗸 貪(吝嗇好貪)嫉妬，怯㗸 怖(膽小恐懼)於官(對於做官的人，感到非常恐懼)。	(5)多思眾食(許多的食物)，貪樂積聚，不欲割捨(放下捨棄)。
(6)執著邪見，迴背(迴避到背後去)説人(說人是非)，道他長短。	(6)不樂見善人(不喜歡見善良的人)。
(7)貪婬積聚，不能割捨布施眾生。	(7)所見財物其心欲盜(凡見財物即起欲得之盜心)，乃至得其「少許財物」即便欣喜。
(8)不樂見善，惟愛信邪(只愛好信受邪法)。	(8)常求財利(財物利益)，樂「不淨食」。
(9)所見財物，其心欲取。	(9)見他「資產」(資財產業)便生嫉妬，復於「他財」生「己有想」。見他「受用」(享用)，便生悋惜(捨不得)。(註55)
(10)恒常貪盜，不知厭足。	(10)聞說「好食」(只要聽到別人說自己貪好飲食)，心生不樂。
(11)得人「少財」，便生喜悦。若貪不得，便生妬害。	(11)乃至巷路，見「遺落果」及以五穀，便生貪心，採取「收歛」(收集聚歛)。
(12)如此之人，不肯發心。信邪(信仰邪道)倒見(顛倒見解)，諂曲(諂媚曲迎)邪命(指不以正道而以邪曲之方法生活，此稱為「邪活命」)。	
(13)不修善法，不敬佛法。	
(14)純信鬼神，愛嚮(愛慕嚮往)祭祠㗸 (供奉鬼神祭祀)。	
如此之人還沒「地獄」，從「地獄」出，卻作「鬼身」。輪(輪迴)還生，死入於苦海。無有歇時。 是故世尊告語外道，汝是邪命，愚迷癡人，不知因果，不識良善。 如來告言，吾向汝道：是事難信，無量眾相(有無量無邊的事相，你們外道是難以相信的)。	外道！有如是等無量眾相，我今略說如是等相。是名從「餓鬼」中終，來生「人間」。智者能知，非愚能測。

55 《父子合集經·卷十五》云：「見他所有園林花果，多欲摘取而損壞之」。《大正藏》第十一冊頁962上。

外道邪見不可得知「如此之理」，非愚能測。	

以上從「餓鬼道」再投生「人間」的特點大致相同，計有「頭髮泛黃或黃紅或花白，又短又醜；眼睛常露出眼白而怒目直視；常喜飢渴而思飲食；慳貪嫉妒；貪樂積聚，不欲割捨布施眾生；不喜歡見善良人或善事；凡見財物即起欲得之盜心，乃至得其少許財物即便欣喜；喜歡背後說人是非，道人長短；若見他人資財產業，便生嫉妒；對別人的財物生出己有想；見別人在享用財物時，又生吝惜心⋯⋯」等。

另外《大乘瑜伽金剛性海曼殊室利千臂千鉢大教王經・卷十》多了「人長的又黑又瘦，臉上無光色；鼻子張開或散開；對於做官的人，感到非常恐懼；只愛好信受邪法；信仰邪道的顛倒見解；常以不正道而邪曲之方法生活；不肯發心修善法；不尊敬佛法；只信仰鬼神，供奉鬼神來祭祀⋯⋯」等。而《大寶積經・卷七十二》則另外提到「身體有眾多的毛髮、喜好不淨的食物，乃至巷路，到見有遺落的水果或五穀，便生貪心，馬上收集聚斂起來⋯⋯」等，這大概是跟「餓鬼」的習氣有關，所以身上多毛髮，貪戀食物等。

4、從「非人修羅道」出來，投生「人間」的特點

《大乘瑜伽金剛性海曼殊室利千臂千鉢大教王經・卷十》（註56）	《大寶積經・卷七十二》（註57）
若從「非人修羅」之身，聞佛少信，沒生(死了後生於)人間，當有是相。	若從「阿修羅」終，生「人中」者。當有是相，智者應知。
(1)高心我慢，常樂「忿怒」。	(1)高心我慢(高傲我慢心)，常喜忿怒。
(2)好行「鬥諍」，挾怨記恨(懷怨記恨不忘)，憎嫉起惡(憎惡妒忌常起惡心)。	(2)好樂鬥諍，挾怨不忘(懷怨不忘)，起「增上慢」。
(3)諂曲(諂媚曲意逢迎)不實，純行虛詐(虛偽巧詐)。	(3)其身「洪壯」(高大健壯)，眼白而大(眼白多而大，黑眼珠反而很少)，齒長多露(牙齒長且多外露)。
(4)抵債(抵賴債物)謾ㄇㄢˊ人(還欺騙蒙蔽他人)，身長洪壯(高大健壯)。	(4)勇健大力(勇敢強健力大無比)，常樂戰陣(喜歡作戰對陣)。

---

56 底下經文皆節錄自《大正藏》第二十冊頁773上。
57 底下經文皆節錄自《大正藏》第十一冊頁410上。

(5)眼白(眼白多而大，黑眼珠反而很少)圓怒(眼睛方圓而忿怒相)，齒疎(同「齒疏」→牙齒稀少疏鬆)包露(牙齒本應包覆卻常外露)。	(5)亦喜兩舌(言語搬弄，挑撥離間)，破壞他人。
(6)勇猛有力，心懷戰陣(喜歡作戰，與人對陣)。	(6)疎齒(牙齒稀少疏鬆)高心(高慢之心)，輕蔑(輕看蔑視)他人。
(7)常好鬥打，瞋勵(瞋恨的怒容屬色)不休(不停止)。	(7)所造書論，他人雖知，語巧(語詞巧詐)微密(細微隱密，故不致被人發現書中言論是有詐的)。
(8)兩舌破和(兩舌是非，常破和合大眾)，間拆(常用離間手段拆散)良善，輕蔑(輕看蔑視)賢士。	(8)亦有智力(小聰明，非真智慧之力)及「煩惱力」，樂自養身(只會為自己的利益而活)。(註58)
(9)說他長短，毀謗好人。	
(10)雖向人間(雖然一向是在人間)，常行不善。	
如此之行，死墮「地獄」無有出時。隨業諸趣，還生本身「阿脩羅道」。	外道！有如是等無量眾相，我今略說如是等相。是名從「阿修羅」終，來生「人間」。智者能知，非愚所測。

　　「阿修羅」道本性屬「好鬥」型，所以經文上記載的大致都與「鬥爭」有關，如經云：「他們高傲我慢心，常喜忿怒鬥爭，與人作對；懷怨記恨，憎惡妒忌；常有瞋恨的怒容；身材強健力大無比；眼白多而大，眼珠黑反而很少；牙齒稀少疏鬆，且多外露；喜歡言語搬弄，挑撥離間破壞他人……」等。《大乘瑜伽金剛性海曼殊室利千臂千鉢大教王經・卷十》還有談到「此人會諂媚曲意逢迎，虛偽巧詐；抵賴債物，還欺騙蒙蔽他人；說別人是非，毀謗賢良善人；雖然已投生人間，還是到處行惡」。而《大寶積經・卷七十二》則提到「他們會製造書論，但用語巧妙，故不致被人發現書中的言論是有詐的；也有小聰明，所以只會為自己的利益而活」。

5、從「人道」出來，再投生回「人間」的特點

《大乘瑜伽金剛性海曼殊室利千臂千鉢大教王經・卷十》(註59)	《大寶積經・卷七十二》(註60)
若從「人」終還生「世間」。當有是相。	若從「人」終，還生「人中」者。當有

---

58 《父子合集經・卷十五》云：「亦有智力及無明力，攻破他論，以自活命」。《大正藏》第十一冊頁962上。

59 底下經文皆節錄自《大正藏》第二十冊頁773上。

60 底下經文皆節錄自《大正藏》第十一冊頁410上。

	是相，智者應知。
(1)其人賢直，親近善友。	(1)其人賢直(賢良善直)，親近善人。
(2)性常有信、有忠、有孝。	(2)毀呰(同「毀訾」→毀謗)惡人。(註61)
(3)若有惡人，漫行非謗(多行誹謗)，毀呰(同「毀訾」→毀謗)其人。終不與前人(之前的人)反相報惡。何以故？此人常為好惜門望(喜好珍惜家世聲望)，識羞識恥(有羞恥心)，篤厚守信。	(3)好惜門望(喜好珍惜家世聲望)，篤厚(忠實厚道)守信。
(4)樂好「名聞」(好的名聲)及以稱譽(稱揚贊譽)。	(4)樂好「名聞」(好的名聲)及以稱譽(稱揚贊譽)。
(5)受性工巧(因為受到天性的精美善巧)，敬重智者(所以會尊敬有智慧的人)。	(5)愛樂「工巧」(精美善巧)，敬重智慧。
(6)具慚具愧，心性柔軟。	(6)具慚羞恥，心性柔軟，識知「恩養」(恩德之愛護養育)。
(7)識知「恩蔭」(別人的庇佑幫忙)，有願相報。	(7)於善友所(在善友之處)，心順無違(心順於善而無違)。
(8)於善知識，心順無違。	(8)好喜捨施，知人高下(能知人優劣得失好壞差別)。
(9)有慈有悲，孝養父母。	(9)善觀前人「有益、無益」(善於觀察面前的人是有益的善人還是無益的惡人)。善能答對(答辯應對)，領其言義(易領受別人的語義)。
(10)「師僧(堪為人師之僧，「眾僧」之敬稱)、和上」(和尚法師)，小心敬上(謹慎的尊敬長上諸輩)。	(10)善能「和合」(使人百事和合)，亦能「乖離」(使人乖違背離)。
(11)知人(能鑒察人的品行與才能)欵急(同「款急」→誠懇緊要)，處事有方。	(11)善能作使(運作使命)，宣傳言語。於種種語(語言)，能善通達，憶持不忘。
(12)善能和合(使人和睦吉利)，常樂信佛。	(12)亦復能知「是處、非處」外道(能善辨認那裡是真外道，那裡不是外道)。
(13)好行布施，常生供養。	
(14)不耐(不能忍受;不願意)於債(欠債)，不負他人少許財物(不願意虧欠別人乃至少許一點點的財物)。	
(15)好習善事，接引於人(樂於學習善事進而接引度化眾人)。悉令安樂，不令有苦。	
如此之人，行如是行(行持上面所說諸善	有如是等無量眾相，我今略說如是等

---

61 《父子合集經‧卷十五》云：「棄遠惡人」。《大正藏》第十一冊頁962上。

事)。死得「生天」，不入「地獄」。還生「人間」，受大快樂，不受眾苦。生生世世，常獲人身。是故如來語諸外道及是「無智、不善惡人」，亦非愚癡之所見解，非凡所測，非意校量(同校量)。	相。是名從「人中」終，還生「人間」。智者能知，非愚能測。

前世為人，這世又為人，這類的輪迴情形是最普遍的，基本上都有相同的「人道」精神，比如有「為人賢良正直，樂於親近善人；有信用，有禮義廉恥，具忠孝慈悲孝養之心；心性柔軟，知恩報恩，有願相報；喜歡好名聲及稱揚贊譽的光明事蹟；見有惡事惡人，必定譴責；為了珍惜家世聲望，所以不以怨報德，不與人結仇；天性好善巧精美，所以會尊敬有智導的人；於善知識處，必定心順於善而無違背；喜歡布施，能知人優劣得失好壞差別；善使人百事和合吉祥……」等。

《大乘瑜伽金剛性海曼殊室利千臂千鉢大教王經・卷十》還提到前世為人，這世也會「樂於信佛，好禮和尚法師；謹慎尊敬長輩；能鑒察人的品行與才能是否誠懇緊要」，另有一點有趣的是：「這種人不願欠別的債物，乃至一點點都不能忍受；也樂於學習善事，進而接引眾生，令彼得安樂」。

在《大寶積經・卷七十二》另外提到「此人於答辯應對，易領受別人的語義；能運作使命，宣傳美善的言語，不只能通達，而且還能憶持不忘；也能善辨認那裡是真外道，那裡不是外道之處……」等。

以上除了兩部經的說法外，另外《正法念處經・卷三十四》也記載若前世是「人中」死去，今世還生「人中」的詳細情形（註62）：

若人中死，還生人中，有何等相？云何悕望？其人死時，若生人中，則有相現，云何悕望？若生「人中」，於臨終時，見如是相：見大石山，猶如影相，在其身上。爾時其人，作如是念：此山或當墮我身上，是故動手欲遮此山。兄弟親里見之，謂為觸於「虛空」。既見此已，又見此山，猶如「白㲲」(毛布)。即昇此㲲，乃見「赤㲲」。

次第臨終，復見「光明」。以少習故，臨終迷亂，見一切色，如夢所見。以心

---

62 詳於《大正藏》第十七冊頁200下。

迷故，見其父母，愛欲和合。見之生念，而起顛倒。若男子生，自見其身，與母交會，謂父妨礙。若女人生，自見其身，與父交會，謂母妨礙。當於爾時，中陰則壞，生陰識起，次第緣生……是名「人中」命終還生「人中」。

經文謂此人於命終時會見一座「大石山」壓在這個人身上，然後就想把這「大石山」撥開。就在此時，親眷會以為臨終者乃用手在推撥著「虛空」，此時的「臨終者」復見此大山變成「白氈 」，然後就昇上這座「白氈」，又見它變成了「赤氈」，然後就斷氣死亡了。接著在「中陰身」時見有「光明」之處，開始趨向於「光明」處，忽見一對男女(此即自己將來的父母)正在愛欲交合，見後起心動念。若欲與其女交會，則變成男子胎，此女即成為自己將來的母親。若欲與其男交會，則變成女子胎，此男即成為自己將來的父親。接下來「中陰身」漸壞，來生之「五蘊」生起，就開始轉世成「人身」了。

其實如果生生世世都做「人」，也不一定能值善處、值善友，或六根皆備，《大般涅槃經‧卷第二十三》中就有「六難」之說（註63）。這六難是：

①佛世難遇：此指諸佛並不常出世，眾生很難值遇；縱使諸佛出世，眾生若不種善因修善果，也無法值遇。

②正法難聞：就算值遇諸佛出世，但因個人因緣的違逆，或身體之障礙、根性的愚鈍等，反而無法親領佛之法教， 現在是處佛滅之後，邪見大行，很難值遇正法之教。

③善心難生：人生於世間，因宿習染垢深重，惡緣深厚，如果不遇善知識的勸導，則終不能發心修習善行，甚至是三天打魚，兩天曬網，「善心」難發，「恆心」更難，故有「學佛三年，佛在西天」的諷語。

④中國難生：佛教所稱之「中國」，原意指的是<u>恒河流域中之摩羯陀</u>(Magadha)地方，因為這是當初佛陀宣教流布佛法最多的地方。若從現代世界的「廣義」上來說，則指的是「有佛法的國家」，意即若非持戒修福造眾善者，則不可能生在「有佛法的國家」。

⑤人身難得：如果前世有行持五戒或修行十善，這世方得人身，佛經上常以「盲

---

63 詳於《大般涅槃經‧卷第二十三》云：「世有『六處』難可值遇，我今已得，云何當令惡覺居心？何等為六？一、佛世難遇。二、正法難聞。三、怖心難生。四、難生中國。五、難得人身。六、諸根難具。如是六事難得已得。是故不應起於惡覺」《大正藏》第十二冊頁498下。

龜百年遇浮木之孔（註64）」及「失人身者，如大地土（註65）」來說明「人身」的難得，如果以現代的科學來說：正常男人的精子一次所釋放出的量大約是三億到五億，那真正能與卵子能遇合的機率恐怕是低於五億分之一的。

⑥諸根難具：雖得人身，然或有「聾盲瘖瘂」等五官六根等難具全者，故稱「諸根難具」（註66）。

　　底下再以劉宋・求那跋陀羅所翻譯《佛說罪福報應經》中前 32 條來補充說明「前世從人道出來，再投生回人間」的特點(白話解說請參前文)：

(1)為人豪貴，國王長者→從「禮事三寶」中來。
(2)為人大富，財物無限→從「布施」中來。
(3)為人長壽，無有疾病，身體強壯→從「持戒」中來。
(4)為人端正，顏色潔白，暉容第一。手體柔軟，口氣香潔。人見姿容，無不歡喜，視之無厭→從「忍辱」中來。
(5)為人精修，無有懈怠，樂為福德→從「精進」中來。
(6)為人安詳，言行審諦→從「禪定」中來。
(7)為人才明，達解深法。講暢妙義，開悟愚蒙。人聞其言，莫不諮受，宣用為珍→從「智慧」中來。
(8)為人音聲「清徹」→從「歌詠三寶」中來。
(9)為人潔淨，無有疾病→從「慈心」中來，以其前生「不行杖捶」故。
(10)為人姝長→恭敬人故。
(11)為人短小→輕慢人故。
(12)為人醜陋→喜瞋恚故。
(13)生無所知→不學問故。
(14)為人顓愚→不教人故。

---

64 《雜阿含經・卷第十五》云：「爾時，世尊告諸比丘：『譬如大地悉成大海，有一盲龜壽無量劫，百年一出其頭，海中有浮木，止有一孔，漂流海浪，隨風東西。盲龜百年一出其頭，當得遇此孔不？』阿難白佛：『不能！世尊！』……佛告阿難：『盲龜浮木，雖復差違，或復相得。愚癡凡夫漂流五趣，暫復人身，甚難於彼』」《大正藏》第二冊頁 108 下。

65 《四明尊者教行錄・卷第一》云：「得人身者，如爪上土。失人身者，如大地土」《大正藏》第四十六冊頁 862 中。又《大般涅槃經・卷第三十三》云：「善男子！有人捨身還得『人身』，捨三惡身得受『人身』，諸根完具，生於中國。具足正信，能修習道。修習道已，能得解脫，得解脫已，能入涅槃，如『爪上土』。『捨人身』……如十方界所有地土」《大正藏》第十二冊頁 563 上。

66 上述除了人身難得的「六難」外，《大薩遮尼乾子所說經・卷第三》尚云：「正法難聞、良師難遇、人身難得、諸根難具、正見難生、信心難發、合會難俱、自在難逢、太平難值」等諸難。詳《大正藏》第九冊頁 329 中。

(15)爲人瘖瘂➡謗毀人故。	
(16)爲人聾盲➡不視經法，不聽經故。	
(17)爲人奴婢➡負債不償故。	
(18)爲人卑賤➡不禮三尊故。	
(19)爲人醜黑➡遮佛前光明故。	
(20)生在「裸」國➡輕衣搪揆佛精舍故。	
(21)生「馬蹄人」國➡展蹋躡佛前故。	
(22)生「穿胸人」國➡布施作福，悔惜心故。	
(23)生「麞鹿麏鹿」中➡憙驚怖人故。	
(24)生墮「龍」中➡憙調戲故。	
(25)身生「惡瘡」，治護難差➡憙鞭榜眾生故。	
(26)人見歡喜➡前生見人「歡悅」故。	
(27)人見不歡喜➡前生見人「不歡悅」故。	
(28)憙遭「縣官」，閉繫牢獄，桁械其身➡前生爲人籠繫眾生，不從意故。	
(29)爲人吻缺➡前生釣魚，魚決口故。	
(30)聞「好言善語」，心不樂聞。於中鬧語，亂人聽受經法者➡後爲耽耳狗。	
(31)聞說法語，心不「飡採」➡後生「長耳驢馬」之中。	
(32)慳貪獨食➡墮餓鬼中。出生爲人，貧窮飢餓，衣不蔽形。

6、從「天上」下來，轉投生「人間」的特點

《大乘瑜伽金剛性海曼殊室利千臂千鉢大教王經·卷十》（註67）	《大寶積經·卷七十二》（註68）
若有眾生持「五戒、十善」，得生天上，受勝妙樂。從「天」退沒，生於「世間」。	若從「天中」終，生「人間」者。當有是相，智者應知。
(1)爲人端嚴(端莊嚴謹)，正信正見，相好殊妙(相貌美好特殊絕妙)。	(1)爲人端正，樂好清淨。
(2)其人聰慧，樂好清淨。	(2)喜著「花鬘」(喜穿著莊嚴美麗有花飾的衣物)及以「香熏」(古印度人以焚香來讓身體沾染香氣)。樂「香」塗身，常喜洗浴(洗身沐浴)。
(3)憙著華鬘(喜穿著莊嚴美麗有花飾的衣	(3)所樂五欲，簡擇「好」(正當清白光明)者，不喜於「惡」(邪惡染污)。（註69）

---

67 底下經文皆節錄自《大正藏》第二十冊頁 773 上。

68 底下經文皆節錄自《大正藏》第十一冊頁 410 上。

69 《父子合集經·卷十五》云:「於彼五欲歌舞音樂，唯擇上妙而不淫泆」。《大正藏》第十一冊頁 962 下。又《孟子、盡心篇下》曾說:「口之於味也，目之於色也，耳之於聲也，鼻之於

物)，熏香塗身(常焚香，讓身體沾染香氣)。	
(4)常愛「鮮潔」(鮮亮潔白)，好擇賢良(喜好選擇有德行才能者)。	(4)喜樂「音聲」(因天上充滿仙樂，故此世仍有此宿習)及以歌舞。
(5)常樂「音聲」(因天上充滿仙樂，故此世仍有此宿習)，歌舞讚歎。	(5)純與「上人」(道德高尚的人)而爲交友，不與「下人」而爲「朋黨」(同類者相互集成黨派)。
(6)常樂「高樓」(因宿世在天，故此世仍好住於高處)，不應「在下」(在低處之地)。	(6)好喜「樓閣」(因宿世在天皆住樓閣，故此世仍好住於高處)，高堂寢室(喜住高大廳堂或華屋寢室)。
(7)爲人作首(若作領導者)，含笑不瞋(對人常以微笑，不瞋心發脾氣)。	(7)樂「慈」(慈悲祥和)爲道，含笑不瞋。
(8)有行有德，吐言(說話言詞)柔美。	(8)吐言柔美，言語善巧，令人喜悅。
(9)善巧方便，出言誠諦(誠實懇切具真諦)。	(9)喜樂「瓔珞」(因宿世在天瓔珞戴身，故此世仍好以珠玉穿成的裝飾物)，及好衣服嚴身之具(常以端莊華麗的服飾來當作莊嚴自身的工具)。
(10)盡皆歡喜，不傷「前人」(不會去傷害在前之諸眾人)。	(10)常樂出入(樂於往來出入國城)，行來暢步(暢行無阻)。
(11)有大智慧，常樂好衣嚴身之具(因天界穿著莊嚴「天衣」之宿習，故今世仍好著華麗的服飾來莊嚴自己)。	(11)所作「精勤」(所作的任何事都以精誠勤勉心去完成)，終不懈怠。
(12)此人有善(有善心)，樂欲出家(常樂於出家修道)。	
(13)若得爲師(出家為人師表)，精進修持，清淨律行。	
(14)學習佛道，志求菩提。	
(15)如是之人有智有慧，多劫修行，難可籌量。	
(16)非心所測(不是一般人的心所能測知)，非眼所觀(不是一般人的眼所能觀知)，此是賢良，見生受福(眾生若見此人，常常可受福得福)。	
(17)若修「淨戒」，不久當得無上正等菩提。	外道！有如是等無量眾相，我今略說如是等相。是名從「天中」終，生於「人間」。此智能知，非愚能測。

臭也，四肢之於安佚也。性也，有命焉，君子不謂性也」。意思是說人會喜好「五欲之樂」是人類自然的天性，但這五欲之樂有時是命中注定的，並非你追定一定可以得到的，所以君子不會把五欲之樂當作人類自然的天性而不斷的去追求它。孟子的這段說法與經文說：「就算有所喜好的五欲之樂，他也會選擇『正當清白光明』的來源，不會選擇『邪惡染污』的五欲來源」有異曲同工之妙。

前世在天，今世為人，其實本來就是件辛酸且悲哀的事，據《阿毘達磨大毘婆沙論‧卷第七十》中有說「天人」欲壽盡時會產生的「小五衰相」（註70），如：

①**樂聲不起**：天中音樂本不鼓自鳴，但天人欲壽盡時，天樂聲自然不起。
②**身光忽滅**：天眾身體原「光明赫赫」，晝夜皆昭然，但欲壽盡時，光明即退失不現。
③**浴水著身**：天眾肌膚原為「香膩」，妙若蓮花，不染於水，但欲壽盡時，浴水霑身，則染於水而不乾。
④**著境不捨**：天眾對殊勝的「欲境」，原無耽戀，但欲壽盡時，則取著不捨，貪戀其境。
⑤**眼目數瞬**：天眾之「天眼」原無礙亦不瞬，可普觀大千世界，但壽欲盡時，則其眼目數瞬轉動。

若據《佛本行集經‧卷第五》（註71）及《增壹阿含經‧卷第二十六》（註72）的說法，則另有「大五衰相」的情形，如：

①**頭上華萎**：天眾的頭頂皆有彩色鮮明的「寶冠珠翠」，於福盡壽終之時，頭上的這些「華冠」會自然凋謝枯萎。
②**腋下汗出**：天眾的身體原本是「輕清潔淨」的，但於福盡壽終之時，兩腋竟會自然流汗。
③**衣裳垢膩**：天眾的「銖衣妙服」原本是常鮮光潔的，但於福盡壽終之時，就會變成垢穢狀。
④**身體污臭**：天眾身體本來「香潔自然」，於福盡壽終之時，忽生臭穢。
⑤**不樂本座**：天眾原有最殊勝最快樂的「本座」，此非世所有，於福盡壽終之時，開始厭居「本座」。（註73）

以上天人若已呈「小五衰相」，如遇殊勝之善根，仍有轉機之可能。但若已現

---

70 詳《大正藏》第二十七冊頁 364 下。
71 詳《大正藏》第三冊頁 676 中。
72 詳《大正藏》第二冊頁 693 下。
73 又據《增壹阿含經‧卷第二十四》則有「玉女違叛」的衰相，而《增壹阿含經‧卷第二十六》則謂「天女星散」的衰相。這是指天人原有數百「玉女」追隨或共相娛，但天人壽欲盡時，這數百「玉女」則當「違離星散」。以上資料詳於《大正藏》第二冊頁 677 下。

「大五衰相」，則已不可轉機，必定將從天人而墮凡俗了（註74）。

　　既已從天墮為凡俗，那會有什麼徵兆呢？《大乘瑜伽金剛性海曼殊室利千臂千鉢大教王經・卷十》及《大寶積經・卷七十二》皆說：「為人端莊嚴謹；相貌美好莊嚴；聰明有智慧，具正信正見；樂好清淨，常常沐浴；喜穿著莊嚴美麗有花飾的衣物，常以焚香來讓身體沾染香氣；因天上充滿仙樂，故此世仍有好聲樂歌唱及舞蹈；喜好與有德行才能者相處，不與邪惡朋友來往；因宿世皆住天庭樓閣，故此世仍好住於高處樓閣，或高大廳堂或華屋寢室，不喜歡住於低處之地；為人若作領導者，則對人常以微笑慈悲祥和，不瞋心發脾氣；說話言詞柔美，談吐大方，令人聽聞喜悅，不會去傷害別人……」等。

　　《大乘瑜伽金剛性海曼殊室利千臂千鉢大教王經・卷十》另提到「此人有善心，常樂於出家修道；出家為人師表，則精進修持，清淨律行。學習佛道，志求菩提……」等。《大寶積經・卷七十二》則補充說「就算有所喜好的五欲之樂，他也會選擇『正當清白光明』的來源，不會選擇『邪惡染污』的五欲，非為我享之五欲，則不受也；樂於出入國城旅遊，暢行無阻，心無掛礙，這可能前世在天能自由飛翔的宿習導致；無論所作的任何事都能以『精誠勤勉心』去完成，終不懈怠……」等。

　　除了上述經典的說明外，《佛說兜調經》中也說「天人」降生到「人間」所得的感應有「長壽、少病、面色好、善心賢良、為人愛敬、明經曉道、為眾所尊」，如經云：

　　　　一時佛在舍衛國，國中有一婆羅門名曰兜調，有子名曰谷。佛告谷……
　　　　從天來下生人間，即長壽……即少病……面色常好，為人和心賢善……
　　　　為人所愛敬……富樂為人所敬愛……為人即明經曉道，為眾人所尊用。
　　　　（註75）

　　《賢愚經・卷第十二》也有說：「彼人壽終，生於天上，盡天之命，下生『人間』，常生尊豪富樂之家，顏貌端正，與世有異」（註76）。俗語說：「欲知前世因，

---

74 詳《大正藏》第二十七冊頁364下。
75 詳《大正藏》第一冊頁887中。
76 《大正藏》第四冊頁431下。

今生受者是：欲知後世果，今生作者是」，凡事皆有前因後果的相關連，我們這生的所作所為多少是受了前世的影響，而來世的果報也會受我們這世的所作所為影響，故《大寶積經・卷五十七・入胎藏會》云：「假使經百劫，所作業不亡，因緣會遇時，果報還自受」（註77），《光明童子因緣經・卷四》也說：「一切眾生所作業，縱經百千劫亦不忘，因緣和合於一時，果報隨應自當受」（註78）。六道的因果輪迴與業力皆會在「因緣和合」時發生，這就是宇宙與人生的真相。

---

77 《大正藏》第十一冊頁 335 中。
78 《大正藏》第十四冊頁 862 下。

三、結論

「生是偶然，死是必然」，人終必有一死，本論文提到「臨終前後」有關「煖氣」離開位置的問題，及往生六道的各種「徵兆」瑞相，相信可以帶給讀者在面對「臨終者」時重要的參考依據。雖然每個人的業力不同，所遇的境界或多或少也會不同，但基本法則應該是一樣的。

筆者在「六道輪迴的因緣觀」內容著墨不少，也借此顯示我們的「人生」可能不是只有這世而已，有「過去世」，也會有「未來世」，而且也不是生生世世為「人」而已，這在最近的《因果與輪迴》書中皆有大量的說明（註79），如吉娜‧瑟敏納拉(Gina Cerminara)博士用二十年的時間進行了詳細的分析和研究，在她的《生命多世》著作中有句結論說：「每個靈魂不只活一世，而是多世」（註80）。甚至英國「國際靈魂協會」瑞士籍會長穆勒(Muller)博士亦說：人類死亡後可以再度誕生，一個人每隔約「一百年」就會在地球上出現一次，死亡和轉生的間隔期間是從「幾天」到「數千年」，平均則約為「一百年」。雖然慣常是在地球上誕生，轉到「另一個行星」上出生亦有可能，很多人是在地球上首次出生——不唯原始人類如此，在發展的不同階段中亦是（註81）。佛經上也常說眾生有「八種災難」（註82）之說，所以無論您轉世到那裡去，基本上不出「三界六道」，就得受「八難」之苦，這也是眾生不斷輪迴「三界六道」的內幕。

本論文是以「佛典」為研究題材，故僅以佛典的資料來闡述「六道輪迴」的內容，並非從「東西方輪迴科學理論」或「靈學、催眠學」……的方式來探討，故本

---

79 「因果與前世今生」的書非常多，在此略舉有

❶吉娜 瑟敏納拉：《生命多世》(Gina Cerminara, Many Mansions: The Edgar Cayce Story on Reincarnation, Signet, July 1999)。

❷羅伯特 舒華茲《從未知中解脫：10 個回溯前世、了解今生挑戰的真實故事》ISBN：9789861751481。

❸林俊良《輪迴線索－前世今生體驗之旅》ISBN：9789867958938。

❹慈誠羅珠堪布《輪迴的故事──穿越前世今生，探索生命意義》ISBN：9789867884688。

❺正見編輯《正見：輪迴研究》ISBN：9789575527860……等。

80 《生命多世》一文引自網路版的「電子書」http://www.epochtimes.com/b5/2/11/6/n242541.htm。

81 以上引用網路「電子檔」資料 http://www.epochtimes.com/b5/2/3/16/c7680.htm。或參見弘初《生命輪迴》，西藏人民出版社，1997 年 8 月第一版。

82 八種災難，又名「八難、八難處、八難解法、八無暇、八不閑、八非時、八惡、八不聞時節」。指「在地獄難、在餓鬼難、在畜生難、在長壽天難、在邊地之鬱單越難、盲聾瘖瘂難、世智辯聰難、生在佛前佛後難」這八種。

論文仍有諸多昇級的空間，也許可以將佛典的「臨終前後」結合西方的「瀕死體驗」，或將「東西方輪迴科學、靈學、催眠學、神通學……」等結合佛教經典的相關研究，這些就留待筆者來日的努力研究完成。

參考書目

《大般涅槃經》。《大正藏》第十二冊。

《大寶積經》。《大正藏》第十一冊頁。

《阿毘達磨大毘婆沙論》。《大正藏》第二十七冊。

《佛說輪轉五道罪福報應經》。《大正藏》第十七冊。

《佛說罵意經》。《大正藏》第十七冊。

《正法念處經》。《大正藏》第十七冊。

《守護國界主陀羅尼經》。《大正藏》第十九冊。

《大乘瑜伽金剛性海曼殊室利千臂千鉢大教王經》。《大正藏》第二十冊。

達瓦桑杜英譯藏，徐進夫藏譯漢《西藏度亡經》，天華出版公司，1983 年。

佛典瀕死現象研究

發表日期：2010 年 12 月 25 日(星期六)*1*
會議地點：天主教輔仁大學濟時樓九樓【國際會議廳】
會議名稱：第四屆【生死學與生命教育學術研討會】

【全文摘要】

「瀕死現象」是近代、現代生死學中的熱門課題，早在兩千五百多年前的釋迦牟尼佛(據南傳佛教國家認定佛陀生於西元前 624 年，若依《善見律毗婆沙》則又可推定為西元前 565 年)所宣說的三藏經典中就記載了大量的「瀕死現象」，這可說是人類文明上最大的貢獻之一。另外一位是古希臘最著名的唯心論哲學家和思想家柏拉圖(Plato，約西元前 427 年～前 347 年）在他的著作《理想國》(The Republic)中也已記載了許多「瀕死體驗」現象。

「瀕死」的學術研究在西方一直深受歡迎，相關的論文研究也發表在「國際權威醫學雜誌」－－《柳葉刀》(The Lancet)和《瀕死體驗研究》(The Journal of Near Death Studies)上。例如：瑞士地質學家阿爾伯特·海蒙(Albert Heim)、美國國際瀕死經驗研究會(International Association for Near-DeathStudies,IANDS)會長凱尼斯·林格(Kenneth Ring)、《跨過生死之門》(Closer to the light)作者梅爾文·莫爾斯(Melvin Morse)、加州大學教授查爾斯·塔特(Charles Tart)……等。其中內華達大學教授雷蒙德·穆迪(Raymond A. Moody)最負盛名，他的《生命之後的生命》(Life After Life)被翻成數國語言流通。除了西方外，現在東方的日本、中國大陸、台灣……等也相繼帶起研究「瀕死」的風潮，相關學術書籍不斷湧出，既然西方及東方都有如此多「瀕死現象」的研究報導，那兩千五百多年前的釋迦佛又是如何看待這個問題？本論文將深入探討佛典中的「瀕死現象」，內容有：

一、前言
二、佛典的死而復生現象
三、瀕死前的四大現象
四、瀕死前的種種現象

---

1 本論文原預定於第三屆【生死學與生命教育學術研討會】(2010 年 6 月 26 日。中華生死學會、輔仁大學宗教學系主辦)，但因稿件無法順利排入議程，故順延至第四屆【生死學與生命教育學術研討會】發表。

【關鍵詞】

瀕死、《西藏度亡經》、《道地經》、《佛說摩訶衍寶嚴經》、神明護法

一、前言

　　近年西方或東方都熱衷於探討「瀕死現象」，但研究資料只限「死而復生」者的「口述」內幕，這些死而復生者大多屬「仍有餘福」（註2）或「業緣未了」3的跡象，所以他們體會的瀕死現象95%都說是「平靜和快樂」的，（註4）美國著名心理學家雷蒙德·穆迪(Raymond A. Moody)博士研究過150個瀕死體驗者(經歷過「臨床死亡」後復生的人)的案例之後，大體歸納為14條不可忽視的相似性，如：「明知死訊、體驗愉悅、奇怪聲音、進入黑洞、靈魂脫體、語言受限、時間消失、感官靈敏、孤獨無助、他人陪伴、出現亮光、回望人生、邊界阻隔、生命歸來」等。（註5）

　　至於生平作惡多端的罪人很少有「死而復生」的機會，（註6）所以我們也無法得知這些「無有餘福、造諸惡業」人的完整的「瀕死現象」，如《佛說長阿含經·卷第七》中云：

　　　　「十惡」備足，身死命終，必入地獄，獄鬼無慈，又「非人類」。死生異世，彼若以「頓言」求於獄鬼：「汝暫放我，還到世間，見親族言語辭別，然後

2　有無「餘福」的字詞乃引自《佛說超日明三昧經·卷二》云：「宿有餘福，今乃得聞」。詳《大正藏》第十五冊頁542中。
3　「業緣」已了或未了的名詞乃引自《大寶積經·卷七十一》云：「若所造作業，其業緣未熟，未得於果報，如來悉了知」。詳《大正藏》第十一冊頁404上。
4　瑞士地質學家阿爾伯特·海蒙(Albert Heim)於1892年的研究論文中提到：在他所調查的30名墜落倖存者中，「95%」的人都說在「瀕死過程」中感受到「平靜和快樂」。
　　台灣高雄市立凱旋醫院精神科醫師暨瀕死中心主任林耕新指出，瀕死經驗者「復活」後，有瀕死經驗者90%不再畏懼死亡，58.8%覺得人生觀發生正向改變，35.2%趨向普遍性宗教的傾向，更樂於去幫助他人。詳網路資料 http://drlin332.pixnet.net/blog/category/1421887。
　　台灣瀕死研究中心表示，95%有過瀕死經驗者，活過來後幾乎都能激發正向生命，第一階段：安祥和輕鬆，占57%。第二階段：意識逸出體外，占35%。第三階段：通過黑洞，占23%。第四階段：與親朋好友歡聚 第五階段：與宇宙合而為一，10%。詳網路資料 http://www.ta.org.tw/92news/921101.html。
5　請參考http://info.wenweipo.com/?action-viewnews-itemid-28996。或參考 Raymond A. Moody 著，賈長安譯：《Life after life》(來生)，台北：方智出版社，1991年4月初版(原文書乃於1975年出版)。
6　有些人在「瀕死體驗」中在也看到了一些可怕的景象。例如：《天堂印象－－100個死後生還者的口述故事》中就記載了一個叫斯塔因·海德勒的德國警察局長可怕的「瀕死體驗」。他生前對人冷漠粗暴，在一次「瀕死體驗」中他看到自己被許多「貪婪醜陋的靈魂」包圍著，其中一個靈魂張著血盆大口撲上來要咬他。筆者推測這位警察畢竟也做過不少有利大眾的「功德」，所以「仍有餘福」而「死而復生」。參見逢塵主編：《天堂印象——100個死後還生者的口述故事》，外文出版社，1999年1月。

當還。」寧得放不？婆羅門答曰：「不可！」。（註7）

這樣所謂95%瀕死者皆呈「平靜和快樂」的理論勢必是「不客觀」的。然而吾人從佛教經典中卻可發現佛陀介紹了大量的「瀕死體驗」，還細分成「三善道」及「三惡道」（註8）的瀕死經驗，也就是「無有餘福、死不復生、造諸惡業」者的瀕死體驗皆可由佛典中獲得完整的資料內幕，這是目前世間科學或催眠實驗均無法得知的「資訊」（因為那些人不會再活過來，除非是「託夢告知」）。本論文將以佛典中的瀕死過程資料做為研究主軸，亦一併探討《西藏生死書》（亦名《西藏度亡經》或《中陰聞教得度》）中所出現的「神明護法」問題。

二、佛典的死而復生現象

人死而復生是全球人類都會發生的事，這類的記載史料非常多，如：南齊・王琰《冥祥記》（註9）、宋・劉義慶《幽明錄》（或名《幽冥錄》、《幽冥記》）、晉・干寶《搜神記》（或名《干寶記》、《搜神傳記》、《搜神異記》）、晉・荀氏《靈鬼志》、晉・宋之間及陶潛《續搜神記》、隋・顏之推《冤魂志》（《宣魂志》）、唐・唐臨《冥報記》（《貢報記》，此書收於卍續藏第一五〇冊）、唐・中山郎餘令(字元休)撰《冥報拾遺》（《冥祥拾遺》）、日本・佐佐木憲德輯《冥報記輯書》（收於《卍續藏》第八十八冊）……等。除了這些史料記載外，在佛典中就有一部由劉宋・沮渠京聲(？～464)居士（註10）所翻譯的《佛說弟子死復生經》，內容述敘一位在家的優婆塞本「奉戒不犯，精進一心，勤於誦經，好喜佈施。」（註11）後來突得重病而亡，臨終時遺囑交代不要將他的屍體入殮，至少要等七天。後來等到了第八天，仍無還生，亦無屍臭，家人還是沒有將他入殮，到了第九天突然「開眼還生」，第十天就能起坐說話。家人問他這幾天發生什麼事？這位居士便說他去遊覽「地獄」，地獄是黑的，四面八方都是以「鐵」作城牆，到處都是紅火，地獄中的吏卒抓著犯人丟入大火中燒烤，或用刀割犯人肉而食之。後來閻羅王問為何將這位在家居士帶到此地？原來此人年少時曾為惡友所染而奉事外道，進而殺生祠神，後入佛道

---

7 詳《大正藏》第一冊頁43中。

8 《大智度論・卷三十》云：「分別善惡故有六道：善有上、中、下故，有三善道：天、人、阿修羅；惡有上、中、下故，地獄、畜生、餓鬼道」。詳《大正藏》第二十五冊頁280上。

9 本書並無完整之全本流傳，僅有部分內容散見於《法苑珠林》、《太平廣記》等。至民國的魯迅則收集《冥祥記》之片斷，集錄於《古小說鉤沈》一書之中。

10 沮渠京聲為京王沮渠蒙遜之從弟，匈奴人也。敏朗智鑒，涉獵群書，善於談論。少時曾度流沙，至於闐學梵文，常遊止塔寺，翻譯經文。

11 詳《大正藏》第十七冊頁868中。

中即授五戒行十善，不復犯惡。此後吏卒便說：「是小吏罪之所致，不別真偽，請得遣之還」。（註12）於是此居士便還人間而復活。

　　佛教典論中還有很多類似「死而復生」的記載，如《三寶感應要略錄‧卷之下‧僧寶聚》中記載一劉氏，有次前往隔壁鄰家的途中撿到一個有「頭」刻像的「木杖」，於是便帶回家插置在牆壁中，多年後他也忘了這件事。後來遭受疾病而亡，心胸仍有微溫，家人便不下葬，經過「一日二夜」便復活了。家人問這二天去那？劉氏說他剛死時見到兩位騎馬的「冥官」，然後帶他去大廳見一「大王」(即閻羅王)，剛好有一位沙門和尚也來到這大廳，沙門便對劉氏說：我就是地藏菩薩，你生平見我「像」，然後持置家中壁上，且能「憶念不忘」，以此功德可「放還人間」。劉氏聽後即憶起往昔並沒有對那「木像」生起「憶念不忘」心，即生懺悔自責。後來沙門便牽劉氏的手而還至人間。劉氏復活後，立刻將那「地藏頭像」加以刻工彩繪，然後將自宅捐出成精舍，名為「地藏院」。（註13）

　　《持誦金剛經靈驗功德記》中記載遂州有一人，於貞觀元年死亡，後經「三日」得活。原因是他一生持誦《金剛般若波羅蜜經》，理當昇天，竟「錯至」地獄閻羅王所，後來天神便將此人帶回陽間。（註14）

　　《持誦金剛經靈驗功德記》還記載一位長安的溫國寺靈幽法師，一日忽死，經過七日後去見了地獄的「平等王」。「平等王」說靈幽法師誦《金剛經》但少誦一「偈」，後來便放法師回去多活十年。（註15）

　　另一部重要的典籍唐‧道世(？～683)撰的《法苑珠林》，內容引用佛經外，尚引用了四百多種「外典」資料，（註16）裡面還有更多「死而復生」的記載，除了《冥祥記》、《冥報記》、《冥報拾遺》、《冥報記輯書》……等已有的現成資料外，下面例舉不在上述典籍內的故事：

---

12 詳《大正藏》第十七冊頁 868 下。
13 詳《大正藏》第五十一冊頁 854 下。《三寶感應要略錄‧卷之下(僧寶聚)》載：「蘭州金水縣侍郎，姓劉氏……後遭疾而死。心胸少暖，不葬之，經『一日二夜』還活，流淚悔過自責，投身大地」。
14 《大正藏》第八十五冊頁 157 下。
15 詳《大正藏》第八十五冊頁 158 中。
16 詳見陳垣：《中國佛教史籍概論》卷三，文史哲出版社，頁 63。

《法苑珠林‧卷第七》載：

晉‧趙泰，年三十五時，嘗卒心痛，須臾而死。準備葬地時因「心暖不已」，故暫留屍，至「十日」後，咽喉中有聲如雨，俄而蘇活。趙泰說：這十天去遊覽地獄，見到祖父母及二位弟弟在地獄中受苦。（註17）

《法苑珠林‧卷第七十六》載：

唐朝的程普樂，於永徽六年五月七日，因微患而暴死，但經過五日，其心暖且無屍臭，後於「第六日」而得還生。他說剛死時有二位「青衣人」帶他去見閻羅王，後又見地獄種種可怕事。閻羅王說：你雖沒有重罪，也不是完全沒有罪過，今放你回去，三年後回來受死。後來這二位「青衣人」便將程普樂送回陽間，程普樂看見一床鋪，棘林枝葉非常稠密，「青衣人」就令程普樂入此樹林，二人急推下，程普樂「合眼」而入，即覺身已在「床」而蘇活。從此終身不犯諸惡，菜食長齋。（註18）

《法苑珠林‧卷第七十九》載：

隋開皇十一年，內太府寺丞之趙文昌身忽暴死，於數日，唯心上暖，家人不敢入殮，後時得語復活。他說：死後，有人將他帶至閻羅王所。王問：一生作何功德，趙文昌說：唯專心誦持《金剛般若》，王聞此語合掌斂膝，贊言：善哉！善哉！汝能受持《般若》，功德甚大，不可思議。王便跟「冥吏」說：好須勘當，莫令「錯將」人來！後即復還人間。（註19）

《法苑珠林‧卷第九十二》載：

後魏崇真寺僧慧嶷，死經七日，時與「五比丘」次第于閻羅王所閱過，嶷以「錯召」，放令還活，具說王前事意(事出《洛陽伽藍寺記》)。（註20）

這些「死而復生」的記載大致都有一個共同模式，那就是到閻羅王或者某大王那兒「報到」，或因「錯置」，或人間「業緣未了」，或僅是「到此一遊」……等，幾乎沒有說到了「天國」或「佛國淨土」後而遭「退返」命運，也許到了上述那些地方就不可能被「遣返」吧？這是本節筆者整理佛典「死而復生」故事的一個有趣現

---

17 詳《大正藏》第五十三冊頁 330 中~330 下。
18 《大正藏》第五十三冊頁 859 下。
19 詳《大正藏》第五十三冊頁 875 下。
20 詳《大正藏》第五十三冊頁 970 上。

象。相對的，西方所研究的瀕死體驗偶爾會出現「到上帝天國一遊」的情形，上帝會說您的「業緣未了」，必須再回人間去「完成」，所以就會「復活」過來。（註21）

三、瀕死前的四大現象

佛經上說人身是由四種基本物質所構成，即「地、水、火、風」四大，這「四大」不協調會引起各種病痛，如由「風大」所引起的「風病」有101種，由「地大」增長而引起之「黃病」有101種，由「火大」旺盛所引起之「熱病」亦有101種，由「水大」積聚而引起之「痰病」亦有101種，總計為404種病，（註22）這是佛典常用的專有名詞，但404種病只是「原則性、大約性」的說法，（註23）實際上還有「無量百千萬億的病緣」。（註24）人在瀕死前這「四大」也會出現「不調」的情形，如《正法念處經・卷六十七》云：「觀死四種，所謂：『地大』不調，『水大』不調，『火大』不調，『風大』不調。」（註25）進而逐漸死亡。

人體身上凡是「堅礙(khakkhaṭatvaṃ)、堅硬」的部份都屬「地大」。凡「濕潤(dravatvaṃ)、流潤」的部份都屬「水大」。凡「暖觸(uṣṇatvaṃ)、暖熱、暖氣、火相、熱體」都屬「火大」。凡「動搖(laghu-samudīraṇatvaṃ)、飄動、動轉、出入息」皆屬「風大」（註26）。

---

21 可參考 Raymond A. Moody 著，賈長安譯：《Life after life》(來生)，台北：方智出版社，1991年4月初版。

22 如《佛說佛醫經・卷一》云：「人身中本有四病：一者、地；二者、水；三者、火；四者、風。風增，氣起；火增，熱起；水增，寒起；土增，力盛。本從是四病，起『四百四病』」。詳《大正藏》第十七冊頁737上。《修行本起經・卷二》亦云：「人有四大，地、水、火、風，大有『百一病』，展轉相鑽，『四百四病』，同時俱作，此人必以極寒、極熱、極飢、極飽、極飲、極渴，將節失所，臥起無常，故致斯病。」詳《大正藏》第三冊頁466下。

23 如據《大智度論・卷五十九》云：「如實珠能除『四百四病』，根本四病：風、熱、冷、雜；般若波羅蜜亦能除『八萬四千病』，根本四病：貪、瞋、癡、等分。婬欲病分『二萬一千』，瞋恚病分『二萬一千』，愚癡病分『二萬一千』，等分病分『二萬一千』。以不淨觀除貪欲，以慈悲心除瞋恚，以觀因緣除愚癡，總上三藥或不淨、或慈悲、或觀因緣除等分病。」詳《大正藏》第二十五冊頁478中。或見《佛說法集經・卷四》云：「若如是觀身此身不堅固，唯是父母赤白和合不淨而生。臭穢以為體，貪瞋癡怖以為賊亂，破壞不住，種種無量『百千萬病』，以為家宅。」詳《大正藏》第十七冊頁628中。

24 如《大方廣佛華嚴經・卷六十六》云：「復見無量百千萬億上妙寶車……『百千萬億病緣』湯藥資生之具。」詳《大正藏》第十冊頁356下。

25 詳《大正藏》第十七冊頁398上。

26 以上說法請參見《大方廣佛華嚴經・卷第十一》云：「身骨三百六十及諸『堅礙』，皆地大性。凡諸『濕潤』，皆水大性。一切『暖觸』，皆火大性。所有『動搖』，皆風大性。《大正藏》第十冊頁711上。及《大寶積經・卷一一〇》亦云：「身之『堅鞕』為地大。『流潤』為水大。『暖熱』為火大。『飄動』為風大」。《大正藏》第十一冊頁613上。

如《大方廣圓覺修多羅了義經》云：

「髮毛、爪齒、皮肉、筋骨、髓腦、垢色」，皆歸於「地」。
「唾涕、膿血、津液、涎沫、痰淚、精氣、大小便利」，皆歸於「水」。
「暖氣」歸「火」。
「動轉」歸「風」。（註27）

這「四大」解體的順序則由「風大」開始，其次是「火大、水大、地大」，如《法觀經》云：

氣出(呼吸氣息)不報(回報;回應)為死人，身倪正直，不復搖，「風」去。
身冷，「火」去。
黃汁從九孔流出，「水」去。
死不復食，「地」去。
三、四日，色轉正青。膿血從口、鼻、耳、目中出，正赤。肌肉壞敗，骨正白。久久轉黑作灰土，視郭外臭死人。（註28）

這種由「風、火、水、地」解體的順序是漢傳佛典諸經一致性的說法，如：

《長阿含經‧卷一》云：
死者，盡也。「風」先「火」次，諸根壞敗，存亡異趣，室家離別，故謂之死。（註29）

《放光般若經‧卷十四》云：
譬如人，欲死時，「風」先命去，諸根悉滅。（註30）

《佛說五王經》云：
欲死之時，刀風解形，無處不痛……死者去之，「風」去氣絕，「火」滅身冷，「風」先「火」次，魂靈去矣。（註31）

---

27 詳《大正藏》第十七冊頁914中。
28 詳《大正藏》第十五冊頁241中。
29 《大正藏》第一冊頁6下。
30 《大正藏》第八冊頁101上。
31 《大正藏》第十四冊頁796中。

《佛說八師經》云：

佛言：八謂人死，四百四病，同時俱作。四大欲散，魂神不安。「風」去息絕，「火」滅身冷，「風」先「火」次，魂靈去矣。（註32）

《增壹阿含經‧卷二十四》云：

是時，閻羅王以此教勅已，復以第四天使告彼人曰：云何？男子！身如枯木，「風」去「火」歇，而無情想，五親圍遶而號哭？（註33）

《修行本起經‧卷二》云：

何如為死？答言：死者盡也，精神去矣。四大欲散，魂神不安，「風」去息絕，「火」滅身冷，「風」先「火」次，魂靈去矣。（註34）

《出曜經‧卷十三》云：

所謂死者，無出入息，身如枯木，「風」去「火」棄，神識斷去。（註35）

《出曜經‧卷二十二》云：

如人在世，不知死生，死為神徙，「風」去「火」次，魂靈散矣，身體侹直，無所復中。（註36）

但是在《西藏度亡經》中對死亡的順序卻與漢傳佛典說法不同，如《西藏度亡經》云：

一位與死者私交甚密的同門兄弟，將出現的徵象，依次以鮮明的語句反覆印入死者的心靈之中，首先是：現在，「地大」沈入「水大」的徵象出現了⋯⋯其次是「水大」落入「火大」之中，最後是「火大」落入「風大」之中。（註37）

另一本由張蓮菩提重譯的《中陰救度密法》也是這樣說：

---

32 《大正藏》第十四冊頁 966 上。
33 《大正藏》第二冊頁 675 上。
34 《大正藏》第三冊頁 184 上。
35 《大正藏》第四冊頁 681 上。
36 《大正藏》第四冊頁 725 下。
37 詳蓮花生大士原著，徐進夫譯：《西藏度亡經‧第三章 乾編‧臨終中陰與實相中陰》，臺北：天華出版社，1983 年 4 月，頁 96 及 170。

於其將死象徵「次第」現前，即須為警告曰：今者，「地大」降於「水大」矣……「水大」降於「火大」……「火大」降於「風大」。（註38）

今將兩者異同製表如下：

漢傳佛典	《西藏度亡經》
風➔火➔水➔地	地➔水➔火➔風

　　這兩者的差異究竟只是「敘述」上的不同，還是從「根本理論」上就出現差異性？筆者認為人死應從「風大」開始解體，漢傳佛典上說一切眾生臨終前一定是先「身中刀風」（註39）而亡。所謂的「刀風」亦稱為「風刀」，是指我們體內屬於「風大」的部份會開始「動搖」，進而身體分解，這種情形有如千百隻刀割裂身體般的痛苦，故佛經皆謂之為「風刀」或「刀風」。在《正法念處經·卷六十七》中更詳細列出死亡與「風」有關的名詞，計有「行風、刺蟲、上下風、命風、開風、亂心風、惱亂風、視眴風、閉風、壞胎藏風、轉胎藏風、刀風、針刺風、惡黃風、破腸風、黃過風、冷風、傷髓風、傷皮風、傷血風、傷肉風、傷骨風、害精風、皮皺風、生力風、傷汗風、麻風、食相應風、破齒風、喉脈風、下行風、上行風、傍風、輔筋風、害髓風、似少風、睡見亂風、不忍風、名字風、緊風、肺風、臭上行風、穢門行風、憶念歡喜蟲、忘念風……」等。（註40）除了這些與「風」有關的名詞外，在《大寶積經·卷七十三》亦詳細說：「身內風界……所謂：住身『四支』者是風，住『胃』者是風，行『五體』者是風，行諸『子支』者亦皆是風，遍行

38　參見張蓮菩提重譯華言：《中陰救度密法》，臺北：大乘精舍印經會，1998 年 5 月，頁 29。

39　如《增壹阿含經·卷八》云：「爾時，**周利槃特**廣為說法已，婆羅門從比丘聞如此教已，諸塵垢盡，得法眼淨。即於其處，身中『**刀風**』，起而命終」。詳《大正藏》第二冊頁 586 中。這類的經典說法非常多，茲再舉《佛本行集經·卷五》云：「或有眾生，命終之日，為於『**風刀**』，節節支解，受於楚痛。」詳《大正藏》第三冊頁 676 中。

　　《過去現在因果經·卷二》云：「優陀夷言：夫謂死者，『**刀風**』解形，神識去矣，四體諸根，無所復知。」詳《大正藏》第三冊頁 630 下。

　　《出曜經·卷三》云：「『**刀風**』解形，忽然無常。佛以天眼清淨無瑕穢，見此長者卒便命終。」《大正藏》第四冊頁 623 下。

　　《佛說五王經》云：「欲死之時，『**刀風**』解形，無處不痛，白汗流出。」詳《大正藏》第十四冊頁 796 中。

　　《五苦章句經》云：「世間死人，『**刀風**』斷脈，拔其命根。」詳《大正藏》第十七冊頁 547 上。

40　詳《大正藏》第十七冊頁 397 中~下。

『大小支』者亦是風，『出入息』者亦是風，略而言之，『遍身行』，悉皆是風……」
（註41）。可見吾人身內確是以「風大」佔了最大部份，故在命終時，這些「風大」
就先開始「增盛集合」，然後讓身內的「火大、水大、地大」逐漸損減而消逝，如
《大寶積經·卷七十三》云：

> 又時身內「風界」增盛集合，彼增盛集合時，能枯燥「水界」，亦能損減「火
> 界」，于時枯燥「水界」，損減「火界」已，令人身無「潤澤」，亦無「溫煖」，
> 「心腹」鼓脹，「四支」掘強，「諸脈」洪滿，「筋節」拘急。彼人爾時受大苦
> 惱，或復命終。（註42）

命終後，過三、四日後，屍體便轉為「正青」（註43）而逐漸爛壞毀滅了。

四、瀕死前的種種現象

(一)瀕死前的普遍相

瀕死前的「普遍」現象在佛典中的記載非常多，諸如《道地經》(同《修行道地
經》)、《大威德陀羅尼經·卷八》（註44）、《大莊嚴論經·卷三》（註45）、《佛說勝
軍王所問經》（註46）……等，其中以《道地經》的記載最多最精彩也最詳細，
這部經是由天竺須賴拏國僧伽羅剎(Saṃgharakṣa，漢言眾護，生卒年未詳)所集，先後
由後漢·安世高(生卒年不詳，約公元二世紀人)及西晉·竺法護(Dharmarakṣa 生卒年不詳，
譯經時間位於 265～274)譯所翻譯，雖然是屬「集結」的經典，但後人對這部集結的
評價非常高，如符秦·僧伽跋澄（註47）便為《僧伽羅剎所集經》作序文言：

> 僧伽羅剎者，須賴國人也，佛去世後七百年，生此國，出家學道。遊教諸
> 邦，至揵陀越土，甄陀罽貳王師焉，高明絕世，多所述作。
> 此土《修行經》、《道地經》其所集也，又著此經憲章……傳其將終，我若

---

41 詳《大正藏》第十一冊頁 414 中。
42 詳《大正藏》第十一冊頁 414 中。
43 參《法觀經》，詳《大正藏》第十五冊頁 241 中。
44 該經描敘人臨死前有五種的衰相。詳《大正藏》第二十一冊頁 791 中。
45 詳《大正藏》第四冊頁 273 中。
46 詳《大正藏》第十四冊頁 788 中。
47 僧伽跋澄的生卒年不詳，但譯經時代位於符秦建元年間，西元 365～384 年間。

立根得力大士；誠不虛者，立斯樹下，手援其葉而棄此身，使那羅延力大象之勢，無能移余如毛髮也。（註48）

　　文中說僧伽羅剎是甄陀罽貳王的國師，而且這些結集的經如果決定「不虛假」的話，他臨終時一定可以站立在樹下，手攀緣葉子而往生，就算有如大象的勢力，也不能對他做毛髮般的移動。果然在他荼毘時，火竟無法燒毀他所攀住的葉子，連甄陀罽貳王找一隻大象來拖他，依然如如不動，僧伽羅剎最終往生到「兜率天」與彌勒菩薩同論佛法，將來預補佛位為「賢劫第八」。（註49）另一位由西晉・竺法護(Dharmarakṣa 生卒年不詳，譯經時間位於 265～274)譯的《偷迦遮復彌經》(晉名《修行道地經・卷一・並序)序文中亦大大讚揚僧伽羅剎所集《修道行道地經》，文云：

造立《修行道地經》者，天竺沙門，厥名眾護（僧伽羅剎），出於印度中國聖興之域……「權現」真人，其實「菩薩」也……故總眾經義之大較，建易進之徑路……故作斯經……真可謂離患之至寂無為之道哉。（註50）

　　從符秦・僧伽跋澄及西晉・竺法護的兩篇序文中皆一致的認定僧伽羅剎編集《修行道地經》的真實尊貴性，底下將這部經的二種譯本之臨終「死相」製表並詳細解說如下：(為了讀懂艱澀經文，已在旁邊小字上做了部份註解)

	《道地經・五種成敗章第五》 後漢・安世高譯	《修行道地經・分別五陰品第四》 西晉・竺法護譯
	佛言：行道者，當知「五陰」出入成敗。 譬如人命欲盡，在呼吸欲死，便四百四病(地水火風，每一種皆會引起101種病，故總數為 404 種病)中，前後次第稍發，便見想生「恐」畏怖。	願稽首彼佛，聽我說尊言(世尊所言)：修行道者，當知「五陰」成敗之變。何謂當知「五陰」成敗？譬若如人命欲終時，逼壽盡故，其人身中「四百四病」前後稍至，便值「多夢」而覩「瑞怪」，而懷驚恐。
(1)	夢中見蜂、啄木、烏鴉了 (同「鴉」)啄「頂腦」。(眾鳥們於)一柱樓(在有柱子的樓宇)上自樂(自我娛樂)見(被見)。	夢見蜜蜂、烏鵲(烏鴉:喜鵲)、鵰鷲(雕鷲鳥)住其(頭)頂上，覩眾(眾鳥)柱堂(有柱子的廳堂)在上娛樂。

---

48 詳《大正藏》第四冊頁 115 中。

49 僧伽跋澄的原序文如下：「正使就耶維者，當不燋此葉，言然之後，便即立終。罽膩王自臨，而不能動。遂以巨組象挽，未始能搖，即就耶維，炎葉不傷。尋昇『兜術』，與彌勒大士高談彼宮，將補佛處『賢劫第八』」。詳《大正藏》第四冊頁 115 中。

50 詳《大正藏》第十五冊頁 181 下。

(2)	(夢見)著衣，青、黃、赤、白，自身著。	(夢見)身所著衣(為)青、黃、白、黑。
(3)	見騎馬人，技ㄕ (擦拭)駐ㄌ (馬長毛)有聲(鳴聲呼叫)。	騎亂駐ㄌ (馬長毛)馬，而復鳴呼(鳴聲呼叫)。
(4)	持籌作枕(枕頭)，聚「土」中臥。	夢枕ㄓ (以某物作枕頭)「大狗」，又枕「獼猴」，在「土」上臥。
(5)	死人亦擔(肩挑)死人。	夢與「死人、屠魁(屠夫首領)、除溷ㄏ者(掃除廁所便溺人)」共一器食(共同於一食器)，同乘遊觀。
(6)	亦「除溷ㄏ人」(掃除廁所便溺人)，共一器(共同於一食器)中食，亦見是人共載(共載死人、除廁人等)車行。	
(7)	「麻油、污泥」(而)「污足」、亦「塗身」，亦見是「時時飲」。	或以「麻油」及「脂醍醐(從牛奶中精練出來的乳酪)」自「澆」其身，又「服食」之，數數如是。
(8)	亦見墮(於)網中，(為)獵家(所)牽去。	
(9)		見「蛇」纏身，倒掣ㄔ (牽曳;牽引)入水。
(10)	或見自身嘻ㄒ，喜觀、喜咷ㄊ (號咷)。	或自覩身歡喜踊躍，拍髀ㄅ (大腿骨)戲笑。
(11)	或見道積(路旁堆積)「蟇ㄇ子」(蝦蟇子)自過上。	
(12)	或見斂(聚集)鹵鹽(用鹹土熬製而成的鹽)、錢。	
(13)	或見「被ㄆ髮袒ㄊ(裸露)」女人，自身相牽(你)。	
(14)	或有灰(灰塵)傅ㄈ (依附)身，亦食(食灰塵)。	或自覩之「華飾」(華麗裝飾衣)墮(落下)灰。以灰坌ㄅ (塵埃等粉狀物粘著)身，復取食之。
(15)		或見「蟻子」，身越其上。
(16)	或見狗，亦獼ㄇ猴，相逐(而令你)恐。	或見嚼鹽，(見諸)「狗犬、獼猴」，所見追逐(追逐你)，各還嚙ㄋ (咬;嚙)之(你)。
(17)	或見自身滅(即將滅亡)，欲娶嫁。	或見(自身)娶婦。
(18)	或時見人「家中」(之)「神」壞。	又祠家「神」，見屋「崩壞」，諸「神寺」破。
(19)		夢見耕犁(耕田犁地)，犁(犁具)墮(落下)「鬚髮」(鬍鬚和頭髮)。
(20)	或時見馬來狧ㄕ (同「舐」，用舌頭舔)	

	鬢髮(鬍鬚和頭髮)。	
(21)	或時見「齒」墮地。	或時「牙齒」而自墮地。
(22)	或時見擔(肩挑)「死人衣」,自著身(自己亦穿死人衣)。	又著伍「白衣」(白色衣)。
(23)	或時自身袒身(裸露),(註51)爲塗「膩」(污垢)。	或見己身倮(同「裸」)跣身(赤腳)而行,「麻油」塗身。
(24)	或見「聚土」,(聚土於)自身轉(翻轉)。	「宛轉」(身體受土所附而翻來覆去,不斷轉動)土中。
(25)	或時見「革」(加工去毛的獸皮)及「毹」(通「氈」,以毛氈等製成的衣服),著衣行。	夢服「皮草」弊壞之衣。
(26)	或時自見家中「門」弊壞,車來到,多載「油花香」。	夢見他人乘「朽敗車」,到其門戶,欲迎之(你)去。
(27)	亦見「昆弟」(兄弟眷屬)近(靠近)自身。	或見眾花「甲煎」(以「甲香」和「沉麝」諸藥花物製成的一種香料)諸香,親屬取之(指「眾花甲煎」),以嚴(嚴飾)其身。
(28)	「嚴、先」祖人(已故祖先;祖父)現「羆恐」顏色,欲來取是(你),取(取而)「共行」。	「先祖」(已故祖先;祖父)爲現(現身),(祖先)顏色「青黑」,呼前捉抴(牽引你;拉你),數作此夢。
(29)	或時「塚墓間」(墳墓)行(遊行),遽(快速)捨(捨棄)花嬰頸(所穿戴之頸飾)。	遊「丘塚墓」(同「塚」)間,拾取「華瓔」(諸華瓔珞),及見「赤蓮華」(紅蓮華)落在頸(自己頸上)。
(30)	或時見自身倒墮「河水」中。	墮大河中,爲水所漂。
(31)	或時見墮「五湖、九江」,不得底。	夢倒墮水「五湖、九江」,不得其底。
(32)	或時見入「菅茅」(茅草的一種)中,裸身相割,自敷(通「傅」→依附;連結)轉。	
(33)	或時上樹,無有「蓏」(瓜類植物的果實),無有「華」,無有「華」(可供)戲(遊戲玩弄)。	或見其身入諸「叢林」,無有「華果」。而爲「荊棘」鉤壞(自己)軀體,以諸「瓦石」鎮(鎮壓)其(自己)身上。
(34)		或見「枯樹」,都無枝葉,夢緣(攀緣)其上(枯樹上),而獨「戲樂」。
(35)	或時在「壇」(用土石等建成的高臺,多供祭祀天地、帝王、遠祖或舉行朝會、盟誓及拜將的場所)上舞。	在於「廟壇」而自搏(拍;擊;跳動)舞。
(36)	或時樹間行,獨樂大美(大樂意;大歡	或見「叢樹」,獨樂其中,欣欣大

---

51 唐・慧琳撰《一切經音義・卷七十五》云:「袒裸……經中二字,並從月從旦作『膽脿』,不成字,寫藏經宜改從正,如前所說也。詳《大正藏》第五十四冊頁791下。

	喜：大得意），亦持（手持）若干「幹樹」破（已遭破壞）、「聚薪」（堆聚的薪木）。	笑，折取「枯枝」，束負（捆縛而肩負）持行。
(37)	或時入舍（房舍）「闇冥」，不得門出。	或入「冥室」，不知戶出。
(38)	或時上「山嶄峉」（高峻突出之山岳）、巖（巖穴），悲（而）大哭。	又上「山嶽（山岳）、巖穴（山洞）」之中，不知出處。
(39)		復見「山崩」，鎮（鎮壓）己身上，悲哭號呼。
(40)		或見「群象」忽然來至，蹕踧（踩踏）蹈（踐踏）其身（你的身體）。
(41)	或時「烏梲嵍」（在梁上短柱的鳥）吞足，亦蹈（踩踏你）。	
(42)	或時塵坌分（塵埃等粉狀物粘著）頭。	夢見「土塵」坌分（塵埃等粉狀物粘著）其身首（頭），或著「弊衣」，行於「曠野」。
(43)	或時（被）虎遮斷（阻斷；截斷），亦「狗、猴」亦驢，（往）南方行。	夢見乘（騎乘）「虎」，而暴（狂暴）奔走，或乘「驢、狗」而南遊行。
(44)	入「塚嵍間」（墳墓），見聚炭（堆聚木炭），髮毛分骨（分散骨堆），（及種種）捔碎「幹華」（樹幹華朵）。	入於「塚嵍」（同「塚」）間，收炭（收取木炭）爪髮，自見其身，戴於「枯華」。
(45)	自身見入「檻嵍」（大籠子、牢房），王（閻羅王）見檻嵍，王（閻羅王便）使問。	引入「大山」（同「太山、泰山」➜冥界王之一），閻王見問。
	從後現說世間，已得多樂根墮。或身墮，畏命欲去，不得自在。病追促，病已從，意便動，命盡憂近。便見夢，令入大怖。	於是頌曰：處世多安樂，命對至乃怖。為疾所中傷，逼困不自在。心熱憂惱至，見夢懷恐懼。猶惡人見逐，憂畏亦如是。
	人便意中計：我命欲盡，如是「夢」（夢中）身所見，便意怖（意念恐怖），便身殘（身體漸斷殘而滅）……	其人心覺已，心懷恐怖，身體戰慄。計命欲盡，審爾不疑：「今吾所夢，自昔未有。」以意懅嵍（懼怕）故，衣毛為竪，病遂困篤，震動不安……

　　上述內容乃將安世高(生卒年不詳，約公元二世紀人)譯《道地經‧五種成敗章第五》和西晉‧竺法護(Dharmarakṣa 生卒年不詳，譯經時間位於265～274)譯《修行道地經‧分別五陰品第四》的經文內容分成45種「死相」，(註52)這45種相乃描述人在即將死亡前的「夢境」現象，裡面有很多內容非常新奇，足為現代人判斷自己、

---

52 上述45種相的經文詳見《大正藏》第十五冊頁232上，及《大正藏》第十五冊頁183下。

或六親眷屬朋友們是否「已接近死亡」的一種參考依據。

《道地經》底下還敘述很多相關的「死相」，此再略分成 30 種，（註53）如下
表格：

	《道地經·五種成敗章第五》 後漢·安世高譯	《修行道地經·分別五陰品第四》 西晉·竺法護譯
	如是經中說死相：	如吾觀歷諸經本末，是則死應：
(1)	見顏色不如(不如以往)，皮皺。	面色惶懅(同「惶遽」→恐懼慌張)，眼睫(眼目)爲亂。
(2)	行身如土色。	身體萎黃(枯黃)。
(3)	舌涎号(唾液口水)出。	口中涎号(唾液口水)出。
(4)	或語言忘。	
(5)	見身重(身體沉重)，骨節不隨(無法隨順自如)。	
(6)		目冥「昧昧」(昏亂；模糊不清)。
(7)	鼻頭曲戾(彎曲)。（註54）	鼻孔騫号(虧損)黃。
(8)	皮黑「吒幹」(面上黑斑點病也)。（註55）	顏彩(顏面彩膚)失色。
(9)	喉舌如骨色(白色)，不復知味，口燥。	不聞聲香，脣斷舌乾。
(10)	毛孔、赤筋(又名浮筋。位於腕部掌側橫紋，近橈z 動脈處)、脈(血脈)，不了了(皆不能活躍)。	其貌如地，百脈(血脈)正青。
(11)	被髮、髮豎、牽髮，不復覺。	毛髮皆豎，捉髮、搯乿(搯：挖取)鼻，都無所覺。
(12)	直視，背臥，驚怖顏色轉(生起)，面皺、髮豎、熟視。	喘息不均(均衡)，或遲或疾。於是頌曰： 面色則爲變，毛髮而正豎。 直視如所思，舌強怪已現。 病人有是應，餘命少少耳。 疾火之所圍，如焚燒草木。

---

53 30 種相的經文詳見《大正藏》第十五冊頁 232 上，及《大正藏》第十五冊頁 184 中。

54 《大威德陀羅尼經·卷八》云：「閻浮提人革命終之時，有五種衰相法……鼻當曲戾」。《大正藏》第二十一冊頁 791 中。

55 唐·慧琳撰《一切經音義·卷七十五》云：《文字集略》云「面上黑斑點病也」。古譯經文作「吒幹」，甚無義理，或是書經人錯誤也。或是譯者用字乖僻。」詳《大正藏》第五十四冊頁 791 下。

	或語若干說，如經說，餘命不足道。譬如樹間失火，亦如六相無說所聞見。	復有異經，說人終(命終)時，諸怪之變：
(13)	若有沐身，未浴身時。	設有洗沐，若復不浴(因為身上一直有異味，所以有洗沐等於沒有洗沐般)。
(14)	譬「栴檀香」。或時如「蜜香」。或時「多核香」。或時「那替香」。或時「根香」。或時「皮香」。或時「華香」。或時「蒁香」。或時「霍香」。	設燒「好香、木櫁、栴檀、根香、花香」，此諸雜香，其香實好。
	(病者聞之)或時宿命從行相，「筋香、髮香、骨香、肌肉盟血香、大便香」。	病者聞之，如燒死人「骨、髮、毛、爪、皮膚、脂、髓、糞塗」之臭也。
	(又如)或時「鵄香」。或時「烏香」。或時「蚖香」。或時「猪香」。或時「狗香」。或時「犲香」。或時「鼠香」。或時「蛇香」。	又如「梟、鷲、狐狸、狗、鼠、蛇、虺」之臭也。
(15)	或時譬如有人：或時「啄木聲」。或時「瓦聲」。或時「澁聲」。或時「惡聲」。或時「鴈聲」。或時「孔雀聲」。或時「鼓聲」。或時「馬聲」。或時「虎聲」。	病者聲變：言如「破瓦」，狀如「咽塞」，其音或如「鶴、鴈、孔雀、牛、馬、虎、狼、雷、鼓」之聲。
(16)		其人志性，變改(改變)不常(沒有恒常)，或現「端政」(同「正」)。其身柔軟，或復麁堅，身體數變，或輕、或重而失所願。
		此諸變怪，命應盡者，各值數事，不悉具有。於是頌曰……
	亦有說熟死相中，譬如人死時有「死相」：	今我所學，如所聞知，人臨死時，所現變怪：
(17)	爲口不知味。	口不知味。
(18)	耳中不聞聲。	耳不聞音。
(19)	一切(身體)卷縮(拳曲而收縮)。	筋脈縮急，喘息不定。
(20)		體痛呻吟，血氣微細。
(21)		身轉羸瘦，其筋現麁。
(22)	脈投血肉腸。	或身卒肥，「血脈」隆起。

(23)	「頰車」(牙齒的下骨處;載牙齒的齶骨處)張(擴張)。	頰車(牙齒的下骨處;載牙齒的齶骨處)垂下。
(24)	上頭「掉」(抖動;搖動),影(光;光線)無有明(光明)。	其頭戰掉(抖動;搖動),視之可憎。
(25)	臀肉豎𡚶(豎立堅硬)。	舉動舒緩。
(26)	眼黑、色黑。(註56)	其「眼瞳子」(眼珠),甚黑於常,眼目不視。
(27)	大、小便不通。	便利(大小便利)不通。
(28)	節根(肢節諸根)解(支解)。	諸節(關)欲解,諸根不定(六根無法安定下來)。
(29)	口中上臞𡳇(似肉囊狀)青(青色)。	「眼、口」中盡「青」(青色)。
(30)	雙噦𡆥(「噦噎」➜氣逆;氣短不順)計(總計有)。如是病痛相不可治……	氣結(呼吸不暢)連喘。諸所怪變,各現如此。於是頌曰……

從僧伽羅剎所編集《道地經》內容來看,人在死亡前有可能出現 45 種夢境,快死之前亦會出現大約 30 種現象,這些豐富的參考資料乃是漢傳佛典對「死亡學」的一大貢獻。

(二)瀕死前的惡相

關於瀕死前會出現的「惡相」,大致都指向即將入「三惡道」的情形,這些會入「三惡道」者皆是生平「作惡多端」的人,如《出曜經・卷二十五》中說「積惡之人」臨終所見的「惡相」如下:

> 積惡之人,臨死之日,神識倒錯,但見「大火、劍戟」,見「蹲鵄、野狐、羅剎、妖魅、虎狼、惡獸」,復見「刀山、劍樹、荊棘、坑坎、惡鬼」圍遶。是故說曰:善之為善,惡之為惡也。(註57)

另一部《大寶積經・卷五十七》亦云:

> 如有一類凡夫有情,樂毀淨戒,不修善品。常為「惡事」,作諸「惡行」……臨終悔恨,諸「不善業」,皆悉現前。當死之時,猛利楚毒,痛惱逼切。其

---

56 《大威德陀羅尼經・卷八》云:「眼黑深入,或作青色。」《大正藏》第二十一冊頁 791 中。
57 《大正藏》第四冊頁 743 下。

心散亂，由諸苦惱，不自憶識我是何人。從何而來？今何處去。（註58）

在《大威德陀羅尼經‧卷二》及《守護國界主陀羅尼經‧阿闍世王受記品》二部經中甚至將「臨終惡相」與「三惡道」做分類式的細目說明，經筆者研究發現《大威德陀羅尼經》「第二卷」與《守護國界主陀羅尼經》的「阿闍世王受記品」竟然是「同本異譯」的內容。

整理兩部經可發現瀕死前的「惡相」是相當驚人的（註59），如果準備要下「地獄道」時，則有底下十五種瀕死現象（註60）：（以《守護國界主陀羅尼經‧阿闍世王受記品》為主，《大威德陀羅尼經‧卷二》為輔）

(1)於自夫、妻，男女眷屬，惡眼瞻視。（《大威德陀羅尼經‧卷二》另作「惡心觀己妻子」）

(2)舉其兩手，捫摸虛空。

(3)善知識教，不相隨順。

(4)悲號啼泣，嗚咽流淚。

(5)大小便利，不覺不知。（《大威德陀羅尼經‧卷二》另作「身體羶臭」）

(6)閉目不開。

(7)常覆頭面。（《大威德陀羅尼經‧卷二》另作「以衣覆頭」）

(8)側臥飲啖。

(9)身口臭穢。

(10)腳膝戰掉。（《大威德陀羅尼經‧卷二》另作「足破裂」）

(11)鼻樑欹側。（《大威德陀羅尼經‧卷二》另作「鼻根傾倒」）

(12)左眼瞤動。

(13)兩目變赤。

(14)僕面而臥。

(15)踡身左脅，著地而臥。（《大威德陀羅尼經‧卷二》另作「伏面思惟」）

---

58 詳《大正藏》第十一冊頁333上。
59 這兩部經的比對內容詳見前文筆者所撰的「佛典臨終前後與往生六道因緣論析」，為免重複，故下文只以條文例舉。
60 底下經文皆節錄自《大正藏》第十九冊頁573下。

如果準備要下「餓鬼道」時，則有底下八種瀕死現象（註61）：

(1)好舐其唇。（《大威德陀羅尼經・卷二》另作「轉舌舐上，及舐下唇」）

(2)身熱如火。

(3)常患飢渴，好說飲食。

(4)張口不合。

(5)兩目乾枯，如雕孔雀。（《大威德陀羅尼經・卷二》另作「眼目青色，如孔雀項，瞳人乾燥」）

(6)無有小便，大便遺漏。

(7)右膝先冷。

(8)右手常拳。

如果準備要下「畜生道」時，則有底下五種瀕死現象（註62）：

(1)愛染妻子，貪視不捨。（《大威德陀羅尼經・卷二》另作「於妻子所，愛心所牽」）

(2)踡手足指。

(3)遍體流汗。（《大威德陀羅尼經・卷二》另作「腹上汗出」）

(4)出粗澀聲。（《大威德陀羅尼經・卷二》另作「作白羊鳴」）

(5)口中咀沫。

《大威德陀羅尼經・卷二》中除了上述的臨終「惡相」外，在「卷八」還提到臨終的「五種衰相法」，這五種是（註63）：

(1)其腳足冷。

(2)爲他奪心(似被外力給奪走他的心靈似的)。

(3)身作黃色。

(4)鼻當曲戾。

(5)眼黑深入，或作青色。

上述這幾部經文對臨終的「惡相」均有一個共同有趣記載，那就是「鼻子歪曲」

---

61 底下經文皆節錄自《大正藏》第十九冊頁573下。括號內仍有引用《大威德陀羅尼經・卷二》的補充內容，故已不再註明出處頁碼，均同《大正藏》第二十一冊頁760中。

62 底下經文皆節錄自《大正藏》第十九冊頁573下。

63 《大正藏》第二十一冊頁791中。

的問題，這在許多佛經中都有說明鼻子斜正與「福報」或「修行善相」是有關的。如《正法華經・卷八》云：「不盲不聾，鼻不偏戾。」（註64）《大寶積經・卷一二○》云：「面如金色，鼻不陷曲。」（註65）《大乘顯識經・卷二》云：「視不錯亂，鼻不虧曲，口氣不臭。」（註66）《大寶積經・卷一一○》云：「鼻不虧曲，口氣不臭。」（註67）《佛說大乘造像功德經・卷二》云：「耳不聾聵，鼻不曲戾，口不喎斜。」（註68），甚至如來的「八十種」相好中，光是鼻子部份就佔了四種，如《優婆夷淨行法門經・卷二》云：

> 六十九、鼻不下垂；七十、鼻高修長；七十一、鼻孔淨潔；七十二、鼻修方廣……次第纖長，一切皆好。<u>毘舍佉</u>！是名如來隨相之好有「八十種」。
> （註69）

不過從現在醫學上來說，臨終病人很多都是插鼻管、插胃管的，在拔管後的鼻子也常造成「歪斜不正」的情形，這與佛典的說法又將如何「配製」呢？佛在世時沒有插鼻管的醫療科技，所有臨終者的鼻子若是歪斜不正，那可能會感招下「三惡道」的情形，現代人因長期插管也造成鼻子不正，那佛經上說的「鼻樑不正為入三惡道」之理，可能就要再參考「其它況狀」來決定了。

另一部《正法念處經》中也提到造惡業者臨終所現的「惡相」，內容又增加了一些新的「現象」，如《正法念處經・卷十一》云：

> 彼惡業人，惡業力故，受極苦惱……如此罪人……一切漏門，皆悉閉塞，咽不通利，舌縮入喉，諸竅受苦，遍體汙出……一切身體所有筋脈，皆悉燒煮，受大苦惱，身體皮膚，如赤銅色，內外皆熱，口乾大渴，燒心熾熱……大小便利，壅隔不通，息不調利，咽喉不正，眼目損減，耳中則聞不可愛聲，鼻不聞香，舌不知味。鼻柱傾倒，人根縮入，糞門苦痛，如火所觸，受大苦惱。皮膚腫起，毛髮不牢，此等唯說惡業行人，臨欲死時，彼人如

---

64 詳《大正藏》第九冊頁118中。
65 《大正藏》第十一冊頁682中。
66 《大正藏》第十二冊頁184下。
67 《大正藏》第十一冊頁616上。
68 《大正藏》第十六冊頁793下。
69 詳《大正藏》第十四冊頁960中。

是，三夜三日，四大怒盛，苦惱所逼。(註70)

　　文中說「舌頭會縮入喉嚨、身體如赤銅的膚色、咽喉不正、鼻柱傾倒、男女二根會縮入、大便門會苦痛、皮膚會腫漲、頭髮不牢而掉落……」等的「惡相」產生。其中所提的鼻子是呈「傾倒」狀態，男女二根相則是退縮的情形，這些也都是屬於瀕死前的「惡相」。

(三)瀕死前的善相

　　瀕死前的「善相」大致指向「三善道」或往生淨土的現象，這些往生「三善道」者皆是生平「作善修福」的人，如《福力太子因緣經·卷三》中說「修善積福」者的臨終是：

> 福者臨終無疾病，臨終亦復歡喜生，極惡境相不現前，遠離驚怖及苦惱。
> 福者臨終受天樂，天宮樓閣現其前。(註71)

　　如果臨終者能獲得「正念」(註72)、「神識澄靜、亦不驚懼」(註73)、「膚色鮮白」(註74)其實就是一種「善相」，佛陀對臨終能獲得「善相」的說法分成兩類，一是修「世間善行」者，二是修「出世功德」(修持佛法)者。

1、修世間善行的臨終善相

---

70 《大正藏》第十七冊頁 62 上。

71 《大正藏》第三冊頁 433 中。

72 引自《大方等大集經·卷三十八》云：「愛法樂法學法欲，剃除鬚髮身被法服……如是樂者，彼人臨終獲得『正念』」。詳《大正藏》第十三冊頁 254 下。

73 引自《出曜經·卷十八》云：「臨命終時，『神識澄靜』，亦不驚懼。亦復不見地獄、畜生、餓鬼，不見弊惡鬼，但見『吉祥』瑞應」。詳《大正藏》第四冊頁 705 上。
　　另《大般涅槃經·卷一》亦云：「比丘持戒之人……臨命終時，『正念分明』，死即生於清淨之處」。詳《大正藏》第一冊頁 195 上。
　　與《正法念處經·卷二十七》云：「持戒之人臨終時，其心『安隱』不恐怖，我無惡道之怖畏，以持淨戒能救護」。《大正藏》第十七冊頁 156 下。

74 參見《雜阿含經·卷三十七》云：「尊者叵求那(Phagguna)，世尊去後，尋即命終。當命終時，諸根喜悅，顏貌清淨，『膚色鮮白』」。詳《大正藏》第二冊頁 266 下。
　　及《佛為阿支羅迦葉自化作苦經·卷一》云：「阿支羅迦葉(Acela-Kassapa)從世尊聞法，辭去不久，為牛所觸殺，於命終時，諸根清淨，『顏色鮮白』」。詳《大正藏》第十四冊頁 768 下。

　　若吾人能在食衣住行、日常生活中「修善」者，也可得「臨終善相」，這在《毘耶娑問經・卷二》中佛有詳細說明。經文中說：如果平時我們對於貧人、病人生憐湣心，給他衣服、醫藥、飲食，或者為眾生鋪橋造路、種植花樹與人乘涼，或者能造立池井、溝渠、開挖水槽給人喝水，做許多與「日常生活」中的「凡夫善行」，（註75）那麼在「臨終」時也可感應至少「十二種善相」，如經云：（註76）

　　　以是善業因緣，臨欲死時：
　　　①身無垢穢。
　　　②亦不羸瘦。
　　　③身色不變，不膩不爛。
　　　④一切身分不受苦惱。
　　　⑤聲不破壞。
　　　⑥諸親眷屬悉皆聚集，無分散者，故不憂惱。
　　　⑦不患飢渴。
　　　⑧腳不申縮，不受苦惱。
　　　⑨不失便利。
　　　⑩境界不礙，故不愁苦。
　　　⑪諸根不壞。
　　　⑫彼人如是一切樂足，不苦惱死。

　　像這種「世間行善」的「善人」，臨終可昇「四天王天」，而且死後面色如「生蓮華」般莊嚴，甚至口出「好香」（註77），無有屍臭的殊勝功德。

2、修出世功德的臨終善相

　　上節曾舉《大威德陀羅尼經》及《守護國界主陀羅尼經》對「臨終惡相」的分析，二部經典也對「臨終善相」與「三善道」做分類式的細目說明，關於這部份內容詳見筆者曾發表過「佛典臨終前後與往生六道因緣論析」論文中（註78），故

75　《毘耶娑問經・卷二》原經文云：「如是大仙！若於貧人，若於病人生憐湣心。若衣、若食，病患因緣所須醫藥，隨時給施，為除寒苦。道巷殖樹，行人坐息，造立池井、溝渠、水槽，給施一切」。詳《大正藏》第十二冊頁 228 下。
76　詳《大正藏》第十二冊頁 228 下。
77　詳《大正藏》第十二冊頁 228 下。
78　詳陳士濱主編：《2009 第三屆文學與社會研討會論文集》，台中：華格那企業有限公司，2009

本文不再重複敘述。

　　底下將舉數部經典來說明修持出世功德者的臨終「善相」問題，首先舉晉代失譯的《佛說摩訶衍寶嚴經》(一名《大迦葉品》)及北宋・施護(Dānapāla世稱顯教大師，生卒年不詳)譯的《佛說大迦葉問大寶積正法經・卷五》作比對說明，筆者發現這二部經竟是「同本異譯」內容，內容強調若能讀誦書寫受持《大寶積正法經》(即同《摩訶衍寶嚴經》)者，可得「身、口、意」各十種的臨終「善相」。當筆者在比對這兩部經時，又另發現唐・般若(prajñā 734～？)譯的《大乘本生心地觀經・卷八》也有這十種「身、口、意」的臨終善相，差別在於《大乘本生心地觀經》乃強調讀誦書寫受持《大乘本生心地觀經》的臨終「身、口、意」功德，這與《大寶積正法經》(即同《摩訶衍寶嚴經》)竟是一樣的「敘述模式」。底下便將此三部經內容比對製表如後：

晉代失譯	北宋・施護譯 (Dānapāla世稱顯教大師，生卒年不詳)	唐・般若譯 (prajñā 734～？)
《佛說摩訶衍寶嚴經》 (一名《大迦葉品》)(註79)	《佛說大迦葉問大寶積正法經・卷五》(註80)	《大乘本生心地觀經・卷八》(註81)
世尊答曰：若族姓子、族姓女，說此《寶嚴經》教授他人，書寫經卷。在所著處，是為天上、天下最妙塔寺。	佛言：所在之處，若復有人於此《大寶積》經典，書寫受持讀誦解說，而於此處一切世間，天人阿修羅，恭敬供養如佛塔廟。	文殊師利！在在處處，若讀若諷，若解說若書寫，若經卷所住之處，即是佛塔，一切天龍人非人等，應以人中天上上妙珍寶而供養之……若有法師，受持讀習解說書寫此《心地經》眾經中王，如是法師與我無異。若有善男子、善女人，供養尊重此法師者，即為供養十方三世一切諸佛，所得福德平等無二，是名真法供養如來，如是名為正行供養……

年10月初版，頁1~32。

79 底下經文詳見《大正藏》第十二冊頁199中~200中。

80 底下經文詳見《大正藏》第十二冊頁216中。

81 底下經文詳見《大正藏》第三冊頁331上。

若從法師聞、受持、讀誦、書寫經卷者,當敬法師爲如如來,若敬法師,供養奉持者,我記彼人必得無上正眞道。	若有法師聞此《寶積正法》經典,發尊重心受持讀誦書寫供養,若有善男子善女人,於彼法師如佛供養,尊重恭敬頂禮讚歎,彼人現世佛與授記,當得阿耨多羅三藐三菩提。	若人得聞此《心地經》,爲報四恩發菩提心,若自書若使人書,若讀念通利,如是人等所獲福德,以佛智力籌量多少不得其邊,是人名爲諸佛眞子……
命終之時,要見如來,是人當得十種身清淨。云何爲十?	臨命終時得見如來,又彼法師復得十種身業清淨,何等爲十?	文殊師利!如是善男子、善女人臨命終時,現前得見十方諸佛,三業不亂,初獲十種身業清淨。云何爲十?
一者、死時歡喜無厭。	一者、臨命終時,不受衆苦。	一者、身不受苦。
二者、眼目不亂。	二者、眼識明朗,不覩惡相。	二者、目睛不露。
三者、手不擾亂。	三者、手臂安定,不摸虛空。	三者、手不掉動(轉動)。
四者、心不擾亂。	四者、腳足安隱,而不蹴踏(踩;踢)。	四者、足無伸縮。
五者、身不煩擾。	五者、大小便利,而不漏失。	五者、便溺不遺。
六者、不失大、小不淨。	六者、身體諸根,而不臭穢。	六者、體不汗流。
七者、心不汙穢。	七者、腹腸宛然,而不膖脹。(註82)	七者、不外(手不向外或向上)捫摸(觸摸;摸索)。
八者、心不錯亂。	八者、舌相舒展,而不彎縮。	八者、手拳(拳頭)舒展。
九者、手不摸空。	九者、眼目儼然,而不醜惡。	九者、顏容不改。
十者、隨其坐(而)命終。	十者、身雖入滅,形色如生。	十者、轉側(轉動側移)自如。由經力故有如是相。
是謂十種身清淨也。	如是得此十種身業清淨。	

---

82 唐・慧琳撰《一切經音義・卷五十一》云:「膖➜肛滿大貌也」,詳《大正藏》第五十四冊頁 647 下。《續一切經音義・卷二》亦云:「膖➜俗作膖 ,脹腹滿也」。詳《大正藏》第五十四冊頁 942 中。

比對後發現這三部經對「臨終十種身業清淨」內容幾乎一樣，只差「次序位置」
稍為不同而已。

《佛說摩訶衍寶嚴經》 （一名《大迦葉品》）	《佛說大迦葉問大寶積 正法經・卷五》	《大乘本生心地觀經・卷八》
復次迦葉，當得十種口 清淨。云何爲十？	復有十種口業清淨，何 等爲十？	次獲十種語業清淨。云 何爲十？
一者、善音。	一者、言音美好。	一者、出微妙語。
二者、軟音。	二者、所言慈善。	二者、出柔軟語。
三者、樂音。	三者、言說殊妙。	三者、出吉祥語。
四者、愛音。	四者、言發愛語。	四者、出樂聞語。
五者、柔和音。	五者、其言柔軟。	五者、出隨順語。
六者、無礙音。	六者、所言誠諦。	六者、出利益語。
七者、敬音。	七者、先言問訊。	七者、出威德語。
八者、受音。	八者、言堪聽受。	八者、不背眷屬。
九者、天所受音。	九者、天人愛樂。	九者、人天敬愛。
十者、佛所受音。	十者、如佛說言。	十者、讚佛所說。如是 善語皆由此經。
是謂十種口清淨也。	如是十種口業清淨。	

上述這三部經對「臨終十種口業清淨」亦幾乎一樣。

《佛說摩訶衍寶嚴經》 （一名《大迦葉品》）	《佛說大迦葉問大寶積 正法經・卷五》	《大乘本生心地觀經・卷八》
復次迦葉，當得十種意 清淨。云何爲十？	復有十種意業清淨，何 等爲十？	次獲十種意業清淨。云 何爲十？
一者、無恚不怒他人。	一者、意無瞋恚。	一者、不生瞋恚。
二者、無恨不語。	二者、不生嫉妒。	二者、不懷結恨。
三者、不求短。	三者、不自恃怙。	三者、不生慳心。
四者、無結縛。	四者、無諸冤惱。	四者、不生妬心。
五者、無顚倒想。	五者、離其過失。	五者、不說過惡。
六者、心無懈怠。	六者、無顚倒想。	六者、不生怨心。
七者、戒不放逸。	七者、無下劣想。	七者、無顚倒心。
八者、意樂佈施，歡喜 受。	八者、無犯戒想。	八者、不貪眾物。
九者、離貢高慢。	九者、正意繫心，思惟 佛土。	九者、遠離七慢。
十者、得三昧定，獲一	十者、遠離我、人，得	十者、樂欲證得一切佛

切佛法。	三摩地，成就諸佛教法。	法圓滿三昧。
是為十種意清淨也。	如是得十種意業清淨。	文殊師利！如是功德，皆由受持讀習通利解說書寫深妙經典難思議力。此《心地經》，於無量處，於無量時，不可得聞，何況得見具足修習？汝等大會一心奉持，速捨凡夫當成佛道。

上述這三部經對「臨終十種意業清淨」亦幾乎相同，可見如果能讀誦書寫受持《大寶積正法經》(同《摩訶衍寶嚴經》)或《大乘本生心地觀經》者，皆可在臨終獲得「身、口、意」等三十種的「善相」，筆者推測這是佛陀鼓勵吾人多積功累德、勤修讀誦經典的用意，不一定是指修持上述三部經而已，應該說修持任何一部「佛經」都會有這三十種「臨終善相」感應的。

其次再舉唐・菩提流志(Bodhiruci 562～727)譯《不空罥索神變真言經》、唐・玄奘(602?～664)譯《不空罥索神咒心經》及北宋・施護(Dānapāla 世稱顯教大師，生卒年不詳)譯《佛說聖觀自在菩薩不空王祕密心陀羅尼經》這三部經亦是「同本異譯」，內容主要是勸持「不空罥索神變真言」可得「臨終八大善相」，經比對後，製表如下：

唐・菩提流志譯 (562～727)	唐・玄奘譯 (602?～664)	北宋・施護譯 (Dānapāla 世稱顯教大師，生卒年不詳)
《不空罥索神變真言經》 （註83）	《不空罥索神咒心經》 （註84）	《佛說聖觀自在菩薩不空王祕密心陀羅尼經》 （註85）
世尊！若善男子、善女人等，受持讀誦此「陀羅尼真言」者……世尊復有八法，何名為八？	世尊！若善男子，或善女人，及苾芻、苾芻尼，鄔波索迦、鄔波斯迦，或餘人輩……專心誦此	若有持誦此「陀羅尼」者，則得八種善相。

<hr>

83 詳《大正藏》第二十冊頁 228 中。
84 詳《大正藏》第二十冊頁 403 中。
85 詳《大正藏》第二十冊頁 444 中。

	「大神咒心」，乃至七遍，不雜異語……復獲八法，何等爲八？	
一者、臨命終時，觀世音菩薩自變現，身作沙門相，善權勸導，將詣佛刹。	一者、臨命終時，見觀自在菩薩作苾芻像，來現其前，歡喜慰喻。	一者、臨命終時，我(聖觀自在菩薩摩訶薩)作苾芻相，爲現其前。
二者、臨命終時，體不疼痛，去住自在，如入禪定。	二者、安隱命終，無諸苦痛。	二者、臨命終時，目不動亂，身心安隱。
三者、臨命終時，眼不諛ㄅ(倦怠；胡亂散漫)顧(顧視)，現惡相死。	三者、將捨命時，眼不反戴(「戴」通「載」➔此指眼睛側目歪斜)，口無欠(張口呵氣)呿ㄑ(開口)。手絕紛擾。足離舒捲。不泄(排泄)便穢(便溺穢污)，無顛(顛倒)墜(墜落)床。	三者、臨命終時，手不擎ㄑ(捉拿)空(虛空)，足不蹴ㄘ(踩；踏)地。亦無大小便利，穢汙狼藉吉。
四者、臨命終時，手腳安隱，右脅臥死。	四者、將捨命時，住正憶念，意無亂想。	四者、不覆面死。
五者、臨命終時，不失大小便利、惡瘡、血死。	五者、當命終時，不覆面(將臉遮住)死。	五者、臨命終時，安住正念。
六者、臨命終時，不失正念，而不面臥，端坐座死。	六者、將捨命時，得無盡辯(無盡的辯才)。	六者、臨命終時，不離善友。
七者、臨命終時，種種巧辯，說深妙法，乃壽終死。	七者、既捨命已，隨願往生諸佛淨國。	七者、命終已後，諸佛刹中隨願往生。
八者、臨命終時，願生佛刹，隨願往生諸佛淨刹，蓮花化生，常覩一切諸佛菩薩摩訶薩，恒不退轉。	八者、常與善友不相捨離。	八者、當生獲得無盡辯才。如是名爲八種善相。

上述三部經的「臨終八相」內容亦大同小異，不外乎是「**觀音菩薩會變成沙門來開示接引、沒有病痛、眼目手卻皆無動亂、不失大小便利、正念安住右脅而臥、隨佛往生淨土，蓮華化生……**」等。可見佛陀除了宣說修持佛典可得臨終三十善相外，若改成修持咒語，亦可得「臨終八大善相」，這應是「陀羅尼部」經典中的共同「功德利益感應」。

另一部《毘耶娑問經·卷二》也說：如果眾生能捨離殺生，將「衣裳、財物、寶珠」等布施出去，或能以「香華」供養禮拜佛塔寺，則臨終時約可得「十四種善相」，如經云：（註86）

①身不壞爛。

②膩垢便利，臭穢皆無。

③心生歡喜，自憶念身所作善根。

④臨欲死時，則有相現，面如金色。

⑤鼻正不曲。

⑥心不動亂。

⑦咽不抒氣。

⑧亦不咳嗽及上氣等。

⑨身不蒸熱。

⑩根不破壞。

⑪節脈不斷。

⑫身不苦惱。

⑬在於臥處，身不迴轉。

⑭語聲不破。

這「十四種善相」中也強調「鼻正不曲」的現象，較特殊的有臨終「不咳嗽、喘氣、身體不會發熱、說話聲音不會破碎……」等。在《大寶積經》中還強調修持「善業」的人可得「似睡不睡」的安隱捨壽法。（註87）

---

86 詳《大正藏》第十二冊頁 230 上。

87 如《大寶積經·卷一一〇》云：「**大藥！善業之人，臨命終時，好樂佈施……重重稱說正法之教，如『睡不睡』安隱捨壽**」。詳《大正藏》第十一冊頁 614 下。此段經文亦可參見唐·地婆訶羅譯《大乘顯識經·卷下》。詳《大正藏》第十二冊頁 184 下。

五、瀕死的神明護法現象

　　據《西藏生死書》的記載說：人死後在「第三天到四天半」的神識是處於「昏迷狀態」，之後才逐漸清楚過來（註88），接下來才開始所謂的「第一日誦法」(其實已屬亡後的第五天)到「第十四誦法」(即亡後的第十四天)儀式，接著「佛身、佛母、菩薩、菩薩眷屬、明王、明妃、護法神、神女、八尊吉塢哩瑪(gauri)、八境獸首女神-頗羅悶瑪(pisaci)、四位獸面忿怒女神、東南西北六瑜伽自在女、四門守護四瑜伽女……等就會陸續的出現在亡者的「中陰身」（註89）前。這畢竟是《西藏生死書》的觀點，對華人的中國、台灣或歐美等地來說；情形可能是不同的，為何？漢傳佛典姚秦・佛陀耶舍(Buddhayaśas 姚秦弘始十年(408)至長安從事譯經工作)譯《虛空藏菩薩經》中有詳細的說明，經文云：

> 臨命終時，眼不見色，耳不聞聲，鼻不聞香，舌不知味，身不覺觸。手足諸根不能為用，唯餘「微識」及身溫暖。時「虛空藏菩薩」摩訶薩，隨彼眾生「所事之神」，而現其身。或「轉輪聖王身、或提頭賴吒身、或毘沙門身、或毘樓勒迦身、或毘樓博叉身、或餘天身、或「龍、夜叉、乾闥婆、阿修羅、迦樓羅、緊那羅、摩睺羅伽、人、非人」等身，在其人前而說偈言：四聖諦義，智者應觀，若解了者，能離生死。（註90）

　　《虛空藏菩薩經》說到一個重點──「隨彼眾生所事之神，而現其身」，也就是吾人臨終時會現出的「佛、菩薩眷屬、護法神……」現象；與你生前所拜、所事奉的「對像」有關，也就是生前您信仰供奉釋迦佛，臨終可能會見釋迦佛來迎；若生前信仰供奉「玉皇大帝」，臨終亦可能見「玉皇大帝」。既然如此，那麼《西藏生死書》中所描述的「菩薩眷屬、明王、明妃、護法神、神女、gauri、pisaci、瑜

---

88 詳蓮花生大士原著，徐進夫譯：《西藏度亡經・第三章 乾編・臨終中陰與實相中陰》云：「依照經文判斷，其中第一天，係從死者通常審知自己已死且欲復生人間之時，或從死後『三天半』到『四天』之時算起……尊貴的某某，在這『三天半』時間當中，你一直處於『昏迷狀態』之中」。臺北：天華出版社，1983 年 4 月，頁 107。或參見張蓮菩提重譯華言：《中陰救度密法》云：「靈識離體，未得立即認證解脫者，率皆經過一種『昏沉迷惚』境況，為時『三日又半』，至『四日』之久。臺北：大乘精舍印經會，1998 年 5 月，頁 29。

89 「中陰」的梵語為 antarā-bhava，也譯作「中有、中蘊、中陰有」，指的是人死亡之後至再次投胎受生期間的一個「神識」(或說「靈魂」)狀態。若按照一般眾生輪迴的週期來分，還可分成「死有、中有、生有、本有」四個名詞。

90 詳《大正藏》第十三冊頁 654 上。

伽自在女神……」等就不會與華人中國、台灣的「死亡境界」相同。華人所信仰供奉的「宗教對像」與「西藏文化」不同，臨終所招感的「神女、明王、明妃……」等就沒有理由會「完全一樣」的。如《虛空藏菩薩經》所云：

> 善男子！時彼眾生於命臨終，既見其昔「所事之神」，又聞爲說如此要偈，既終之後，不墮惡趣，因斯力故，速免生死。（註91）

另一部由隋・闍那崛多(Jñānagupta523～600)所譯的《虛空孕菩薩經・卷下》也有同樣的經文說明，如下：

> 有諸眾生，臨至命終，唯有「細識」(即「阿賴耶識」)……是諸眾生生存之日「歸依何天」，應見「彼天」，即得安樂者。乃至應將「善處」，即現「彼天」，令其歡欣。（註92）

另《弟子死復生經》中亦云：

> 人壽命自盡時，乃當死耳，魂神自追隨行往受。若生天上，「天神」自當來迎之。若生人中，人中(人中諸神)自當來迎之。（註93）

上述經文內容都說眾生「生前」歸依信仰何「天神」，死後就「應見彼天神」，但如果沒有宗教上的信仰歸依，又「造惡多端」，那就不會有「天神」出現，反而會見「大火、羅刹、妖魅、虎狼、惡獸」等，如：《出曜經・卷二十五》云：

> 人之修行，志趣若干。惡者自知惡，善者自知善……臨終之時「善惡」然別，若「神」來迎，見「宮殿、屋舍、園觀、浴池」……積惡之人，臨死之日，「神識」倒錯，但見「大火、劍戟」，見「蹲鴟、野狐、羅刹、妖魅、虎狼、惡獸」……是故說曰：善之爲善，惡之爲惡也。（註94）

另《法苑珠林・卷九十七》亦云：

---

91 詳《大正藏》第十三冊頁654中。
92 詳《大正藏》第十三冊頁676上。
93 詳《大正藏》第十七冊頁868下。
94 詳《大正藏》第四冊頁743下。

《淨度三昧經》云：若人造善惡業，生天墮獄。臨命終時，各有「迎人」。病欲死時，眼自見「來迎」。

應生天上者，天人持「天衣、伎樂」來迎。

應生他方者，眼見「尊人」爲說妙言。

若爲惡墮地獄者，眼見兵士，持「刀楯、矛戟」索圍繞之。

所見不同，口不能言。各隨所作，得其果報。天無枉濫，平直無二。隨其所作，天網治之。」（註95）

其實人有沒有歸依信仰的「對像」都一定有「護法神」跟著或守著，這是與生俱來就有的。這種「護法神」的觀點從早期佛典《阿含經》就開始流傳，一直到大乘經典都有同樣的敘述，如《佛說長阿含經·卷二十》云：

佛告比丘⋯⋯一切男子、女人初始生時，皆有「鬼神」隨逐擁護。若其死時，彼「守護鬼」攝其精氣，其人則死⋯⋯世人爲非法行，邪見顛倒，作十惡業。如是人輩，若百、若千，乃至有「一神」護耳⋯⋯若有人修行善法，見正信行，具「十善業」。如是一人，有「百千神」護⋯⋯修行善法，具十善業，如是一人有「百千神護」。（註96）

經文中說無論善惡之人都會有「守護鬼神」跟隨，就算造「十惡業」，最後仍有「一神」留守，目的是等「惡人」死後，把他抓到閻羅王那邊去接受審判。如果是造「十善業」的人，甚至會有「百千守護神」追隨。與《佛說長阿含經》同本異譯的《大樓炭經》亦有同樣說明，如經云：

佛告比丘言⋯⋯其有人於是人間，身行惡，口言惡，心念惡，作十惡者。千人、百人，「一神」護之⋯⋯其有人於此人間，身行善，口言善，心念善，奉十善事者⋯⋯一人常有百、若千「非人」護之⋯⋯是謂爲男子女人，常有「非人」護之。（註97）

「守護神」的信仰觀點到大乘經典中仍然被持續流傳著，甚至出現「同生神」

---

95 詳《大正藏》第五十三冊頁998上。

96 詳《大正藏》第一冊頁135中。

97 詳見《大樓炭經·卷第四》，《大正藏》第一冊頁298中。

(Saha-deva 亦名「俱生神」)的名稱，也就是人一生下來就一定有「同生神」跟隨著，這位「守護神」會將人一生的「善惡業」記下，等人死後再將這些「資料」交給閻羅王審判。如隋·達摩笈多(Dharmagupta？～619)譯《佛說藥師如來本願經》中云：

> 死相現前，目無所見，父母、親眷、朋友、知識啼泣圍遶，其人屍形臥在本處，「閻摩」使人引其「神識」，置於「閻摩法王」之前。此人背後有「同生神」(Saha-deva)，隨其所作，若罪、若福，一切皆書，盡持授與「閻摩法王」。（註98）

唐·玄奘(602？～664)譯的《藥師琉璃光如來本願功德經》亦說明：

> 死相現前……然彼自身，臥在本處。見「琰魔使」，引其「神識」至于「琰魔法王」之前。然諸有情有「俱生神」(Saha-deva)，隨其所作。若罪若福，皆具書之，盡持授與「琰魔法王」。（註99）

「同生神」的信仰在《華嚴經》中即指為二種天神，一是「同生神」，一是「同名神」，這二種天神從我們生下來就跟隨我們，但我們無法見到他們，而這二神卻常常不離吾人，如東晉·佛馱跋陀羅(Buddhabhadra 359～429)譯《大方廣佛華嚴經·卷四十四》云：

> 如人從生，有二種「天」(天神)，常隨侍衛。一曰「同生」、二曰「同名」。天常見人，人不見天。（註100）

唐·實叉難陀(Śikṣānanda 652～710)譯的《大方廣佛華嚴經·卷六十》亦云：

> 如人生已，則有二「天」(天神)，恒相隨逐，一曰「同生」、二曰「同名」。天常見人，人不見天。（註101）

還有唐·義淨(635～713)譯《根本說一切有部毘奈耶皮革事·卷上》亦出現「同

---

98 詳見《大正藏》第十四冊頁403下。
99 詳見《大正藏》第十四冊頁407中。
100 詳《大正藏》第九冊頁679中。
101 詳《大正藏》第十冊頁323中。

生神」及「常隨神」的名詞，如經云：

> 爾時薄伽梵在室羅筏城逝多林給孤獨園……悉皆祈請，求其男女。諸園林神、曠野等神、四衢道神、受祭神、「同生神」、「同法神」、「常隨神」等，悉皆求之。(註102)

到了唐·吉藏(549～623)所撰的《無量壽經義疏》則出現新的說法，他說這二種「守護神」一位是女神，住在人的「右肩」上，專記眾生的「惡事」；另一位是男神，住在人的「左肩」上，專記眾生的「惡事」，如吉藏云：

> 一切眾生皆有二神，一名「同生」，二名「同名」。
> 「同生女」在「右肩」上書其作惡。
> 「同名男」在「左肩」上書其作善。
> 「四天善神」一月六反，錄其名籍，奏上大王。(註103)

看來吉藏大師的說法又增加了不少「新說法」，但這是佛典沒有的內容，也許他的說法是結合或融入了中國傳統民間宗教的教義。

本節從《西藏生死書》中所提到的亡後「十四日誦經」之內會出現的「菩薩眷屬、明王、明妃、護法神、神女……」等思想談起，再以漢傳典所記載的臨終「護法神明」道理相比較，可確定生前所事奉歸依的「對像」將會與「中陰身」所見的「對像」互相呼應。所以華人的臨終「神明護法現象」與《西藏生死書》的「西藏神明文化現象」應是不同的系統，甚至與歐美西方文化也應會是不同的「現象」。

《西藏生死書》自 1927 年初版問世後，數年來被譯成多種其他語言出版，（註104）功不可沒，但這本書的「中陰神明護法」觀點或屬於「西藏文化」系統，或說融入部份西藏「民間宗教」如笨教等的文化色彩，故筆者認為《西藏生死書》中的「部份」內容教義要讓全世界人都能「受用」或「普級」，自是有困難的。

---

102 詳《大正藏》第二十三冊頁 1048 下。
103 詳《大正藏》第三十七冊頁 123 下。
104 1927 年由美國學者伊文思·溫茲(W.Y.Evans Wentz)編輯翻譯《西藏度亡經》為英文版，便開始在英國牛津大學首次出版發行，很快便因其獨特的智慧和魅力，征服了歐美大陸，多次再版，成為在英語世界產生深遠影響的最著名的藏傳佛教經典。

六、結論

　　本論文以佛典為研究題料，經比對歸納後，並整理出佛典「瀕死現象」的眾多特色，底下將逐一說明本論文的研究成果。如第二節「死而復生」中得出「仍有餘福」或「業緣未了」者才能死後復生，故多數「瀕死」相關論文偏向95%為**平靜和快樂**」的理論是不客觀的。第三節「瀕死四六現象」中提出漢傳佛典均以「風火水地」作為死亡後肉體瓦解的先後順序，而《西藏生死書》卻以「地水火風」作為死亡的順序，筆者則以漢傳佛典的說法為准。

　　第四節討論瀕死前的「普遍相、惡相、善相」，「善相」分成「修世間善行」與「修出世功德」二類，在瀕死前的「普遍相」中，以《道地經》內容為主，整理出45種「接近死亡」時會產生的「夢境」及30種的「死相」。瀕死前的「惡相」大多與「作惡多端」有關，從《守護國界主陀羅尼經》與《大威德陀羅尼經》二部經的內容可看出臨終所現的「惡相」與亡者將往生至何種「三惡道」有關，文中提出「鼻樑歪斜與否」成為往生「三惡道」的重要依據。修世間善行的臨終善相」問題則以《毘耶娑問經》為研究題材，得出可感應12種善相以上的結論。至於「修出世功德的臨終善相」則舉《佛說摩訶衍寶嚴經》(一名《大迦葉品》)、《佛說大迦葉問大寶積正法經》、《大乘本生心地觀經》三部經為比對，提出持誦經典可得臨終「身、口、意」共30種善相。又舉《不空羂索神變真言經》、《不空羂索神咒心經》及《佛說聖觀自在菩薩不空王祕密心陀羅尼經》三部經為比對，提出持誦咒語亦可得「臨終八大善相」之說。

　　第五節探討「瀕死的神明護法現象」，從《虛空藏菩薩經》中獲知臨終會出現的「佛、菩薩眷屬、護法神……」現象；與你生前所拜、所事奉的「對像」有關，故《西藏生死書》中所描述的「佛、菩薩眷屬、護法神……」現象就不會與歐美、中國、台灣等地的情形完全相同，因為東西二方所信仰歸依的「對像」是不盡相同的。文中並依《佛說長阿含經》、《大樓炭經》、《藥師經》及《華嚴經》等經義而探討與人相守一生的「守護神」問題，這是瀕死前為何會出現「鬼神、天使」等的重要依據來源。

　　本論文純就佛經的「理論」來做發揮，至於經典所提的「瀕死現象」與「實際

個案」分析則有待下回再做學術專題研究了，或可參閱前人諸多著作，如：

　　劉秋固：【從超個人心理學看佛教中的瀕死經驗及其靈性-佛性對臨終者的
　　　　　宗教心理輔導】(1998 年第三次儒佛會通學術研討會論文選輯)。

　　簡政軒：【瀕死經驗個案後續效應之研究以台灣本土個案為何】(南華大學，2005
　　　　　年碩士論文)。

　　釋永有、釋覺了：【佛教信仰對瀕死經驗之影響--以四位本土佛教信徒為例】
　　　　　(2004 年南華大學第四屆現代生死學理論建構學術研討會)……等。

參考文獻

1. 《大正藏》100 冊。台北：新文豐印。1975 出版。

2. 逢塵主編：《天堂印象——100 個死後還生者的口述故事》，外文出版社，1999
　 年 1 月。

3. JeanRithie 著，徐和平譯：《打開生死之門》，陝西旅遊出版社，1998 年 10 月。

4. 達瓦桑杜英譯藏，徐進夫藏譯漢《西藏度亡經》，天華出版公司，1983 年。

5. Raymond A. Moody 著，賈長安譯：《Life after life》(來生)，台北：方智出版社，
　 1991 年 4 月初版(原文書乃於 1975 年出版)。

6. 張蓮菩提重譯華言：《中陰救度密法》，臺北：大乘精舍印經會，1998 年 5 月。

7. Evelyn Elsaesser Valarino著，李傳龍、李雅寧 譯：《柳暗花明又一生：瀕死
　 經驗的跨領域對談》。台北：遠流出版，2000年5月1日初版。（原書於1997年出
　 版）

8. 陳士濱主編：《2009 第三屆文學與社會研討會論文集》，台中：華格那企業有
　 限公司，2009 年 10 月初版。

9. 林耕新：「您相信瀕死經驗嗎？瀕死經驗初報」。台灣精神醫學會四十週年慶
　 祝大會暨學術研討會論文摘要集，2001年。

10. 國瀕死研究學會網站。詳 http://www.iands.org。

再論慧能的二個偈頌
——以《敦博本》與《宗寶本》壇經為研究題材

發表日期：2008 年 10 月 30 日(星期四)
會議地點：德霖技術學院商學館大樓 8604
會議名稱：2008 年【第二屆文學與社會論文發表會】

【全文摘要】

本文將探討慧能大師在《敦博本》壇經中的二個偈頌，一是「菩提本無樹，明鏡亦無臺。佛性常清淨，何處有塵埃」？另一頌是「心是菩提樹，身爲明鏡臺。明鏡本清淨，何處染塵埃」？這二個偈頌與現在流行的《宗寶本》壇經不同，甚至在《宗寶本》中並無慧能的第二首偈頌。

前人對這二首偈頌也做過不少的相關的研究，諸如：「佛性常清淨」與「本來無一物」的問題，或「心是菩提樹」與「身是菩提樹」的問題（註1）。筆者將採取這二種版本的《壇經》內容互相比對，再以其它佛典內容作補充，並試著釐清這二個偈頌所產生的種種問題。

本文所引用到的《敦博本》壇經節數，乃據日本佛教學者鈴木大拙對《敦煌本》壇經的分段法，全文共分成「五十七」節，至於引用《敦博本》壇經內容則採用黃連忠撰《敦博本六祖壇經校釋》為準。《宗寶本》壇經內容則以《大正藏》第四十八冊頁 346 上～365 上的內容為準，藏經原名作《六祖大師法寶壇經》，為了方便與《敦博本》壇經對照，故本文一律以《宗寶本》壇經取代《六祖大師法寶壇經》之名。

【關鍵詞】

宗寶本、敦博本、佛性、清淨、菩提、無一物、菩提心

---

1 詳於本文後面所附之「期刊論文」資料。

敦博本原文圖版

錄自周紹良《敦煌寫本壇經原本》中公開的照相圖版。原圖藏於敦煌市博物館「文書編號〇七七號」禪籍之四的《南宗頓教最上大乘摩訶般若波羅蜜經六祖惠能大師於韶州大梵寺施法壇經一卷》

敦煌本原文圖版

現藏於英國倫敦大英博物館編號「斯五四七五」之《六祖壇經》（略稱為「敦煌本六祖壇經」）

一、緒論

（一）壇經版本介紹

《六祖壇經》是慧能說法和生平事跡的集錄，最初是由其弟子法海集錄，但在流傳的過程中《壇經》曾多次被修改與補充，故形成各種不同的版本。《壇經》內容主要包括三部分：

（一）慧能自傳。

（二）說「般若、禪法」和授「無相戒」。

（三）弟子機緣及師徒關係語錄。此第三項的變動是最大的。

據學術界的各種資料的研究，約有七種《壇經》的版本問世。底下僅就前面三種最原始、最重要的《壇經》及《宗寶》本作介紹。

①壇經祖本

《壇經》祖本，也可稱為法海原本，是由慧能的弟子法海所集記而成的；成書時間當在唐・先天二年（西元 713 年）。最大的篇幅是記述慧能在大梵寺授「無相戒」和說「摩訶般若波蜜法」的內容。

《壇經》的「祖本」緣起，也可稱為法海的「原本」，始於六祖慧能大師應邀至廣東的大梵寺授「無相戒」和開示「摩訶般若波蜜法」的內容。記錄者法海因此將大梵寺的傳法記錄題為：《摩訶般若波羅蜜經六祖慧能大師於韶州大梵寺施法一卷》。

接下來六祖慧能大師回曹溪山的南華寺後，接著又傳授「定慧爲本、一行三昧、無相爲體、無念爲宗、無住爲本、四弘願、無相懺、無相三歸戒」等法。由於「無相戒」等是在曹溪山傳授的，所以法海將曹溪山 南華寺的開示內容就置於大梵寺的開示之後，並將書名補上「兼授無相戒」成為：《摩訶般若波羅蜜經六祖慧能大師於韶州大梵寺施法一卷兼授無相戒》（敦煌本中，「授」的俗寫作「受」）。

另一方面，由於現今所發現《敦博本、敦煌本》內容已包含大梵寺和曹溪山的開示，法海同門往外「抄寫」傳出時，就將書名稱之為《六祖法寶記一卷》。這

一個記錄本可以視作《六祖壇經》「最原始的祖本」，外傳時的書名就名為《六祖法寶記》。

2 敦博本

據研究《敦博本六祖壇經校釋》黃連忠先生說：敦煌名士任子宜在 1935 年 4 月 8 日得之於千佛山的「敦博本」《壇經》重現天下以來，一開始並未受到太大的重視，只有流轉於大陸內地敦煌縣博物館，以及周紹良、向達、呂澂與鄧文寬等諸先生之過目。

在此之間，日本學者柳田聖山曾經系統地介紹了六十年來國際佛學界對敦煌禪籍研究的發展情況與成果，其中以「敦煌本《六祖壇經》的諸問題」為主題，以「敦煌本」為中心，介紹了《壇經》研究的情況，但是並未提到「敦博本」的《壇經》。

直到 1986 年周紹良先生的再度發現，然後列入「敦煌縣博物館藏敦煌遺書目錄」中（註2），正式向國際公布。

接著，在 1987 年的日本《中外日報》23706 號，由楊曾文教授、麥谷邦夫譯之「敦博本《壇經》的學術價值」一文，受到日本學者進一步的重視。

直到 1978 年 10 月在北京召開的「中日第二次佛教學術會議」上，《壇經》版本仍然是一個熱門的話題。敦煌縣博物館收藏的一個敦煌寫本《壇經》的新抄本，引起了與會者的極大興趣。之後，在佛光山舉辦的一九八九年「國際禪學會議」中，主題為「六祖壇經之宗教與文化探討」，楊曾文教授正式提出「敦博本壇經及其學術價值」一文，引起了國內外學者的高度關注與後續討論（註3）。

從《敦博本》及《敦煌本》的《壇經》內容來看，除了「增加」與「個別弟子的問答」（弟子機緣）及「臨終的付囑」等。全文已變成：

---

2 詳《敦煌吐魯番文獻研究論集》(三)，北京大學出版社。
3 以上資料引用黃連忠《敦博本六祖壇經校釋》之「自序」文，頁 11。台北：萬卷樓出版。2006 年 5 月。

「第一節」到「第三十七節」為慧能大師於廣東的大梵寺講堂說法，佔全經文約
　　63%。

「第三十八節」到「第五十節」為慧能大師回廣東 漕溪山 南華寺說法，佔全經文
　　約 27%。

「第五十一節」到「第五十七節」慧能大師至新州 國恩寺說法告別，佔全經文約
　　10%。（註4）

　　《敦博本》及《敦煌本》並沒有《宗寶本》裡面多出來參拜六祖語錄的人物，
這些多出來的人物共達十二位，如(1)無盡藏比丘尼(2)法海法師(3)智通法師(4)
志道法師(5)行思禪師(6)懷讓禪師(7)永嘉 玄覺禪師(8)智隍禪師(9)某僧問慧
能大師(10)方辯法師(11)臥輪禪師(12)志徹法師。《宗寶本》還有多出「宣詔品
第九」的內容。

3 敦煌本

　　敦煌本，成書時間當在唐開元二十年（西元 732 年）至貞元十七年（西元
801 年）。日本學者矢吹慶輝（西元 1879～1939）在 1923 年從倫敦大英博物館收
藏的「敦煌文書」中發現《六祖壇經》。

　　矢吹慶輝於 1928 年校刊後收入《大正藏》，其影印本收入《鳴沙餘韻》之中。
此後鈴木大拙（西元 1870～1966）於 1934 年借助於《惠昕本》的《壇經》而比
對作了校勘，成為「通行」的版本。

　　學術界稱此《壇經》本為《敦煌本》，題作《**南宗頓教最上大乘摩訶般若波
羅蜜經六祖慧能大師於韶州大梵寺施法壇經**》一卷，兼受無相戒弘法弟子法海集
記，內容並未分卷。

　　《敦煌本》與《敦博本》是最接近《壇經》祖本的。此種《壇經》主體部分
基本上沒變，只是在「**個別弟子的問答**」（弟子機緣）及「**臨終的付囑**」等大有所增
加。

---

4 以上資料引用自林光明《楊校敦博本六祖壇經及其英譯》頁 48。台北全佛文化出版。2004 年
　6 月。

4 宗寶本

《宗寶本》成書於元至元二十八年（西元 1291 年）。這是明代以後最流行的本子，又稱為「流布本」。明永樂《南藏》、《嘉興藏》、《房山石經》（萬曆四十八年刻石）等都收此本，單刻本也多屬此本。

《宗寶本》本題「風旛報恩光孝禪寺住持嗣祖比丘宗寶編」，題作《六祖大師法寶壇經》。分為十品。按照「明藏」本的編排次序是：

①德異撰〈六祖大師法寶壇經序〉（《南藏》無）。

②契嵩撰〈六祖大師法寶壇經贊〉。

③正文「行由第一」至「付囑第十」（《南藏》無品目，而且只有主體部分，無「機緣」等四品）。

④附錄：「六祖大師緣起外紀」為門人法海等集，附「師墜腰石」等記事、「歷朝崇奉事跡」、柳宗元撰「賜諡大鑒禪師碑」、劉禹錫撰「大鑒禪師碑」、「佛衣銘并序」附「師入塔後」記事，及宗寶所撰的跋文。

宗寶法師在跋文中說：「明教嵩公常讚云：天機利者得其深，天機鈍者得其淺，誠哉言也。余初入道，有感於斯。續見三本不同，互有得失，其板亦已漫滅。因取其本校讎，訛者正之，略者詳之，復增入弟子請益機緣，庶幾學者得盡曹溪之旨……至元辛卯夏，南海釋宗寶跋」。（註5）

由宗寶法師的跋文，可知當時至少已有三種不同版本的《壇經》在流行。

另外還有「惠昕本、契嵩本、德異本」等三個版本，前人的研究論文中已詳述，故不再此介紹（註6）。下面將這七個版本的差異作圖表彙整，另加上「西夏本」的資料。圖表如下：

---

5 《大正藏》第四十八冊頁 364 下。

6 有關《壇經》的諸多版本資料請參見楊曾文《六祖壇經諸本的演變和慧能的禪法思想》頁 24~37。中國文化》第 6 期，1992 年 9 月。

版本	壇經祖本	壇經敦煌原本敦博原本	壇經惠昕原本	壇經惠昕本	壇經契嵩本	壇經西夏本	壇經德異本	壇經宗寶本	壇經敦煌本	壇經敦博本
時間	713~731年	733~801年	文槃古本於九世紀前至中期	宋乾德五年967年	宋至和三年1056年	1071年	元至元二七年1290年	元至元二八年1291年	1923年	1935年
存留	不存	不存	不存	問世	問世	問世	問世	問世	問世	問世
集錄、校勘、改編者	法海集記	不詳	不詳	依真小師邕州羅秀山惠進禪院沙門惠昕改編。此本已將「佛性常清淨」句修改為「本來無一物」。	沙門契嵩集。《契嵩本壇經》在明憲宗成化七年（1471年）重刻，書名稱為《六祖大師法寶壇經曹溪原本》，此即「曹溪本」，改為一卷十門，使段落分明。此書今收錄於明《嘉興大藏經》中。此本延用「惠昕」本，亦將「佛性常清淨」句修改為「本來無一物」。	殘片五頁，現存於北京圖書館。1938年日本川上天山發表「關於西夏語譯六祖壇經」。1993年史金波發表「西夏文六祖壇經殘頁譯釋」。六祖的偈頌為「佛性常清淨」，並非他本的「本來無一物」句。	元代古筠比丘德異集。僧人德異將「契嵩本」重刊而成「德異本」。另也有依德異本重刊的「高麗本」（1558年），都將「契嵩本」改為一卷十門，原內容並無改動。	風旛報恩光孝禪寺住持嗣祖比丘宗寶編。此本延用「惠昕」本，亦將「佛性常清淨」句修改為「本來無一物」。	矢吹慶輝校訂的敦煌本《壇經》，今收入《大正藏》內。1934年鈴木大拙依矢吹慶輝校訂的敦煌本《壇經》，而藉《惠昕本》校勘出《敦煌出土六祖壇經》。1970年印順的《精校燉煌本壇經》出版。	1935年任子宜發現《敦博本壇經》。1950年向達專文介紹《敦博本》。1986年周紹良將之列入「敦煌縣博物館藏敦煌遺書目錄」中。正式向「國際」宣布這本《壇經》的內容。
題名				《六祖壇經》		《西夏文六祖壇經》	《六祖大師法寶壇經》	《六祖大師法寶壇經》	《南宗頓教最上大乘摩訶般若波羅蜜經六祖慧能大師於韶州大梵寺施	《南宗頓教最上大乘摩訶般若波羅蜜經六祖慧能大師於韶州大梵寺施

									法 壇 經》	法壇經》
底本	祖本	不詳	不詳	依古本改編	得曹溪古本校之	與敦煌本接近	屬契嵩本系統	屬契嵩本系統	源敦博本藉惠昕本	與敦煌本幾乎相同，但內容更完整
卷品	不詳	不詳	不詳	內分二卷十一門	分成三卷	未分卷	不分卷。開為十門	「行由」以下分十品	未分卷	未分卷
字數	不詳	不詳	不詳	約一萬四千字	約二萬一千字	不詳	超過二萬字	20024字	11566字	11811字(楊曾文校版)

下面圖表引自林光明《六祖壇經及其英譯本的研究》，頁9。

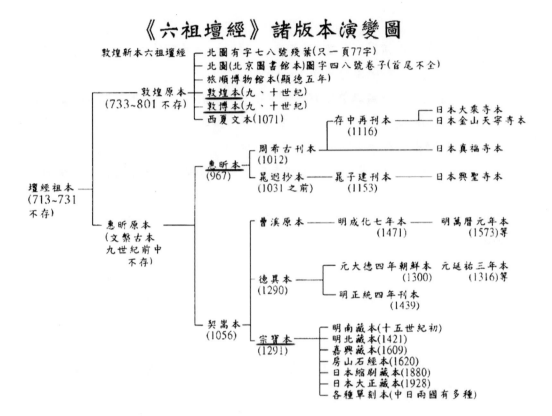

（二）《敦博本》壇經的特色

由於任子宜本《壇經》與以前日本學者所發現的「敦煌本」《壇經》是不同的兩個寫本，為了方便區別，學界已界定任子宜本為《敦煌新本六祖壇經》、《敦煌新書六祖壇經》或「敦博本」《壇經》，本文為了統一說法，以下一律稱為「敦博本」《壇經》。

「敦博本」與「敦煌本」《壇經》兩者之間，可謂大同而小異，不僅在題目、編排的形式，以至於內容部分幾乎是完全一樣的，甚至於在某些明顯錯誤的字句也是一樣，此點可以說明兩者是抄自同一原本的《壇經》（註7）。

___

7 「敦博本」與「敦煌本」《壇經》兩者之間詳細的比較，詳見楊曾文教授校寫《新版‧敦煌新本六祖壇經》，頁223至227。

「敦博本」的學術價值，楊曾文教授曾在發表專文中說明了三點，以為「敦博本」優於「敦煌本」《壇經》的價值：

> 既然二本如此相同，那麼「敦博本」《壇經》還具有什麼特殊的價值呢？
> 一、「敦博本」抄漏字句較少。……
> 二、「敦博本」抄寫工整字體清晰秀麗，而「敦煌本」抄寫雜亂，錯訛字句很多。如果以「敦博本」為底本，校之以「敦煌本」和「惠昕本」，便可校勘出現存最古本《六祖壇經》的善本。……
> 三、「敦博本」的發現，使人重新考慮同種《壇經》流傳範圍和流行時間。

除了以上三點之外，黃連忠教授以為敦博本《壇經》尚有兩點學術價值：

> 第一：「敦博本」的發現，打破了「敦煌本」《壇經》是天下唯一孤本的局面，為《壇經》與慧能思想的研究，注入新的素材及後續研究的推動力。
>
> 第二：「敦博本」的抄寫「書手」頗有文人字的手跡，此點對於敦煌「變文」寫本書手的考述與唐代寫經生；及其書法藝術的相關問題，具有啟發後續研究的意義。
>
> 第三：潘重規教授在校寫「敦博本」《壇經》時，也提出了幾項獨特的見解，其中包括了敦煌文字「俗寫」約定而俗成的意義，並且重新肯定《龍龕手鑑》的學術價值等，也是十分值得重視與參考。

在楊曾文教授校寫的《新版‧敦煌新本六祖壇經》與鄧文寬、榮新江的《敦博本禪籍錄校》兩本大作中，已經將「敦博本」《壇經》的發現與版本介紹有十分清楚的說明，讀者可自行參考該書。

黃連忠先生曾比對「敦煌本」與「敦博本」《壇經》兩者的差異性中，發現「敦煌本」相對於「敦博本」漏抄了五段，共98字（註8）：

第六節	「敦煌本」漏抄➡見和尚，即云是秀作，五祖見偈言不堪，

---

8 以上資料全轉引自黃連忠《敦博本六祖壇經校釋》之「自序」文，頁16~18。

(少 19 字)	自是我迷
第十二節 (少 18 字)	「敦煌本」漏抄➜愚人智人，佛性本亦無差別，只緣迷悟，迷即爲
第四十節 (少 12 字)	「敦煌本」漏抄➜不是，六祖曰：何以不是？志誠曰
第四十二節 (少 29 字)	「敦煌本」漏抄➜來至漕溪山禮拜，問大師言：弟子常誦《妙法華經》七年，心迷不知正法之處
第四十二節 (少 20 字)	「敦煌本」漏抄➜依一佛乘，大師言：法達！心行轉法華，不行法華轉心

由上看來，《敦博本》的發現的確是比《敦煌本》還更有研究價值。

二、本論

（一）慧能大師第一頌的研究

在敦煌本《壇經》未被世人發現時，《壇經》中最為後人稱道的就是慧能得到五祖印證的開悟偈頌——菩提本無樹，明鏡亦非臺。本來無一物，何處惹塵埃。這個偈頌版本最早來自《惠昕》本壇經的記載（註9）。然自 1923 年日本佛教學者矢吹慶輝校訂的敦煌本《壇經》問世以來（註10），才發現慧能的開悟偈頌應為兩首，第一首是「菩提本無樹，明鏡亦無臺。佛性常清淨，何處有塵埃」。第三句與《宗寶本》壇經不同。另外第二首是《宗寶本》壇經所沒有的，偈云「心是菩提樹，身為明鏡臺。明鏡本清淨，何處染塵埃」。

一般研究敦煌本《壇經》的學者都認為《敦煌》本的「佛性常清淨」句與後來修改的「本來無一物」句有著非常大的差異，如下面圖表所示：

《敦博本》	《宗寶本》
（下面原是「敦博本」慧能的偈誦） **菩提本無樹，明鏡亦無臺。** **佛性常清淨，何處「有」塵埃？**	（下面原是「宗寶本」慧能的偈誦） **菩提本無樹，明鏡亦非臺。** **本來無一物，何處「惹」塵埃！**
又偈曰：	
（下面原是「敦博本」慧能的偈誦） **心是菩提樹，身為明鏡臺。** **明鏡本清淨，何處「染」塵埃？**	（下面原是「宗寶本」神秀的偈誦） **身是菩提樹，心如明鏡臺。** **時時勤拂拭，「莫使有」塵埃。**

筆者試著從底下四個角度來探討這兩句話的差異，並證明這二句話在原經文內的觀念及最終境界是完全一樣的。

1、《宗寶》本壇經亦提倡「佛性常清淨」之理念

---

9 「**本來無一物**」句從《敦煌本》壇經可知原作「**佛性常清淨**」句，從壇經的《惠昕》本開始即被修改成「**本來無一物**」，後面的《契嵩本》與《宗寶本》都跟著延用。以上請參閱郭朋《壇經校釋》頁 17~18 之說明。

10 矢吹慶輝校訂的敦煌本《壇經》，今已收入《大正藏》內。又鈴木大拙於 1934 年依矢吹慶輝校訂的敦煌本《壇經》，再藉《惠昕本》而校勘出《敦煌出土六祖壇經》一書問世。

《敦博》本的內有「佛性常清淨」之義，此在《宗寶本》內亦有同樣的經文出處，底下舉五處經文說明：

《宗寶·行由第一》云：

　菩提自性，本來「清淨」。但用此心，直了成佛。（註11）

《宗寶·行由第一》云：

　何期自性本自「清淨」。何期自性本不生滅。何期自性本自具足。

　何期自性本無動搖。何期自性能生萬法。（註12）

《宗寶本·坐禪第五》云：

　善知識！於念念中，自見「本性清淨」，自修、自行、自成佛道。（註13）

《宗寶·宣詔第九》云：

　師曰：……汝若欲知心要，但一切善惡都莫思量，自然得入「清淨心體」，

　湛然常寂，妙用恆沙。（註14）

《宗寶·付囑第十》云：

　此心「本淨」，無可取、捨。（註15）

2、《敦博》與《宗寶》壇經皆提倡「佛性常清淨」之理念

《敦博》與《宗寶》在經文中共引用了二次《梵網菩薩戒經》來說明「佛性常清淨」的道理。如：

《敦博·十九節》云：「《梵網菩薩戒經》云：本源自性清淨」。

《敦博·三十節》云：「《梵網菩薩戒經》云：本源自性清淨。識心見性，自

---

11 《大正藏》第四十八冊頁347下。
12 《大正藏》第四十八冊頁349上。
13 《大正藏》第四十八冊頁353中。
14 《大正藏》第四十八冊頁359下。
15 《大正藏》第四十八冊頁361中。

成佛道」。

《宗寶‧般若第二》云：「《菩薩戒經》云：我本原自性清淨。若識自心見性，
　　皆成佛道」（註16）。

《宗寶‧坐禪第五》云：「《菩薩戒經》云：我本性原自清淨」（註17）。

　　　除了引用二次《梵網菩薩戒經》來說明「佛性清淨」的道理外，底下還有七
處的經文說明，試製表如下：

《敦博本》	《宗寶本》
善知識！外離一切相，是「無相」。但能離相，性體「清淨」。是以「無相」爲體。《第十七節》	善知識！外離一切相，名爲「無相」。能離於「相」，則法體「清淨」。此是以「無相」爲體。（註18）
人性「本淨」，爲妄念故，蓋覆眞如。離妄念，本性「淨」，不見「自性本淨」。《第十八節》	人性「本淨」，由妄念故，蓋覆眞如。但無妄想，性自「清淨」。（註19）
本性「自淨」曰定，只緣境觸，觸即亂。《第十九節》	本性「自淨」自定，只爲見境思境即亂。（註20）
世人性本「自淨」，萬法在「自性」……知如是一切法盡在「自性」，自性常「清淨」，日月常明。《第二十節》	世人「性本清淨」，萬法從「自性」生……如是諸法在「自性」中，如天常清，日月常明。（註21）
常「淨自性」，使六賊從六門走出，於六塵中不離、不染。《第三十一節》	但「淨本心」，使六識出六門，於六塵中無染、無雜。（註22）
迷人念佛生彼，悟者「自淨其心」。所以佛言：隨其「心淨」，則佛土淨。《三十五節》	迷人念佛求生於彼，悟人「自淨其心」。所以佛言：隨其「心淨」，即佛土淨。（註23）
菩提本「清淨」，起心即是妄。《三十六節》	菩提本「自性」，起心即是妄。（註24）

2、《敦博》與《宗寶》壇經皆提倡「本來無一物」之理念

16 《大正藏》第四十八冊頁 351 上。
17 《大正藏》第四十八冊頁 353 中。
18 《宗寶‧定慧第四》。《大正藏》第四十八冊頁 353 上。
19 《宗寶‧坐禪第五》。《大正藏》第四十八冊頁 353 中。
20 《宗寶‧坐禪第五》。《大正藏》第四十八冊頁 353 中。
21 《宗寶‧懺悔第六》。《大正藏》第四十八冊頁 354 中。
22 《宗寶‧般若第二》。《大正藏》第四十八冊頁 351 上。
23 《宗寶‧疑問第三》。《大正藏》第四十八冊頁 352 上。
24 《宗寶‧般若第二》。《大正藏》第四十八冊頁 351 中。

《敦博》與《宗寶》本壇經之第十七節皆云：

善知識！我此法門，從上以來，頓、漸皆立「無念」爲宗。「無相」爲體。「無住」爲本……「無相」者，於相而離相……「無念」者，於念而不念……然此教門立「無念」爲宗，世人離境，不起於念，若無有念，「無念」亦不立。

此段引文說明：「無念、無相、無住」是慧能大師所提倡的「真修行法」，他說我此頓教之門乃以「無念」為宗，甚至連「無念」這二個字亦不立，徹底達到「離名字相、離心緣相（註25）」及「但有言說，都無實義（註26）」的最高境界。既然連「無念」二字都不立，故同於《宗寶本》「本來無一物」之義也。

表解如下：

《敦博本》	《宗寶本》
善知識！我此法門，從上以來，頓、漸皆立「無念」爲宗。「無相」爲體。「無住」爲本……	善知識！我此法門，從上以來，先立「無念」爲宗。「無相」爲體。「無住」爲本。
無相者，於相而離相……	無相者，於相而離相。
無念者，於念而不念……	無念者，於念而無念……
然此教門立「無念」爲宗，世人離境，不起於念，若無有念，「無念」亦不立。《第十七節》	自性「本無一法」可得，若有所得，妄說禍福，即是塵勞邪見。故此法門立「無念」爲宗。（註27）
解➡「無念、無相、無住」是慧能所提「真修行法」。甚至「無念」亦不立。故同《宗寶本》「本來無一物」之義也。	解➡「無念、無相、無住」是慧能所提「真修行法」。甚至「無念」亦不立，本無「一法」可得。

《壇經》中又說，若已悟得「自性」的人，則亦「不立」菩提涅槃法，也「不立」慧戒慧，無有「一法」可得。因為自性是「無非、無亂、無癡」的，「自性」是「離一切相」的，有何「可立」？甚至連明心見性之「偈頌」亦可「立」，亦可「不立」。底下以圖表方式引用《敦博・第四十一節》經文來說明此「不立」之理，亦可輔證「本來無一物」之義乃是《敦博》與《宗寶》兩部壇經的「共同」主旨。

---

25 這二句話出自《大乘起信論》。《大正藏》第三十二冊頁 576 上。
26 這二句話出自《楞嚴經・卷三》。《大正藏》第十九冊頁 117 下。
27 《宗寶・定慧第四》。《大正藏》第四十八冊頁 353 上。

《敦博本》	《宗寶本》
得悟自性，亦「不立」戒定慧……自性「無非、無亂、無癡」。念念般若觀照。常離法相，有何可「立」？《第四十一節》	若悟自性，亦「不立」菩提涅槃，亦「不立」解脫知見」。 無「一法」可得，才能建立萬法。若解此意，亦名佛身，亦名菩提涅槃，亦名解脫知見。 見性之人，「立」亦得，「不立」亦得。 去來自由，無滯無礙，應用隨作，應語隨答，普見化身。
解➡若悟自性者，亦「不立」戒定慧。自性是「無非、無亂、無癡」，是「離一切相」的，有何「可立」？更不立明心見性之「偈」。以上此說與《宗寶本》「本來無一物」義同。	解➡若悟自性者，亦「不立」菩提涅槃、解脫知見。自性是「離一切相，無一法可得」的，有何「可立」？但「明心見性」者亦可「立法立偈」，亦可「不立法不立偈」。

3、「本來無一物」並非是虛無的斷滅空論

《宗寶》所云的「本來無一物」句，並非是指「虛無斷滅空論」，如《敦博‧第二十四節》云：「若空心坐禪，即落『無記空』」（註28）。《宗寶‧般若第二》云：「世人妙性本空，無有一法可得。自性真空，亦復如是。善知識！莫聞吾說空，便即著空。第一莫著空。若空心靜坐，即著『無記空』」（註29）。雖然是「無有一法」可得，自性亦是「性空」，但並非是虛無的「斷滅空」。如達摩大師云：

> 若不見性，一切時中，擬作「無作想」，是大罪人，是癡人，落「無記空」中，昏昏如醉人，不辨好惡。若擬修「無作法」，先須「見性」，然後息緣慮，若不「見性」，得成佛道，無有是處。（註30）

這是說必須要「明心見性」才能得成佛道，否則只修一個「無作想」的「空心坐禪」，那只會落入「無記空」。雖然不取著一切法，亦「本無一物」可取執，但並非是一種斷滅的修行，這在《聖善住意天子所問經‧卷下》有清楚的說明，經云：

---

28 「無記空」即同「斷滅見」之理，如清‧石成金撰《金剛經石註》云：「汝若取非法相，謂之曰『無記空』，又謂之曰『斷滅見』。」詳《卍續藏》第二十五冊頁589上。

29 《宗寶‧般若第二》。《大正藏》第四十八冊頁350上。

30 《卍續藏》第六十三冊頁2下。此話亦見《小室六門》，《大正藏》第四十八冊頁374上。

「以一切法不取，不生無記空」。（註31）

《宗寶》壇經所說的「**本來無一物**」，並非什麼都沒有，也並非連「**佛性**」都不存在，故與《敦博》壇經的「**佛性常清淨**」並無衝突之處。

4、「本來無一物」即是「佛性常清淨」的探討

以往研究《敦博》與《宗寶》壇經者，總是認為「**本來無一物**」與「**佛性常清淨**」是完全不同的理念（註32），其實如果暫時不論《壇經》，另從其它佛典下手，我們可以發現「**本來無一物**」就是「**佛性清淨**」的意思，如《外道問聖大乘法無我義經》云：

> 菩提心相，自性「**清淨**」，「**無物**」無喻，不可觀視，是最上句。（註33）

經云「**菩提**」的心相是清淨的，既是清淨，所以「**無物**」可喻，「**無物**」可觀視，這就同於《金剛經》上說「**離一切相**」（註34）之義，也是《宗寶》壇經說的「**本來無一物**」之義。在《大般涅槃經·卷第三十七》也有「**無物**」就是「**虛空**」，就是「**佛性**」的觀點，經云：

> 善男子！「**無物**」者，即是「**虛空**」，「**佛性**」亦爾……「**虛空**」無，故非內非外。「**佛性**」常，故非內非外，故說「**佛性**」猶如「**虛空**」。（註35）

甚至在《大乘同性經·卷上》上亦清楚的說明所謂的「**無物**」就是「**菩提**」的意思，經云：

> 無思惟是菩提，「**無物**」是菩提，無爲是菩提。（註36）

以上所舉的經典，雖皆以「**無物**」喻為「**菩提**」清淨。然而「**菩提**」的清淨，就

---

31 《大正藏》第十二冊頁 129 中。
32 詳見郭朋《壇經校釋》頁 17~18。北京：中華書局。1983 年。
33 《大正藏》第十七冊頁 934 中。
34 《大正藏》第八冊頁 750 中。
35 《大正藏》第十二冊頁 580 下。
36 《大正藏》第十六冊頁 644 中。

是「佛性」的清淨，這在《大方等無想經・卷第四》中有說明，如經云：

> 善男子！一切眾生悉有「佛性」，得「菩提心」。（註37）

又《大般涅槃經・卷第七》亦云：

> 因見「佛性」，得成「阿耨多羅三藐三菩提」……有「佛性」者，必定當成「阿耨多羅三藐三菩提」。（註38）

在大乘佛典中，「佛性」與「菩提」的譯語也是常常聯著一起使用的，如：

《佛說羅摩伽經・卷上》云：
> 知識者，能令一切眾生得入「薩婆若海」，究竟清淨無上「佛性菩提」境界。
> （註39）

《大乘瑜伽金剛性海曼殊室利千臂千鉢大教王經・卷第七》
> 一切凡夫聖人，菩薩摩訶薩無不入此「佛性菩提」三昧正定。（註40）

《大乘瑜伽金剛性海曼殊室利千臂千鉢大教王經・卷第三》云
> 能令證入百千諸佛解脫地成就菩提獲一切如來，速入百千祕密金剛「菩提佛性」海藏真如三摩地」。（註41）

所以若「菩提」是清淨，「佛性」亦清淨；「佛性」若清淨，「菩提」亦是清淨，兩者是無二無別的。既然是**本來無一物**，則也必**離一切相**，能**離一切相**，則「菩提」清淨，「佛性」亦清淨。「佛性清淨」與「本無一物」並無衝突之處。

（二）慧能大師第二頌的研究

---

37 《大正藏》第十二冊頁1099上。
38 《大正藏》第十二冊頁405上。
39 《大正藏》第十冊頁860上。
40 《大正藏》第二十冊頁760中。
41 《大正藏》第二十冊頁737中。

　　慧能大師的第二頌為「心是菩提樹，身爲明鏡臺。明鏡本清淨，何處染塵埃？」
此偈頌在《宗寶》中是沒有的，只有神秀的偈頌是寫著「身是菩提樹，心如明鏡
臺。時時勤拂拭，勿使惹塵埃」。圖解如下：

《敦博本》	《宗寶本》
又偈曰： （下面原是慧能的偈誦） **心**是菩提樹，**身**爲明鏡臺。 明鏡本清淨，何處「染」塵埃？ （下面原是神秀的偈誦） **身是菩提樹，心如明鏡臺。** **時時勤拂拭，「莫使有」塵埃。**	（下面原是神秀的偈誦） **身是菩提樹，心如明鏡臺。** **時時勤拂拭，「勿使惹」塵埃。**

　　慧能大師的第二個開悟偈頌原作為「心是菩提樹，身爲明鏡臺。明鏡本清淨，
何處染塵埃」。但前人陳寅恪先生在「禪宗六祖傳法偈之分析」一文中提到「心」
與「身」字應該易位。而鄧文寬、榮新江編著之《敦煌本禪籍錄校》亦考證有關
唐五代河西音的「心」與「身」是「同音通用」（註42），再對照《宗寶》與《敦博》
神秀的偈頌，皆認為「心」與「身」字應易位（註43）。

　　筆者將從從底下二個角度來探討這個問題，最後推測「**心**」為「**菩提**」，「**身**」
作「**明鏡**」的可能性是比較大的，故不宜妄動這個字詞。

1、從《壇經》中的「菩提」用字來探討

　　《敦博本》壇經中有出現過「菩提」與「本心、本性」串聯的節數有四節，如
第「七、十三、三十一、三十六」節等，經文裡面的用字都是以「菩提」串聯「心」
字。

---

42 詳鄧文寬、榮新江編著之《敦煌本禪籍錄校》頁242。山西：古籍出版社。1999年。
43 黃連忠《敦博本六祖壇校釋》頁33云：筆者觀照前後文義及參考各家說法，以及對應神秀偈
　　語，以爲應改成「身是菩提樹，心爲明鏡臺」。又頁163云：由於敦煌本大量使用方音的代用
　　字，可見當時抄寫的時候，應是一人誦念，另一人則專心抄寫，所以讀寫之間難免受到方音
　　的影響。

　　《宗寶本》壇經中有出現過「菩提」與「本心、本性」串聯的節數有五節、二則語錄，如第「一、七、十三、三十一、三十六」節，加上《宗寶本》多出來參拜六祖語錄的臥輪禪師與志徹法師二則故事，經文裡面的用字亦是以「菩提」串聯「心」字。

　　下面將經文出處及內容以簡表說明：

《敦博本》	《宗寶本》
若覓無上「菩提」，即不可得。要入得門，見自「本性」。《第七節》	「菩提」自性，本來清淨。但用此「心」，直了成佛。（註44）
	無上「菩提」，須得言下識自本「心」，見自「本性」不生不滅，於一切時中念念自見。（註45）
慧能大師喚言：善知識！「菩提」般若之智，世人本自有之。即緣「心」迷，不能自悟，須求大善知識示道見性。《第十三節》	復云：善知識！「菩提」般若之智，世人本自有之。只緣「心」迷，不能自悟，須假大善知識示導見性。（註46）
是故以頓悟教法流行後代，令學道者頓悟「菩提」，各自觀「心」，令自本性頓悟。《第三十一節》	是以將此教法流行，令學道者頓悟「菩提」，各自觀「心」，自見本性。（註47）
「菩提」本清淨，起「心」即是妄。《第三十六節》	「菩提」只向「心」覓，何勞向外求玄？聽說依此修行，西方只在目前……「菩提」本自性，起「心」即是妄。（註48）
	臥輪禪師篇 師(慧能大師)聞之曰：此偈未明心地……因示一偈曰：慧能沒伎倆，不斷百思想。對境「心」數起，「菩提」作麼長？（註49）
	志徹法師篇 師曰：汝知否？佛性若常，更說什麼善惡諸法，乃至窮劫，無有一人發「菩

---

44 《宗寶‧行由第一》。《大正藏》第四十八冊頁 347 下。
45 《宗寶‧行由第一》。《大正藏》第四十八冊頁 348 下。
46 《宗寶‧般若第二》。《大正藏》第四十八冊頁 350 上。
47 《宗寶‧般若第二》。《大正藏》第四十八冊頁 351 上。
48 《宗寶‧般若第二》。《大正藏》第四十八冊頁 351 中。
49 《宗寶‧機緣第七》。《大正藏》第四十八冊頁 358 上。

	提心」者？故吾說無常，正是佛說真常之道也。（註50）

神秀大師原本的偈頌為──「身」是菩提樹。此已被五祖呵為「未見性」，那六祖慧能應是沒有理由「照抄」的。故六祖慧能將之改為──「心」是菩提樹的可能性是較大的。

2、從《壇經》中的「身」為「明鏡」為「清淨」用字來探討

在《敦博》與《宗寶》壇經中皆有提到「三身佛」與「清淨」的關聯字詞，如第二十節、第五十三節。經文中說明我們「自身」中就有「三身佛」，而這「三身佛」都是依止於「清淨」的「法身佛」，故可說我們身中的「三身佛」與「清淨法身佛」是不離的關係。

下面將經文出處及內容以簡表說明：

《敦博本》	《宗寶本》
一時，逐慧能口道，令善知識見自「三身佛」：於自「色身」，歸依「清淨」法身佛。《第二十節》	吾與說一體「三身」自性佛，令汝等見「三身」，了然自悟自性。總隨我道：於自色身，歸依「清淨」法身佛。（註51）
本從「化身」生「淨性」(清淨佛性)，「淨性」常在「化身」中。性(清淨佛性)使「化身」行正道，當來圓滿真無窮。《第五十三節》	本從「化身」生「淨性」，「淨性」常在「化身」中。性使「化身」行正道，當來圓滿真無窮。（註52）

神秀大師原本的偈頌為──「心」如明鏡臺，從《壇經》的前後經文來看，六祖慧能將之改為「身」如明鏡臺，且明鏡本「清淨」的道理是非常有可能的。

---

50 《宗寶·頓漸第八》。《大正藏》第四十八冊頁 359 上。
51 《宗寶·懺悔第六》。《大正藏》第四十八冊頁 354 中。
52 《宗寶·付囑第十》。《大正藏》第四十八冊頁 361 下。

三、結論

　　《壇經》上說經典本無疑，法也不會誤人，很多都是自己知見不正確而造成「自心自誤」。如《敦博・第四十二節》云：

> 經上無疑，汝心自邪，而求正法，吾心正定即是持經……大師言：法達！
> 吾常願一切世人，心地常自開佛知見，莫開眾生知見。

　　《宗寶・機緣第七》另作：
「經本無疑，汝心自疑」。（註53）

　　本文探討了《壇經》的二個偈頌與「心是菩提」或「身是菩提」的問題，這些問題的答案應可從《壇經》及佛典中找到相關的印證資料，至少「經本」所講的修行理念是正確的，然而後人卻做了種種猜測而造成誤解。在《文殊師利所說摩訶般若波羅蜜經・卷下》中有一段「無物」就是「無生無滅」的內容，經云：

> 若知本性「無體、無著」者，即名「無物」，若「無有物」，是「無處所、無依
> 無住」。「無依無住」即「無生無滅」。（註54）

　　諸法的本性都是「無體性」的，無有「執著」；既是無有「執著」，就是「本來無一物」之義。「本來無一物」即「無處所」；即「無依無住」；即「不生不滅」之義。《文殊師利所說摩訶般若波羅蜜經》上說「無物」就是「不生不滅」，這與「佛性」是「不生不滅」是完全相同的。如《大般涅槃經・卷第十四》云：

> 善男子！佛性「無生無滅、無去無來」。非過去、非未來、非現在。（註55）

　　自從《敦煌》、《敦博》壇經問世以來，「佛性常清淨」與「本來無一物」的問題就一直被後人推論闡述著，本文引用《壇經》前後經文及其餘佛典來證明這兩句話其實並無衝突之處。最後期許這篇論文能確切的傳達慧能大師的思想，而不

---

53 《大正藏》第四十八冊頁 355 中。
54 《大正藏》第八冊頁 729 下。
55 《大正藏》第十二冊頁 445 中。

至被後人一再的誤解。

參考書目

1 許鶴陵《六祖壇經導讀》。台北：佛光人文社會學院出版。2003 年 7 月。

2 黃連忠《敦博本六祖壇經校釋》。台北：萬卷樓出版。2006 月 5 月。

3 楊曾文校寫《敦煌新本六祖壇經》。北京：宗教文化出版。2001。

4 潘桂明譯注《壇經全譯》。成都：巴蜀出版社，2000 年 10 月第 1 版。

5 星雲大師《六祖壇經講話》（全四冊）。高雄：佛光文化事業有限公司，民國 89 年。

6 李申釋譯《六祖壇經》。高雄：佛光出版社，民國 86 年。

7 郭朋校釋《壇經校釋》。台北：文津出版社，民國 84 年。

8 郭明文注解《六祖壇經白話直說》。明齊出版社，民國 82 年。

9 郭朋《壇經導讀》。成都：巴蜀書社，1991 年 1 月第二次印刷。

10 《六祖壇經注釋》。東方佛學院。高雄：佛光出版社，民國 80 年。

11 宣化講述《六祖法寶壇經淺釋》。台北：法界佛教總會法界佛教大學，民國 74 年。

12 寬如/寬榮法師合撰《六祖壇經摸象記》(2006 年修訂版)。台北：佛陀教育基金會。

期刊論文

1 張勇【唐五代禪宗修習的典籍──以敦煌寫本《六祖壇經》為考察範圍】，《普門學報》，第 10 期，民國 91 年 7 月，頁 71～87。

2 蔡彥仁【口語宗教經典及其詮釋問題──以《六祖壇經》為例】，《通識教育》，第 4 卷第 3 期，民國 86 年 9 月，頁 55～69。

3 高秉業【英譯《六祖壇經》版本之歷史研究〉，《法相學會集刊》，第 4 期，民國 85 年 12 月，頁 1～19。

4 演慈【壇經的筆受及其版本】，《內明》，第 264 期，民國 83 年 3 月，頁 22～30。

5 余崇生【慧能禪與《壇經》版本】，《獅子吼》，第 32 卷第 7 期，民國 82 年 7 月，頁 21～26。

6 楊曾文【《六祖壇經》諸本的演變和慧能的禪法思想】，《中國文化》，第 6 期，民國 81 年 9 月，頁 24～37。

7 李雪濤【關於敦煌本《壇經》的幾個問題──與郭朋先生的商榷〉，《內明》，第 220 期，民國 79 年 7 月，頁 11～15。

8 淨慧【關於《壇經》的版本源流問題──慧能得法偈初探】,《香港佛教》,第351 期,民國 78 年 8 月,頁 8～12。

9 禪和子【略談《六祖壇經》流傳海外的不同版本】,《香港佛教》,第 341 期,民國 77 年 10 月,頁 22～24。

10 蔡惠明【胡適的《壇經考證》】,《內明》,第 174 期,民國 75 年 9 月,頁 21～22。

11 淨慧《敦煌寫本》是否最古「壇經」?「壇經」版本源流探討】,《內明》,第 151 期,民國 73 年 10 月,頁 21～25。

12 嚴靈峰【六祖壇經版本的流傳】,《東方雜誌》,第 16 卷第 6 期,民國 71 年 12 月,頁 28～34。

13 柳田聖山著、羅麗馨譯【六祖壇經諸本集成解說】,《食貨月刊》,第 7 卷第 4 期,民國 66 年 7 月,頁 184～188。

14 胡適【《壇經》考之一──跋曹溪大師別傳】,收於《六祖壇經研究論集》(張曼濤主編,台北:大乘文化出版,民國 65 年),頁 1～10。

15 胡適【《壇經》考之二──記北宋的六祖壇經〉,收於《六祖壇經研究論集》(張曼濤主編,台北:大乘文化出版,民國 65 年),頁 11～28。

16 李嘉言【《六祖壇經》德異刊本之發現〉,收於《六祖壇經研究論集》(張曼濤主編,台北:大乘文化出版,民國 65 年),頁 143～154。

17 錢穆【讀六祖壇經】,收於《六祖壇經研究論集》(張曼濤主編,台北:大乘文化出版,民國 65 年),頁 155～163。

論佛典教材數位化與青年學佛

A Study on the inter-connection between the Buddhist Digital Materials and the Youngsters Studying and Practicing Buddhism

發表日期：2010 年 9 月 5 日(星期日)
會議地點：台北大學三峽校區商學院二樓 2F07
會議名稱：華嚴全球化論壇 暨 WBSY 第七屆年會活動【世界佛教青年僧伽協會第七屆】
主辦單位：華嚴學會
合辦單位：台北大學通識中心等

【全文摘要】

本文探討佛典的「數位化教材」與青年學佛間的關係，由於近年電腦科技突飛猛進，已進入 64、128 位元時代，所有佛典經論幾乎皆已全面數位化，但目前佛教界對數位佛典的「運用」仍有待努力，現代的青年學佛者並沒有因佛典數位普級而顯著提昇佛學的認知能力。本論文將從沒有電腦時代的佛陀談起，探討佛菩薩們為了方便度眾生而以「神力」變現出類似多媒體的「實境模擬教學」，進而介紹青年學佛應如何學習製作「數位化教材」以利弘法度生。全文大綱如下：

一、前言

二、佛陀善用身教的譬喻法說教

三、佛陀是重視多媒體「實境模擬教學」的人

四、菩薩亦以神力實行多媒體「實境模擬教學」

五、青年學佛應如何製作「數位教材」略舉

六、結論

Abstract

This paper aims to explore the inter-connection between the digital materials of Buddhist Scriptures and youngsters studying and practicing Buddhism. Due to the stunning development of computerized digital technology, most of the Buddhist Scriptures have been digitalized. The "application" of digital materials to young learners of Buddhism, however, still leaves much to be desired. Obviously, the prevalence of Buddhist digital materials have born little, if any, fruits among the young learners. Tracing back to the Age of the Buddha when there was no computer, this paper explores the ways by which the Buddha and Bodhisattvas, in order to save all the beings from suffering, employed "supernatural powers" and resulted in the splendid occurrence of "Situational Simulation Teaching." Moreover, this paper instructs the young Buddhist practitioners the ways to create their own "digital materials" to facilitate the deliverance of all living beings. The outline is as follows:

I.   Introduction
II.   The Buddha is well-versed in the art of metaphors and his own behavior to teach His disciples.
III.   The Buddha was a person emphasizing "Situational Simulation Teaching."
IV.   Bodhisattvas also practiced with their supernatural powers to practice "Situational Simulation Teaching."
V.   Examples on how young learners of Buddhism can create "digital materials."
VI.   Conclusion

【關鍵詞】

數位化、楞嚴經、實境模擬教學、比對、表格化、TechSmith Camtasia Studio

一、前言

　　近年來「數位化」(digitalization 數字化)（註1）科技發展迅速，網路上也有一大堆的佛學數位資料庫提供下載，（註2）如成立於 1998 年 2 月 16 日且最具代表性的「中華電子佛典協會 CBETA」(http://www.cbeta.org/)，目前已接近二億字的經典電子檔。1999 年 10 月台灣也成立「佛學數位圖書館暨博物館」

1　「digitalization」在台灣的中文譯名為「數位化」，在中國大陸的譯名為「數字化」，所謂的「數位化」，如蔡曙山〈論數字化〉中指出：「在目前的計算機（電腦）系統中，信息的加工、傳輸和存儲都是以二進制數的方式進行的，即用二進制的兩個數 0 和 1 來表示。我們把二進制數的一個位稱為一個「比特」（ bit）。計算機中所有信息對像如數字和運算、字符、聲音、顏色、圖形、圖像，連同計算機指令，都用「比特」來表示，這一關鍵技術被稱為『數字化』（ digitalization）。」見蔡曙山：〈論數字化〉，《中國社會科學》，2001 年第 4 期，頁 33。

2　諸如「佛教影音下載」(http://big5.jiexieyin.org/show.aspx?id=1035)。
　　「佛學多媒體資料庫」(http://www.buda.idv.tw/)。
　　「佛學數位圖書館暨博物館」(http://buddhism.lib.ntu.edu.tw/BDLM/index.htm)。
　　「藏經目錄數位資料庫」(http://jinglu.cbeta.org/)。

(http://ccbs.ntu.edu.tw)。2005 年臺灣大學亦舉辦過「佛學數位資源之應用與趨勢研討會」(http://ccbs.ntu.edu.tw/BDLM/seminar/book0.htm)，裡面有多篇專文介紹。2009 年 4 月 15 日有中研院史語所主辦的「佛學數位典藏資源整合之國內研討會」(http://content.ndap.org.tw/index/?p=930)，亦有很多相關專題報導。這十多年來，台灣與大陸不斷的開發「漢語佛典數位」資訊相關網站，從以前皇帝才能擁有的紙本《大藏經》，到現在是人人的電腦內都能裝下數十部的《大藏經》，除了電子版的 CBETA 及 WORD 檔名外，還有 PDF、DJVU 檔名的《佛梅大藏經》、《宋磧砂藏經》、《高麗大藏經》、《乾龍大藏經》、《趙城金藏》、《中華大藏經》、《永樂北藏》、《房山石經》、《嘉興藏》、《頻伽大藏經》……等，而且每天都還在快速的增加中。面對這些數位化佛經的時代，青年學佛者應如何善加利用這些資料？如何應用這些資料而製作「數位教材」？甚至 3D 動畫？（註3）本論文將以青年學佛者應如何研發或學習「漢語佛典數位教材」為重點，至於「3D 動畫」則屬於多媒體的影音設計範圍，此文暫不論之。

二、佛陀善用身教的譬喻法說教

佛陀講法常以多種方式度眾，大致分為「身教」與「言教」，「言教」部份如《出曜經‧卷二》佛告比丘云：「或有眾生應聞切教而得度者，或有眾生應聞妙智思惟分別而得度者，或有『譬喻』而得度者，或有愚闇趣聞一句便得度脫。」（註4）尤其佛陀更重視「譬喻」教法，在《楞嚴經‧卷一》中載：「佛告阿難：如來今日，實言告汝，諸有智者，要以『譬喻』而得開悟。」（註5）為了使用「譬喻」教法，佛又結合了「身教」方式，通常以六根作為「身教」譬喻法，如用眾生的「眼見所及處」當譬喻，或「耳聞、鼻嗅、舌嚐、身觸、意念」所及處作種種譬喻說法。茲舉「身根」方式，如《楞嚴經‧卷一》云：「阿難！譬如我拳，若無我手，不成我拳。若無汝眼，不成汝見。以汝眼根，例我拳理。其義均不？」（註6）這是佛以自身拳頭來做「身教」的譬喻教法。

在《楞嚴經》中，佛為了讓阿難能懂「見性無有動止」的義理，採用了輪掌「放

---

3 目前網路上已有《地藏菩薩的故事》3D 動畫 DVD、彌勒菩薩(Maitreya)上生經的 3D 動畫版、《妙法蓮華經》(3D 精緻動畫)……等多部影片供應下載，將來還會有更多的佛學 3D 影片出現。
4 詳《大正藏》第四冊頁 616 中。
5 詳《大正藏》第十九冊頁 109 中。
6 詳《大正藏》第十九冊頁 109 中。

光」的「身教」方式，如經云：「如來於是從輪掌中飛一寶光在阿難右，即時阿難
迴首右盼；又放一光在阿難左，阿難又則迴首左盼……世尊！我頭自動，而我見
性，尚無有止，誰爲搖動？佛言：如是！」（註7）佛陀從「六根門頭」放光說法的
方式在經典記載中非常多，每種放光都代表佛即將宣說不同的法教，如《雜譬喻
經》云：

　　諸佛之法，說地獄事，光從足下入。
　　欲說畜生事，光從髀入。
　　欲說餓鬼事，光從髖入。
　　欲說人事，光從臍入。
　　欲說諸天事，光從胸入。
　　欲說聲聞事，光從口入。
　　欲說緣覺事，光從眉間相入。
　　欲說諸佛菩薩事，光從頂入。
　　阿難見光從胸入，知佛欲說諸天事。（註8）

　　如《佛說光明童子因緣經‧卷一》中也有相同的說法：

　　世尊若欲說過去事，其光即當從佛後隱。
　　欲說彼未來世事，其光即當從佛前隱。
　　欲說彼地獄趣事，其光即從佛足心隱。
　　欲說彼傍生趣事，其光即從佛足面隱。
　　欲說彼餓鬼趣事，其光即從佛足指隱。
　　欲說於人趣中事，其光即當從佛膝隱。
　　欲說彼小轉輪王事，其光從佛左手心隱。
　　欲說彼大轉輪王事，其光從佛右手心隱。
　　欲說彼天趣中事，其光即當從佛臍隱。
　　若欲說彼聲聞菩提，其光即當從佛口隱。
　　若欲說彼緣覺菩提，其光即當從佛眉隱。
　　若欲說彼阿耨多羅三藐三菩提，其光從佛頂門而隱。（註9）

---

7 詳《楞嚴經‧卷一》。《大正藏》第十九冊頁 109 下。
8 詳《大正藏》第七冊頁 525 下。
9 詳《大正藏》第十四冊頁 856 上。

由上述經典可知，佛陀時代沒有電腦，當然佛陀也不需要電腦，但佛陀會以「放光」身教方式而讓說法更加生動，身為凡夫的我們不可能「放光」，故只能以身邊現有的「教具」去做發揮，或以電腦「多媒體軟體」方式去做模擬，所以處於二十一世紀的青年學佛者應多善用電腦「數位教材」，這也是當代要弘揚佛法的必然趨勢。

三、佛陀是重視多媒體「實境模擬教學」的人

佛陀除了常以「應以何身得度者，即現何身而爲說法」(註10)的度眾方式外，更以「神通」方式讓眾生能目睹「聖境」，可說佛陀絕對是位重視「實境模擬教學」的人。如在《大寶積經》中佛陀宣講了不動如來(Akṣobhya-buddha 阿閦佛)淨土的殊勝，但凡夫眾生並無天眼能見，佛即用「神通」讓大眾皆能目睹不動如來的「聖境」，經云：

> 舍利弗！彼佛剎土成就如是無量功德。爾時舍利弗作是思惟，我今欲見彼佛世界不動如來，應正等覺及聲聞眾。爾時世尊知舍利弗心之所念，則以「神力」，不起於座，皆「令得見」，告舍利弗言：汝今見不？答言：已見！（註11）

在佛經中「西方極樂世界」是佛陀介紹最多次的一個殊勝淨土，也因此佛陀屢次以「神通」力讓大眾皆能親見「極樂世界」，這在《佛說阿彌陀三耶三佛薩樓佛檀過度人道經》、《請觀世音菩薩消伏毒害陀羅尼咒經》、《佛說如幻三摩地無量印法門經》中皆有詳細記載。底下將原經典說明於下：

吳‧支謙(生卒年不詳，譯經年代為 222～253 年)譯《佛說阿彌陀三耶三佛薩樓佛檀過度人道經》載：

> 佛告阿難：我哀若曹，「令悉見」阿彌陀佛，及諸菩薩阿羅漢所居國土，若欲見之不？阿難即大歡喜，長跪叉手言：願皆欲見之。佛言：若起，更被

---

10 《大般若波羅蜜多經‧卷四十九》云：「是菩薩摩訶薩住不二地，觀諸有情應以何身而得度者，即便現受如是之身」。詳《大正藏》第五冊頁276下。

11 詳唐‧菩提流志譯《大寶積經‧卷二十》。《大正藏》第十一冊頁108中。

袈裟，西向拜，當日所沒處，爲阿彌陀佛作禮，以頭腦著地言：南無阿彌陀三耶三佛檀。阿難言：諾！受教，即起，更被袈裟，西向拜，當日所沒處，爲彌陀佛作禮……阿難未起，阿彌陀佛便大放光明威神……即時阿難諸菩薩阿羅漢等，諸天帝王人民，悉皆見阿彌陀佛。(註12)

東晉·竺難提(Nandi 法喜)譯《請觀世音菩薩消伏毒害陀羅尼咒經》亦載：

爾時世尊告長者言：去此不遠，正主西方有佛世尊，名無量壽。彼有菩薩，名觀世音及大勢至，恒以大悲，憐愍一切，救濟苦厄。
汝今應當五體投地，向彼作禮，燒香散華，繫念數息，令心不散，經十念頃，爲眾生故，當「請」彼佛及二菩薩。
說是語時，於「佛光」中，得「見」西方無量壽佛，并二菩薩，如來神力佛及菩薩俱到此國，往毘舍離，住城門閫。(註13)

宋·施護(Dānapāla 世稱顯教大師，生卒年不詳)等譯《佛說如幻三摩地無量印法門經·卷上》亦云：

爾時勝華藏菩薩摩訶薩復白佛言：世尊！惟願如來……如其所應，現「神通相」，使彼佛剎二大士等來此娑婆世界，復令此會大眾得見極樂世界，瞻覩無量光如來……爾時世尊受勝華藏菩薩摩訶薩請已，即從眉間放大光明，其光金色，於此三千大千世界普遍照耀……是時光明金色晃耀，照徹西方百千俱胝佛剎，乃至極樂世界無量光如來所……是時極樂世界所有菩薩聲聞，及餘眾生之類，乘前「光明」，悉能見此娑婆世界，及見釋迦牟尼如來……時此娑婆世界……人非人等，悉能「見」彼極樂世界，及見無量光如來……此彼「互見」，亦復如是……皆生歡喜愛樂之心……會中有八萬四千眾生，皆發阿耨多羅三藐三菩提心，以此善根當得生於極樂世界。(註14)

在《佛說如幻三摩地無量印法門經》中勝華藏菩薩要求釋迦佛要以「神通力」讓娑婆世界人皆能「親見」西方三聖，首先要求能見西方二聖的觀世音、大勢至

---

12 《大正藏》第十二冊頁 316 中。
13 詳《大正藏》第二十冊頁 1043 下。
14 詳《大正藏》第十二冊頁 358 下。

菩薩，目的是讓「所有此土修菩薩乘諸善男子善女人，善根增長，或復於彼二大士所聞説法已，即令獲得『如幻三摩地』。」（註15）其次要求能親見無量光(阿彌陀)佛，目的是「若得見彼無量光如來，即能發起阿耨多羅三藐三菩提心，各各願生於彼佛刹，普得不退轉於阿耨多羅三藐三菩提。」（註16）在勝華藏菩薩祈請下，世尊便以「放光」方式的「神變」讓娑婆眾生親睹極樂世界聖境，而極樂世界的聖賢眾亦能得見娑婆世界。筆者認為這種此彼二方世界互見的「聖境」場面一定非常感人，甚至「百千萬劫難得值遇」（註17），對於處在「佛已滅度」的末法眾生來說實在太令人羨慕感動了。這就是佛陀能以「神通力」作「實境模擬教學」的經文例證，這種教學效果就如《佛説如幻三摩地無量印法門經》後面説的「皆生歡喜愛樂之心，咸作是言：南無世尊無量光如來應供正等正覺。作是言時，會中有八萬四千眾生，皆發阿耨多羅三藐三菩提心，以此善根當得生於極樂世界。」（註18）

現代的電腦硬體軟體技術已非常發達，筆者相信只要青年學佛願意善用電腦軟體工具，則亦可如佛陀的「實境模擬教學」方式，將佛典中「聖境」以 3D 動畫模擬出來，如此便能讓佛法的智慧快速的深入人心。

四、菩薩亦以神力實行多媒體「實境模擬教學」

上節探討佛典以「神力」接取他方世界給娑婆世界人看，這節要探討菩薩的教學方式也是以神力作「實境模擬教學」，最有名的例子就是《維摩詰所説經》的維摩詰菩薩(Vimala-Kīrti)。如：《維摩詰所説經・卷三》云：

是時大眾渴仰，欲見妙喜世界無動如來(Akṣobhya-buddha 阿閦佛)，及其菩薩、聲聞之眾。佛知一切眾會所念，告維摩詰言：善男子！爲此眾會，現妙喜國無動如來及諸菩薩、聲聞之眾，眾皆欲見。於是維摩詰心念：吾當不起于座，接妙喜國……乃至無動如來及菩提樹……以「右手」斷取……現「神通力」，以其右手，斷取妙喜世界，置於此土……爾時釋迦牟尼佛告諸大眾：汝等且

---

15 詳《大正藏》第十二冊頁 358 下。
16 詳《大正藏》第十二冊頁 358 下。
17 《大方廣佛華嚴經・卷五十二・如來出現品》云：「如是微密甚深法，百千萬劫難可聞」。詳《大正藏》第十冊頁 278 下。
18 詳《大正藏》第十二冊頁 358 下。

觀妙喜世界無動如來，其國嚴飾？菩薩行淨？弟子清白？皆曰：唯然，已見！（註19）

經中描述佛曾告訴舍利弗說，維摩詰是不動如來妙喜世界轉世過來的在家菩薩，當是時「大眾渴仰，欲見妙喜世界無動如來，及其菩薩聲聞之眾」。佛就請維摩詰以「神力」將妙喜世界「接」過來給娑婆世界的人看。維摩詰菩薩便用「右手」將妙喜世界接來娑婆世界，當大眾「親見」妙喜世界後，皆發大歡喜心「皆願生於妙喜佛土」，而釋迦佛也為大眾授記說「當生彼國！」

另一部《大方等陀羅尼經》中也敘述華聚菩薩將「妙樂世界」接取過來的事蹟。《大方等陀羅尼經》第三卷的「夢行分」云：

爾時阿難語華聚言：若謂諸法不定者，十方諸佛亦應不定。諸佛不定者，十方世界亦復不定乎？爾時華聚即以「右手」，接取「西方妙樂世界」，舉著虛空，猶如大士取阿摩勒果，置於右掌，無所妨礙。爾時大眾遙見西方妙樂世界，河池華樹，莊嚴之事，無不明了。爾時大眾歡喜踊躍，至心敬禮無量壽佛，各各求生妙樂世界。（註20）

經文中的原意是為了破眾生對妙樂世界「方位」的「執著」，所以便將原為「東方」的妙樂世界改成「西方」（註21），最後出現的佛並非是不動佛，又改成無量壽佛。但我們從經文中發現華聚菩薩為了回答阿難的問題亦以「右手」神力將他方世界「接取」過來「展示」給大眾看，這再次說明菩薩亦重視「實境模擬」的教學方式。

五、青年學佛應如何製作「數位教材」略舉

(一)製作經文比對的圖表

---

19 詳《大正藏》第十四冊頁 555 下。
20 詳《大正藏》第二十一冊頁 654 中。
21 如《大方等陀羅尼經・夢行分卷第三》云：「爾時華聚菩薩，即從座起，偏袒右肩，右膝著地，恭敬合掌，而白佛言：世尊！我從『東方』妙樂世界，爲佛所遣，故來救此雷音比丘，令住堅固心。」詳《大正藏》第二十一冊頁 653 下。

　　佛經中有很多部經都是「同本異譯」的，故可以此方式而互相比對，進而達到「以經解經」的方式。例舉《不空罥索神咒心經》相關經文如下：

唐‧玄奘譯《不空罥索神咒心經》（註22）	唐‧菩提流志譯《不空罥索神變真言經》（註23）	北宋‧施護譯《佛說聖觀自在菩薩不空王祕密心陀羅尼經》（註24）
復獲八法，何等為八？ 一者、臨命終時，見觀自在菩薩作苾芻像，來現其前，歡喜慰喻。 二者、安隱命終，無諸苦痛。 三者、將捨命時，眼不**反戴**，口無欠呿。手絕紛擾……	世尊復有八法，何名為八？ 一者、臨命終時，觀世音菩薩自變現，身作沙門相，善權勸導，將詣佛剎。 二者、臨命終時，體不疼痛，去住自在，如入禪定。 三者、臨命終時，眼不**謾顧**，現惡相死。 四者、臨命終時，手腳安隱，右脅臥死……	若有持誦此陀羅尼者，別得八種善相。 一者、臨命終時，我作苾芻相，為現其前。 二者、臨命終時，目不**動亂**，身心安隱。 三者、臨命終時，手不拏空，足不蹴地……

　　唐‧玄奘譯本的《不空罥索神咒心經‧卷一》中有句「眼不反戴」，這個「反戴」有點難解。如果比對唐‧菩提流志譯《不空罥索神變真言經‧卷一》則作「眼不謾顧」，指眼睛不會動亂。北宋‧施護譯《佛說聖觀自在菩薩不空王祕密心陀羅尼經‧卷一》作「目不動亂」，則玄奘譯本的「眼不反戴」可推出應作「眼睛不側目歪斜」義，因為「戴」有時通「載」，作「側目」解。如《漢書‧賈山傳》：「賦歛重數，百姓任罷，赭衣半道，群盜滿山，使天下之人戴目而視，傾耳而聽。」楊樹達《窺管》云：「『戴、載』通用……『戴目』，即側目也。」

　　例舉《佛說老母女六英經》相關經文如下：

劉宋‧求那跋陀羅譯《佛	《佛說老母經》（《僧祐錄》云：闕譯人名，	吳‧支謙譯《佛說老女

說老母女六英經》（註25）	今附宋錄）（註26）	人經》（註27）
佛語阿難：聽我所言，前過去佛，名曰拘樓秦。爾時此母是我之親，我行學道，戀閉我身，憂思不食一日之間。	佛言：乃昔拘樓秦佛時我爲菩薩道，意欲作沙門，母以恩愛故，不聽我作沙門，我憂愁不食一日。	佛言：往昔拘留秦佛時，我欲作沙門，是母慈愛，不肯聽我去，我憂愁不食一日。
緣此恩愛，五百世貧，今我得佛，萬福皆臻。	以是故，前後來生世間，五百世遭厄如是。	因是故，五百世來生世間，輒貧窮。
眾生無量清淨佛前，過六十億劫當得作佛，號**薩婆**，國名多華，劫名**禮禪**。	佛語阿難：**是老母壽終，當生阿彌陀佛國中**，供養諸佛。卻後六十八億劫，當得作佛，字**扶波健**，其國名**化作**。	**今壽盡，當生阿彌陀佛國供養諸佛**，卻後六十八億劫當作佛，號**波健**，其國名**化華**。

　　劉宋・求那跋陀羅譯《佛說老母女六英經》的「眾生無量清淨佛前」當作何解？闕譯人名的《佛說老母經》作「佛語阿難：是老母壽終，當生阿彌陀佛國中」。吳・支謙譯《佛說老女人經》則作「今壽盡，當生阿彌陀佛國供養諸佛。」故我們可由這另外二部經的比對而推出求那跋陀羅譯《佛說老母女六英經》中的「眾生無量清淨佛前」當指世尊之母親往生阿彌陀佛淨土之意。

　　例舉《大乘顯識經》相關經文如下：

隋・闍那崛多 (Jñānagupta 523～600) 譯《大寶積經・卷第一百九》（註28）	唐・地婆訶羅 (Divākara 613～687) 譯《大乘顯識經・卷上》（註29）
譬如欝金香子，或紅藍花子，或分陀利花子，其體本隨分色不定。	識如欝金紅藍芬陀利等，其子皆白，破其子中，不見芽花不見異色。

---

25 詳《大正藏》第十四冊頁 912 下。
26 詳《大正藏》第十四冊頁 912 下。
27 詳《大正藏》第十四冊頁 912 上。
28 詳《大正藏》第十一冊頁 611 中。
29 詳《大正藏》第十二冊頁 181 中。

唐・地婆訶羅譯《大乘顯識經・卷上》的「識如欝金紅藍芬陀利等」究竟應作何解？如何斷句？如果比對隋・闍那崛多譯的《大寶積經・卷第一百九》的經文，則可完全破解如下：識如欝金(kuṅkuma 茶矩麼、鬱金香)、紅藍(kusumbha 俱遜婆，意譯為紅藍花)、芬陀利(puṇḍarīka 分陀利花，白蓮華)等，其子皆白，破其子中，不見芽花，不見異色。

(二)將《佛光大辭典》電子版資料表格化

《佛光大辭典》幾乎是四眾弟子的電腦都有裝的一部數化位辭典，但如何將複雜的「文字敘述」轉成容易看懂的圖表方式？這也是青年學習「數化教材」的一門必修功課。底下例舉《佛光大辭典》中對「如來藏」解釋的文字：(註30)

如來藏

梵語 tathāgata-garbha。指於一切眾生之煩惱身中，所隱藏之本來清淨（即自性清淨）的如來法身。蓋如來藏雖覆藏於煩惱中，卻不為煩惱所污，具足本來絕對清淨而永遠不變之本性。又一切染污與清淨之現象，皆緣如來藏而起之教法，即稱如來藏緣起。經論中常以該思想闡明人之迷、悟對立意義。勝鬘經法身章（大一二・二二一下）：「如來法身不離煩惱藏，名如來藏。」大方等如來藏經亦列舉蓮花內有化佛、淳蜜在巖樹中、真金墮於不淨處、弊物裹金像、賤女懷貴子等九喻，詳加解說其義。

佛性論卷二如來藏品謂「藏」有三義：(一)所攝藏，一切眾生悉攝於如來之智內。(二)隱覆藏，如來法身無論因位、果位，俱不改變；然眾生為煩惱所覆，故不得見。(三)能攝藏，如來果德悉攝於凡夫心中。於同論卷二自體相品與勝鬘經自性清淨章謂「藏」有自性、因、至得、真實、祕密等五義，即：(一)萬有悉為如來之自性，由自性之義而言，稱為如來藏。(二)此藏乃聖人修行正法而生之對境，由成為境界之「因」義而言，稱為正法藏，或法界藏。(三)信此藏可得如來法身之果德，由至得之義而言，稱為法身藏。(四)此藏超越世間一切虛偽，由真實之義而言，稱為出世藏，或出世間上上藏。(五)一切法若順此藏則得清淨，反之則成染濁，由祕密義而言，稱為自性清淨藏。以上五項稱為五種藏。

大乘止觀法門卷一，則列舉能藏、所藏、能生之三義；圓覺經略疏卷上，亦舉出隱覆、含攝、出生等三義，稱為三種如來藏。另據勝鬘經空義隱覆真實章載，

---

30 詳《佛光大辭典》頁 2361。

如來藏可分二種：(一)如來藏超越煩惱，或與煩惱不同，亦即於如來藏中煩惱為空，稱為空如來藏。(二)如來藏具足一切法，而與煩惱不離、不脫、不異，此即不空如來藏。

又同經法身章載，如來藏尚可分為二義：(一)在纏，被煩惱所纏縛之狀態，包含空與不空二如來藏。(二)出纏，脫離煩惱纏縛之狀態。大乘起信論則謂，真如有如實空與如實不空二面；覺之體相若以四鏡為喻，即：(一)如實空鏡，即空如來藏。(二)因薰習鏡，即不空如來藏。(三)法出離鏡。(四)緣薰習鏡。前二者為在纏，後二者則為出纏。

釋摩訶衍論卷二歸納以上諸說，而立十種如來藏。即：大總持如來藏、遠轉遠縛如來藏、與行與相如來藏、真如真如如來藏、生滅真如如來藏、空如來藏、不空如來藏、能攝如來藏、所攝如來藏、隱覆如來藏等十種。

如果將上述《佛光大辭典》的文字全部轉成「表格」，再加以整理成「色彩」，則可得如下清楚的表達方式，如下所製：

如來藏

1 梵語 tathāgata-garbha。指於一切眾生之煩惱身中，所隱藏之「本來清淨」的「如來法身」。蓋「如來藏」雖覆藏於「煩惱」中，卻不為「煩惱」所污，具足本來「絕對清淨」而「永遠不變」之本性。

2 一切「染污」與「清淨」之現象，皆緣「如來藏」而起之教法，此即稱「如來藏緣起」。經論中常以該思想闡明人之「迷、悟」對立意義。

3 《勝鬘經‧法身章》云：「如來法身不離煩惱藏，名如來藏」。（註31）

如來藏三義

1 指如來藏之三義。依《大乘止觀法門‧卷一》之說，「如來藏」有三義，即：（註32）

(1)能藏	(2)所藏	(3)能生
果德之法身，與性淨之淨心，包含「染淨二性」及「染	自性清淨心為「無明」之殼所覆藏。	此心體具「染淨二性」之用，而有染淨二種「薰力」，能生

---

31 詳《大正藏》第十二冊頁 211 中。

32 南朝陳‧慧思講述《大乘止觀法門》云：「云何復名此心為如來藏？答曰：有三義。一者『能藏』名藏。二者『所藏』名藏。三者『能生』名藏。所言『能藏』者，復有二種。一者『如來果德法身』。二者『眾生性德淨心』。並能包含『染淨二性』及『染淨二事』無所妨礙。」詳《大正藏》第四十六冊頁 644 中。。

淨二事」，而無所妨礙。		「世間、出世間」之諸法。

2 依《大方廣圓覺修多羅了義經略疏》之說，「如來藏」指如來之法身，具有如下三義：（註33）

(1)隱覆	(2)含攝	(3)出生
如來之法身隱覆於「煩惱生死」之中，如同真金墜入污穢物中。	如來之法身含攝身相國土神通大用無量之功德，亦含攝一切眾生，此皆含攝於「如來藏」內。	就悟時而言，如來之法身既含眾德，得了達證入，即能出生。

3 《佛性論・卷二・如來藏品》謂「藏」有三義：（註34）

(一)所攝藏	(二)隱覆藏	(三)能攝藏
一切眾生悉攝於如來之智內。	如來法身無論「因位、果位」，俱不改變；然眾生為煩惱所覆，故不得見。	如來果德悉攝於凡夫心中。

如來藏五義

《佛性論・卷二・自體相品》與《勝鬘經・自性清淨章》謂「藏」有「自性、因、至得、真實、祕密」等五義，即：（註35）

(一)「如來藏」	(二)「正法藏」或「法界藏」	(三)「法身藏」	(四)「出世藏」或「出世間上上藏」	(五)「自性清淨藏」
萬有悉為如來之自性，由「自性」之義而言。	此藏乃聖人修行正法而生之對境，由成為境界之「因」義而言。	信此藏可得如來法身之果德，由「至得」之義而言。	此藏超越世間一切虛偽，由「真實」之義而言。	一切法若順此藏則得清淨，反之則成染濁，由「祕密義」而言。

---

33 唐・宗密述《大方廣圓覺修多羅了義經略疏》云：「如來藏者，由三義故，一『隱覆義』，謂覆藏如來故云藏也……一切眾生貪瞋癡諸煩惱中有如來身，乃至常無染污，德相備足如我無異……二『含攝義』，謂如來法身含攝身相國土神通大用無量功德故，又亦含攝一切眾生，皆在如來藏內故。三『出生義』，謂此法身既含眾德，了達證入即能出生故。」詳《大正藏》第三十九冊頁 535 上

34 天親菩薩造，梁・真諦譯《佛性論・卷二》云：「復次如來藏義有三種應知，何者為三？一『所攝藏』，二『隱覆藏』，三『能攝藏』。一『所攝』名藏者……一切眾生是如來藏……並為如來之『所攝持』故名所藏。眾生為如來藏……由此果『能攝』一切眾生故，說眾生為如來藏。二『隱覆』為藏者，如來自隱不現，故名為藏……如來性住道前時，為煩惱隱覆，眾生不見故名為藏。」詳《大正藏》第三十一冊頁 795 下。

35 劉宋・求那跋陀羅譯《勝鬘師子吼一乘大方便方廣經》云：「世尊！①如來藏者，是②法界藏，③法身藏，④出世間上上藏，⑤自性清淨藏，此性清淨，如來藏而客塵煩惱上煩惱所染，不思議如來境界。」詳《大正藏》第十二冊頁 222 中。

十種如來藏

《釋摩訶衍論·卷二》根據《大乘起信論》所說之如來藏所別立之十種，如下：
（註36）

（一） 「大總持」 如來藏	（二） 「遠轉遠縛」 如來藏	（三） 「與行與相」 如來藏	（四） 「真如真如」 如來藏	（五） 「生滅真如」 如來藏
此藏總攝「一切諸藏」，無所不通，圓滿平等，為一切如來藏之根本。	此藏無「惑因、惑果」，亦無「覺因、覺果」，一味清淨圓滿。	此藏能給予「流轉力」，令「法身如來」覆藏。	此藏唯有「真如」而無彼彼；既非「正體智」之所證得，亦非「意識」之所緣境界。	此藏即「不生不滅」之「真如」被生滅所染，故稱為「生滅真如」如來藏。

（六） 「空」如來藏	（七） 「不空」如來藏	（八） 「能攝」如來藏	（九） 「所攝」如來藏	（十） 「隱覆」如來藏
即一切「染法」為幻化差別，體用無實，作用非真，故稱為空。此「空」能覆藏如來實德真體，故稱為「空如來藏」。	即一切淨法遠離虛偽，體用俱真，名為「不空」；此「不空」能被「空」所染。	即「無明藏」中之自性清淨心，能攝一切諸功德。	即出離一切「染法無明地藏」，圓滿覺者為所攝持。	「法身如來」為煩惱所隱沒覆藏。

二種如來藏

1 指「空如來藏」與「不空如來藏」。

2 如來，即「理性如來」；藏者，「含攝」之義。一切眾生煩惱心中，具足無量無邊不可思議無漏清淨之業，稱為「如來藏」。

3 據《大乘止觀法門·卷一》載，如來藏有二種，即：（註37）

---

36 龍樹菩薩造，姚秦·筏提摩多譯《釋摩訶衍論·卷二》云：「論曰：如來藏有十種，於契經中別別說故，云何為十？一者『大總持如來藏』，盡攝一切如來藏故，諸佛無盡藏契經中作如是說……二者『遠轉遠縛如來藏』，一清一滿故，實際契經中作如是說……三者『與行與相如來藏』，與流轉力法身如來令覆藏故，楞伽契經中作如是說……四者『真如真如如來藏』，唯有如故，真修契經中作如是說……五者『生滅真如如來藏』，不生不滅被生滅之染故，楞伽契經中作如是說……六者『空如來藏』，一切諸空覆藏故，勝鬘契經中作如是說……七者『不空如來藏』，一切不空被空染故，勝鬘契經中作如是說……八者『能攝如來藏』，無明藏中自性淨心，能攝一切諸功德故，不增不減契經中作如是說……九者『所攝如來藏』，一切染法無明地藏，既乃出離圓滿覺者為所攝故，不增不減契經中作如是說……十者『隱覆如來藏』，法身如來煩惱所覆隱沒藏故，不增不減契經中作如是說。」詳《大正藏》第三十二冊頁608上。

37 南朝陳·慧思講述《大乘止觀法門》云：「二種如來藏以辨體狀者，初明『空如來藏』，何故名為空耶？以此心性雖復緣起建立生死涅槃違順等法，而復心體平等妙絕染淨之相，非直心體自性平等所起，染淨等法亦復性自非有……次明『不空如來藏』者……一明具足無漏性功

（一）「空」如來藏	（二）「不空」如來藏
此心性雖隨「染淨」之緣，建立「生死涅槃」等法，然心體平等，離性離相，所起染淨等法及能起之心，皆不可得，故稱「空如來藏」。	此心性具足「無漏清淨功德」及「諸有漏業惑染法」，包藏含攝，無德不備，無法不現，故稱「不空如來藏」。

4 據《勝鬘經・空義隱覆真實章》載，「如來藏」可分為二種：（註38）

（一）「空」如來藏	（二）「不空」如來藏
如來藏「超越煩惱」，或與煩惱不同，亦即於如來藏中「煩惱」為「空」。	如來藏「具足一切法」，而與煩惱「不離、不脫、不異」。

5 據《勝鬘經・法身章》載，如來藏尚可分為二義：（註39）

（一）在纏	（二）出纏
被煩惱所纏縛之狀態，包含「空」與「不空」二如來藏。	脫離煩惱纏縛之狀態。

6 據《大乘起信論》則謂，「真如」有「如實空」與「如實不空」二面；「覺之體相」若以四鏡為喻，即：（註40）

（一）在纏	（二）出纏
1 如實空鏡，即「空如來藏」。 2 因薰習鏡，即「不空如來藏」。	1 法出離鏡。 2 緣薰習鏡。

（三）製作 PPT 簡報並轉成影片

　　將佛經的艱澀經文以「簡報」方式表達，讓它「圖文並茂」，甚至再將製作好的「簡報」轉成影片，這樣的「數位教材」就可成為最佳的說法方式。茲舉《楞嚴

德法，二明具足出障淨法。」詳《大正藏》第四十六冊頁641下。

38 劉宋・求那跋陀羅譯《勝鬘師子吼一乘大方便方廣經》云：「如來藏智，是如來空智，世尊如來藏者，一切阿羅漢辟支佛大力菩薩，本所不見本所不得。世尊！有二種如來藏空智，世尊，『空如來藏』，若離若脫若異，一切煩惱藏。世尊，『不空如來藏』，過於恒沙不離不脫不異不思議佛法。世尊！此二空智，諸大聲聞，能信如來，一切阿羅漢辟支佛，空智於四不顛倒境界轉，是故一切阿羅漢辟支佛，本所不見，本所不得，一切苦滅，唯佛得證，壞一切煩惱藏，修一切滅苦道。」詳《大正藏》第十二冊頁221下。

39 劉宋・求那跋陀羅譯《勝鬘師子吼一乘大方便方廣經・法身章第八》云：「若於無量煩惱藏所纏如來藏，不疑惑者；於出無量煩惱藏法身，亦無疑惑。」詳《大正藏》第十二冊頁221中。

40 馬鳴菩薩造，梁・真諦譯《大乘起信論》云：「復次，真如者，依言說分別有二種義。云何為二？一者『如實空』，以能究竟顯實故。二者『如實不空』，以有自體，具足無漏性功德故。」詳《大正藏》第三十二冊頁576上。

經‧卷四》中的經文如下：

> 由明暗等二種相形，於妙圓中，粘湛發見。見精映色，結色成根。根元目
> 爲清淨四大，因名眼體如蒲萄朵。（註41）

將此佛典內容轉成「簡報」則如下圖：

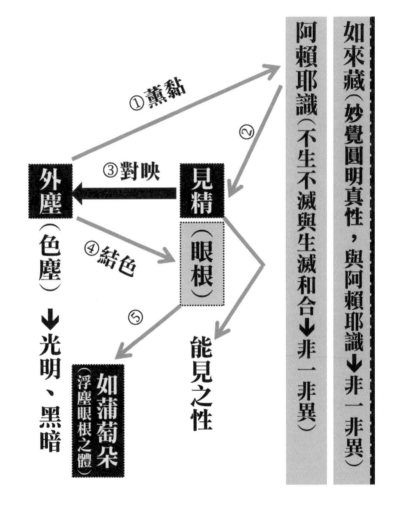

下面再舉《楞嚴經‧卷一》經文云：

> 佛告阿難：汝今現坐如來講堂，觀祇陀林今何所在？
> 世尊！此大重閣清淨講堂在給孤園，今祇陀林實在堂外。

---

41 詳《大正藏》第十九冊頁 123 中。

阿難！汝今堂中先何所見？

世尊！我在堂中，先見如來，次觀大眾，如是外望，方矚林園。(註42)

將此佛典內容轉成「簡報」則如下圖：

以上只舉兩例作為示範，若再將這種「圖文並茂」的簡報轉成生動的「影片」外加音樂，則人人皆可將佛典「數位化」而成為「多媒體」的教材。

(四)利用螢幕「錄音錄影軟體」錄製教材

網路上的螢幕「錄音錄影軟體」非常多，如：Webcam and Screen Recorder、TechSmith Camtasia Studio、SnagIt、Wink、SCREEN、Freez Screen Video Capture、iShowU HD……等。這些軟體都逐漸為社會大眾所使用，尤其在製作「數位教學」時是非常好用的，不過據筆者所知，台灣佛學院內真正有在使用「螢幕錄音錄影」方式授課情形非常少，大多仍停留在前面有人講經講課，後面有人拿錄影器材錄

---

42 詳《大正藏》第十九冊頁107上。

音錄影，事後再加上「中文字幕」，然後「對嘴」校準。其實這種模式一直為各大道場所使用，這中間也要耗費大量的「人事」成本才能製作完成。但相對的缺點如下：

1 請人錄音錄影，若機器在後面錄音時，因距離較遠，所以還要加裝近距離的「錄音器」。但有時為了省成本，這種加裝器材的動作就省掉，造成影片中的聲音與演講者有差距，或者聲音變調、周遭噪音干擾太多等情形。

2 錄影後由工作人員「轉檔」，然後聆聽內容打字，常常造成「耳誤」或者「打錯字」。因為工作人員不是百分之百佛教徒，也不是個個具有「高深」的佛學素養。

3 在台前講課者幾乎沒有參與過「修片」的工作，所有片子均任由工作人員操作，授課者本人並無「參與修正權」，錄到那就「發行」到那。其實裡面常常有些「不妥」的內容也都沒有修訂過，任由工作人員播放，這種情形在電視台的「講經弘法」常常發現。

4 錄製一張光碟，從請人錄影錄音，到「後置作業」，花費成本太大，又要燒成光碟，也是浪費地球資源。因為光碟片加上「包裝盒」，體積龐大，常常堆積如山，而且也不好處理，信徒聽完後，常常有不知要「放置」何處的困擾。

5 演講者有時隨興憑記憶而「舉經典」開示，但也可能「誤記、弄錯」經文，這些情形也都沒有修正，或者消音動作，任由光碟片流通。

如果是自己用「螢幕錄音錄影軟體」製作「數位化教材」的優點如下：

1 節省講義紙張，不需再印紙本給聽眾。

2 不需人工字幕，因為事先已將講義「數位化」整理好了。

3 字幕不需對嘴，因為字幕就已事先在「數位講義」上，只需看游標所指之處即可。

4 自己可以對演講過的「教材內容」可做修訂、編輯、剪接、配樂，完全由本人操控，不假他人之手。

5 不需發行「光碟片」，只需製成 avi、flv、rmvb、wmv、mp4、mpg……檔名，聽眾只需準備「隨身碟」或「2.5 吋硬碟」儲存演講者的教學檔案來觀賞複習即可。看完後也可刪除，避免浪費空間，這樣就沒有「光碟片」的產生及「包裝盒」問題。

6 演講者的「wrod 檔內容」、「簡報 ppt 彩色圖解」、或 jpg 圖檔……等，都可完整的呈現在個人電腦前，這比有人在後面錄音錄影還要「逼真」。

7 可實現「遠距教學」的方式。

這種個人「數位教材」製作還是有小缺點的，如：

1 電腦硬體效能要提昇，否則有可能因電腦效能太差而造成畫面遲鈍。

2 演講者必須將授課內容全部「電子化」，包括彩色圖表、圖像、簡報……等，所以事先功課很重要，當然也會很累人的。

3 早期軟體並沒有支援 Webcam，但目前螢幕「錄音錄影軟體」大多皆已支援 Webcam(即筆電上的視訊裝置)，所以仍然可製作出右上角或左上角「演講者大頭照」的同步動作。

4 如果要「高畫質」錄影錄音，檔案相對也變大，但經過壓縮轉檔，其實檔案還是可以變小的。若錄製 1 小時 AVI 影音檔，在沒有壓縮的「原始畫質」下，大約需 800MB，如果轉檔壓縮成 RMVB 檔名，則只需 230MB，壓縮前後大小比例是 1/4。

結論：

筆者從事大專院校及佛學院教學已有十餘年，使用自行錄製的「數位影音檔」也有四年的經驗，亦開設過「佛典數位教材研習會」。目前的網路影片，如 You Tube 已提昇到 HD 藍光版(1080 P)，甚至開始支援 4K (4096x3072 簡稱 4096 P)，各大專院校也都成立「網路教學平台」，強調「數位教學平台」及「遠距教學」。如果佛學課再停留於原始「人工」狀態，如：黑、白板寫字，或打開現成經典授課的「方式」，勢必會漸被時代淘汰的。

本論文從佛陀乃善於運用「身教」譬喻方式說法談起，所謂的「譬喻」其實就是一種「創意教學」，這種「譬喻」包括吾人六根所見、所聞、所嗅、所嚐、所覺、所知的一種「身教」方式，在多部經典的舉證下，皆可發現佛陀與菩薩們為了「觀機逗教」，為了達到教學的「實效」性，也採用類似多媒體的「實境模擬教學」方式。在沒有電腦、沒有數位的時代，佛菩薩們皆用「神通力」變現出「實境模擬」，這對於沒有神通力的末法眾生是不可能辦到的。然而很慶幸的，我們今天正處於「數

位化」全面電腦的時代，90%以上的《藏經》論典都有了，現只差後人努力去「整理比對、設簡報、製圖表、影片、創新」而已，甚至我們也應開始研發製作 HD 或 3D 的數位教材。

　　本文中的「第五節」是建議青年學佛者應如何製作「數位教材」，但受限於「紙本論文」，故筆者亦無法在此節多做發揮或「實地操作」，實為一小小的遺憾，只能期許活在這個時代的青年學佛者應該好好研發「佛典數位教材」，將近二億字的漢語佛典 CBETA「運用」出來，並善用電腦工具製作更精彩更豐富的「全新教材」以迎合高科技數位時代的來臨。

參考書目

1. 《大正藏》。臺北：新文豐出版公司。民國 83 年 11 月修訂一版。
2. 《佛光大辭典》。高雄佛光山出版。
3. 黃連忠：〈數位時代數位化思考的學術研究程序及其意義〉，《高苑學報》第 15 卷，2009 年 7. 月，頁 623-653。
4. 蔡曙山：〈論數字化〉《中國社會科學》 2001 第 4 期。
5. 謝清俊：〈佛教資料電子化的意義〉，《圖書館館訊》 18 期，1999 年 9 月。

《華嚴經》華藏世界的宇宙論與科學觀

發表日期：2010 年 3 月 28 日(星期日)
會議地點：台灣台北縣龍山寺板橋文化廣場
會議名稱：2010 華嚴學術研討會

【全文摘要】

本文分成「緒論、本論、結論」三個標題的撰寫模式，「本論」以五個小節來探討「華藏世界」的宇宙論與科學觀，分別是：

一、二十重「世界種」的宇宙論與科學觀：介紹二十重「世界種」的構造，本文以傳統「下狹上廣」的方式做為研究主軸，這種方式也類似「須彌山」的造形，並配合現代科學家對宇宙「3D 全景」的切片研究圖做比對，最後以 210 個「三千大千世界」為一個「世界種」的起始單位，這樣約相當於「半個」銀河系之大。

二、「世界種」構造的星系觀：《華嚴經》上提到「世界種」有二十種形狀，本節試圖以當今宇宙天文圖片來詮譯這二十種的「世界種」造形。

三、「世界海」的宇宙論與科學觀：「世界海」是由 111 個「世界種」所構成，約為 60 個銀河系之大。

四、「華藏莊嚴世界海」的宇宙論與科學觀：本節探討「華藏莊嚴世界海」如「帝網天珠」的構造，進而串連成一個「世界網」的圖像，並以現代天文家所製的宇宙影像做佐證。

五、圍繞「華藏莊嚴世界海」之十個世界海的宇宙論與科學觀：《華嚴經》上名為「十方世界海」的造形是以「華藏莊嚴世界海」加上圍繞其旁的十個世界海，共有十一個「世界海」，這樣可推出約有 660 個「銀河系」(目前科學所發現宇宙最少有 1000 億個「銀河系」)。

「結論」中說《華嚴經》指出有「一億世界海」(約 60 億銀河系)的塵數諸菩薩眾來此集會，聽佛宣講「華藏莊嚴世界」，若這「一億世界海」是屬於「可觀測」的星系來說，它仍然在現代天文學家所討論的可見「0.5%星系」內而已。宇宙的浩瀚無窮無盡，終需會歸「萬法唯心、色即是空」的「一真法界」性空境界。

【關鍵詞】

華藏世界、世界種、世界海、世界網、華嚴經

一、緒論

毘盧遮那(Vairocana)如來示現法界無盡身雲，周遍微塵剎海，於「十處」（註1）中常說《華嚴》大經，令眾生皆歸性海，其中佛所宣講的「華藏莊嚴世界」處即在中央「普照十方熾然寶光明世界種」，如唐‧澄觀(738～839)《大方廣佛華嚴經隨疏演義鈔‧卷四》在「說經處文」底下說：

> 言「遍剎種」者，即取最中「無邊妙華光香水海」中「普照十方熾然寶光明世界種」，其中攝「二十重」佛剎微塵數世界，結有不可說佛剎微塵數世界，於中布列。今「遮那」亦遍其中……謂遍「華藏」一界，有前十不可說佛剎微塵數「世界種」，既皆如來修因之所嚴淨故，常處「其中」，而演說法。（註2）

唐‧法藏(643～712)《華嚴經傳記》亦云：

> 案此經是「毘盧遮那佛」法界身雲，在「蓮華藏莊嚴世界海」，於海印三昧內，與普賢等海會聖眾，為大菩薩之所說也，凡一言一義，一品一會，皆遍十方虛空法界及一一微塵毛端剎土。（註3）

可見如來是在「普照十方熾然寶光明世界」的二十重「華藏世界」中宣講《華嚴經》，如此更顯出「華藏莊嚴世界」在《華嚴經》中的重要性，故凡欲研究《華嚴經》者，不可不徹底了解「華藏莊嚴世界」的構造。

當今佛教學界凡是提到佛典中的「宇宙天文」時，必定不會錯過介紹「華藏莊嚴世界」，主要的研究資料大多取材於明代仁潮集錄的六卷《法界安立圖》，此

---

1 唐‧法藏謂《華嚴經》之說處、說會及品數為「七處、九會、三十九品」。而唐‧李通玄、澄觀則認為應作「十處、十會、四十品」。詳《大正藏》第十冊頁462中。或見於唐‧澄觀《大華嚴經略策‧卷一》云：「若散取經文，總有十處。初此閻浮。二周百億。三遍十方。四盡塵道。五通異界。六該剎塵。七重攝剎。八復重收。九猶帝網。十餘佛同。」。詳《大正藏》第三十六冊頁702下。

2 《大正藏》第三十六冊頁25中。

3 《大正藏》第五十一冊頁153上。

書收於 CBETA 版卍續藏的第五十七冊，成書於明神宗萬曆十二年(公元 1584)。內容敘述世界建立之次第，共分為七章。其中「第五章遊諸佛刹」即討論「華藏莊嚴世界」，但他將二十重的「世界種」造形命名為「一浮幢佛刹圖」（註4）；將圍繞在「普照十方熾然寶光明世界種」周圍的十個「世界種」命名為「十浮幢佛刹圖」（註5），至於全部的「華藏莊嚴世界海」（註6）圖畫名稱則不變。以當時有限的繪圖技術及資料不全下已算完滿，這個原始藍圖也成了近代佛教學界互相模仿的對像。筆者在撰寫本論文時也參考過許多前人及網路上的繪圖（註7），大致不離《法界安立圖》模式，或者再加上電腦重繪重製作。

　　本論文並不以所重繪製的「華藏莊嚴世界」為主軸，重點將放在二十重「世界種」與具有 111 個「世界種」的「華藏莊嚴世界海」作科學比對研究，進一步說明「二十重世界種、華藏世界」都非是「紙上談兵」；或只是一種「精神境界」。在當今頂尖高科技望遠鏡研究下，科學家已有能力證明宇宙間至少有 1000 億個與我們這個太陽系相似的「銀河系」，經典上所說的「華藏世界」只是其中 60 個「銀河系」而已(請參內文說明)。

　　近代熱門的「弦理論」(string theory)，也已開拓到十維或二十六維的空間（註8），M 理論(M theory)則到十一維空間（註9），甚至宇宙間有 1 X 10^{500} 個「平行宇宙」(parallel universes)存在(以上請參內文說明)，故《華嚴經》二十重的「世界種」構造皆可從天文科學中得到完整的解釋，這也是本論文最大的研究目標。

---

4 《卍續藏》第五十七冊頁 481 下。

5 《卍續藏》第五十七冊頁 483 上。

6 《卍續藏》第五十七冊頁 484 中。

7 如：❶釋天蓮《八十華嚴經‧華藏世界品》之探究。台北華嚴專宗學院大學部第七屆畢業論文。1999、6。
　　❷李治華「華藏世界安立圖象新詮」。台北《華嚴專宗學院佛學研究所論文集‧七》。
　　❸陳琪瑛《華嚴經‧入法界品：空間美感的當代詮釋》。台北法鼓出版社。2007 年 09 月 01 日。
　　❹龍樹菩薩釋，迦色編著《圖解華嚴經：讀懂經中之王》。陝西師範大學出版社。2008 年 04 月 01 日。

8 史蒂芬‧霍金著，許明賢、吳忠超譯：《時間簡史》的「第十一章物理學的統一」中說：「弦理論」有更大的問題……時空是十維或二十六維的」。湖南科學技術出版社。2001 年 3 月第 2 版第 21 次印刷。

9 「弦理論」(string theory)的數學方程要求空間是九維的，再加上時間維度，總共是十維時空。更進一步的研究表明，若由 M 理論來說，則最大的維數是十一維的。詳格林(BrianGreene)著，李泳譯《宇宙的琴弦》P.180～181。湖南科學技術出版社。2007 年 06 月。

二、本論

（一）二十重「世界種」的宇宙論與科學觀

《華嚴經》中所說的「世界種」即是「世界種類、世界類別」的一種稱呼，如唐・李通玄(635～730)《新華嚴經論・卷十三》云：「其世界種者，同流所居，名之曰『種』。『種』者『種類』也」。（註10）

古人對於「世界種」的定義難以讓現代人理解，如隋・慧遠(523～592)《維摩義記・卷一》云：

> 此三千世界同時成壞故，合為一名「世界剎」。
> 數此至於「恒河沙數」，名「世界性」。
> 此性為一，數復至於恒河沙數，名「世界海」。
> 海復為一，數至於恒河沙數，名「世界種」。
> 「種」復為一，數之至於恒河沙數，名「一佛界」。（註11）

唐・李通玄(635～730)《新華嚴經論・卷七》亦云：

> 如三乘中所說，「世界種」者，
> 數三千大千之剎，至一恒河沙，為一「世界性」。
> 數「性世界」至恒河沙，為一「世界海」。
> 數「海世界」至恒河沙，為一「世界種」。
> 如此經世界，並數一佛剎微塵、二佛剎微塵、三佛剎微塵，如是倍增至最上重中「二十佛剎」微塵數世界。（註12）

實際上「世界種」的定義就是共有「二十層」（二十重）互相圍繞、互為主伴（註

---

10 《大正藏》第三十六冊頁 803 中。
11 《大正藏》第三十八冊頁 431 下。
12 《大正藏》第三十六冊頁 760 中。

13）的佛剎世界，由下往上，總共有二百一十個佛剎。如：唐·<u>李通玄</u>(635～730)《新華嚴經論·卷七》云：

> 上下各且「二十重」蓮華藏世界……如是上下通數，總「二百一十」佛剎微塵數廣大剎，始成一「世界種」。（註14）

之後的唐·<u>澄觀</u>(738～839)《大方廣佛華嚴經疏·卷十二》亦云：

> 二十重，其能繞剎，但有「二百一十」佛剎塵數。（註15）

<u>澄觀</u>大師認為以「二百一十」個佛剎來詮釋「世界種」解說並不圓滿，應作「一一各有眾多佛剎圍繞，應有不可說不可說也」（註16），又說：「若但取『二百一十』以爲所繞，殊非得意」（註17）。<u>澄觀</u>大師認為第一層佛世界向上到第二層佛世界的「中間」何以沒有「佛剎」在圍繞？如果在二層世界的「中間」沒有佛剎圍繞，那就不能串連成一個佛剎世界「網」了。如云：

> 且如最下一剎，已有一佛剎微塵數佛剎圍繞，向上過一佛剎微塵數世界，方至第二層。一剎有二佛剎微塵數世界圍繞，此第一層向上至第二層「中間」諸剎，何以無繞剎？若無繞，則「剎網」不成。（註18）

「二百一十」個佛剎圍繞說法及構造圖在古人及前人著作中仍有不同解釋（註19），甚至對「佛剎微塵」這四個字也有不同的理解，有說「佛剎微塵」就是將一個

---

13 唐·<u>澄觀</u>《大方廣佛華嚴經隨疏演義鈔·卷二十七》云：「觀其文意，但是諸剎互爲『主伴』，爲相繞耳。如百人共聚，一人爲主，則九十九人繞之。餘九十九人，一一爲主時，皆得九十九人繞之」。詳《大正藏》第三十六冊頁204中。

14 《大正藏》第三十六冊頁760中。

15 《大正藏》第三十五冊頁582下。

16 唐·<u>澄觀</u>《大方廣佛華嚴經隨疏演義鈔·卷二十七》云：「又以『二百一十』爲所繞者，前中間說剎但超間，明『二百一十』，望其文意，直上十九佛剎塵數之剎，一一各有眾多佛剎圍繞，應有不可說不可說也」。詳《大正藏》第三十六冊頁204上。

17 唐·<u>澄觀</u>《大方廣佛華嚴經隨疏演義鈔·卷二十七》。詳《大正藏》第三十六冊頁204上。

18 唐·<u>澄觀</u>《大方廣佛華嚴經隨疏演義鈔·卷二十七》。詳《大正藏》第三十六冊頁204上。

19 如唐·<u>澄觀</u>《大方廣佛華嚴經隨疏演義鈔·卷二十七》云：「經中現說『下狹上闊』如『倒立浮圖、仰安雁齒』，亦合更說『上尖下廣』如『正浮圖』。『俯安雁齒』則上下櫛比，皆悉周滿，間無空處，方爲剎網」。詳《大正藏》第三十六冊頁204上。如<u>李治華</u>「華藏世界安立圖象新詮」云：「本文依據經文對此二十個主要世界的附屬世界的圍繞方式又有兩種詮釋法：第一種是『倒錐層繞法』，維持二一○個附屬世界的存在(參看圖三)；第二種是『逐層上繞法』，此看法

大千世界全部細磨成微塵，然後每一個微塵皆成一個佛剎，（註20）所以210個「佛剎微塵」就變成——將210個「大千世界」的佛土，全部細磨成「微塵」，然後每個「微塵」都再成為一個佛土。若是以磨成「微塵」量來算，則 210 個「佛剎微塵」就會變成不可數、無法計算的「境界論」了。亦有說因為世界極多，無法用世間數字表示，所以便將「佛剎微塵」計成「一佛剎塵」，或「二佛剎塵」。「剎塵」只是「剎微塵」的縮寫及簡稱，（註21）若照這樣解釋，據《佛光字典》頁 3733、頁 5763 釋「剎塵」或「塵剎」皆云：「無數國土之謂，或『比喻』數量極多，謂多如微塵數之無量世界」。如此「佛剎微塵」就只是個形容詞或譬喻句。

基於上述資料分析，本論文對「佛剎微塵」四個字解釋將暫以「數量極多、無數國土」之意為准，即 210 個「佛剎微塵」就是 210 個「數量極多」的佛剎國土，由 210 個佛剎國土堆疊成「二十重」佛剎世界便呈現出「下狹上闊」如「倒立浮圖、仰安雁齒(排列整齊之物)」的構造。（註22）這種「下狹上闊」的情形亦頗類似於「須彌山」的構造，如《起世經・卷一》佛說：

> 諸比丘！「須彌山」王，在大海中，「下狹上闊」，漸漸寬大，端直不曲。（註23）

及《大樓炭經》所云：

> 比丘！「須彌山」王入大海水。深八萬四千由旬，高亦八萬四千由旬。「下

將導致二一〇個附屬世界僅存『二十個』(參看圖四)，而這兩種圖象皆較流通的安立圖更能表達出經中的宇宙圖象……若依澄觀於此所作的解釋而進行繪圖，所得的圖象將迥異於『三角模式』以及『倒錐層繞』模式，其世界的運行軌跡將因星系間的層層公轉(參看圖五)而呈顯出千葉寶蓮的圖象(參看圖六)。詳台北《華嚴專宗學院佛學研究所論文集七》頁 3 及頁 5。

20 如明・仁潮集錄《法界安立圖・卷三》云：「佛剎微塵數」者，『大千世界』名『一佛剎』，將『大千界』內百億須彌、四洲、輪圍，及大地等，盡皆細磨為塵，名『一佛剎微塵』，以『一微塵』計『一世界』，計前所磨之塵盡，名『一佛剎微塵數世界』。詳 CBETA 版《卍續藏》第五十七冊頁 487。

21 如明・仁潮集錄《法界安立圖・卷三》云：「經中以『世界極多』，非『世數』可紀，故每以『佛剎微塵數』計之曰『一佛剎塵、二佛剎塵』，乃至多多剎塵，以剎塵之數，或計世界，或計浮幢，或計香水海，或計安立海等」。詳 CBETA 版《卍續藏》第五十七冊頁 487。

22 唐・澄觀《大方廣佛華嚴經隨疏演義鈔・卷二十七》云：「經中現說『下狹上闊』如『倒立浮圖、仰安雁齒』」。詳《大正藏》第三十六冊頁 204 上。

23 《大正藏》第一冊頁 310 下。

狹」上「稍稍廣」，上正平。（註24）

　　底下本文就將依《大方廣佛華嚴經・卷八・華藏世界品》的經文將這種「下狹上闊」的「二十重世界種」詳細解說。為了方便閱讀，已於經文前面加上數字符號標示，經云：

　　爾時，普賢菩薩復告大眾言……諸佛子！此最中央香水海，名「無邊妙華光」，以「現一切菩薩形摩尼王幢」為底；出大蓮華，名「一切香摩尼王莊嚴」；有「世界種」而住其上，名「普照十方熾然寶光明」，以一切莊嚴具為體，有不可說佛剎微塵數世界於中布列。

　　(1)其最下方有世界，名「最勝光遍照」，以「一切金剛莊嚴光耀輪」為際，依「眾寶摩尼華」而住；其狀猶如「摩尼寶形」，一切「寶華莊嚴雲」彌覆其上，佛剎微塵數世界周匝圍遶，種種安住，種種莊嚴，佛號「淨眼離垢燈」。

　　(2)此上過佛剎微塵數世界，有世界名「種種香蓮華妙莊嚴」，以「一切莊嚴具」為際，依「寶蓮華網」而住；其狀猶如「師子之座」，一切「寶色珠帳雲」彌覆其上，二佛剎微塵數世界周匝圍遶，佛號「師子光勝照」……（下略）……

　　(20)此上過佛剎微塵數世界，有世界名「妙寶焰」，以「普光明日月寶」為際，依「一切諸天形摩尼王海」住；其狀猶如「寶莊嚴具」，以「一切寶衣幢雲」及「摩尼燈藏網」而覆其上，二十佛剎微塵數世界周匝圍遶，純一清淨，佛號「福德相光明」。（註25）

　　依經文所說，最下方（即第一重世界）的「最勝光遍照世界」是以「淨眼離垢燈佛」為主，並沒有提到有多少「佛剎微塵數世界」在周匝圍遶的經文。「第二重世界」是「種種香蓮華妙莊嚴」，有「二佛剎微塵數世界周匝圍遶」，主要的佛名為「師子光勝照」。如此往上到「第二十重世界」是「妙寶焰世界」，共有「二十佛剎微塵數世界周匝圍遶」，主要的佛名為「福德相光明佛」。這樣就會呈現出「下狹上闊」如「倒立浮圖、仰安雁齒」的構造，如下圖所示：

---

24 《大正藏》第一冊頁277中。
25 《大正藏》第十冊頁279中。

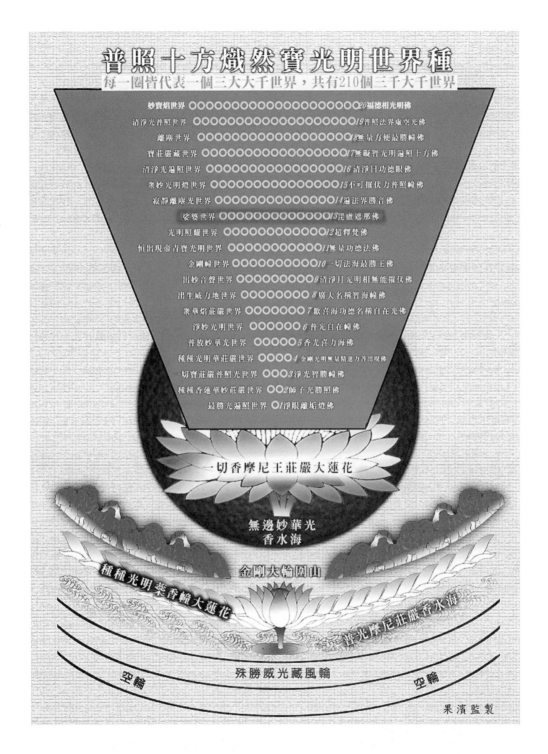

上面這張圖的每個圈圈都代表一個三千大千世界(即一佛所教化的區域)，到了第二十層總共是 210 個圈圈；也就是 210 個三千大千世界成為一個「世界種」的定義。一尊佛所教化的國土是三千大千世界，有「十億」須彌、日、月，或「百億」

須彌、日、月兩種稱呼，如較早翻譯的後漢・支婁迦讖(Lokaṣema 147～？)譯《佛說兜沙經》云：

> 佛放光明，先從足下出，照「一佛界」中極明，現……十億須彌山、十億遮加恕山、十億弗于逮天東、十億俱耶匿天西……凡有「十億」小國土，合爲「一佛刹」，名爲「蔡呵祇」。(註26)

稍晚的吳・支謙(生卒年不詳，譯經年代為 222～253 年)《佛說菩薩本業經》又云：

> 「百億」須彌山、百億日月，及四天王、忉利天、炎天……各有「百億」。此爲「一佛刹」，號曰「忍世界」。(註27)

其實「十億」與「百億」在當時佛典翻譯中是互相通用的，也就是如果以「千萬」當作是「億」的起始單位，那「百億」就是只有「十億」，這在唐・窺基(632～682)《瑜伽師地論略纂》(註28)和宋・法雲(1088～1158)《翻譯名義集・卷三》中均有詳細說明，如法雲云：

> 億分四等，一以「十萬」爲億。二以「百萬」爲億。三以「千萬」爲億。四以「萬萬」爲億。(註29)

所以一尊佛所教化的國土為「十億」須彌、日、月，稱為「三千大千世界」或名為「大千世界」，如隋・闍那崛多（Jñānagupta 523～600）《佛說希有校量功德經》云：「阿難！從一『小千世界』，一一數之，滿一千已，是名『中千世界』。阿難！從『中千世界』，復一一數，還滿『一千』，是名『大千世界』。阿難！如是合數，總名『三千大千世界』」。(註30)

---

26 《大正藏》第十冊頁 446 中。
27 《大正藏》第十冊頁 447 上。
28 如唐・窺基《瑜伽師地論略纂・卷第一》云：「然西方有四種億。一、十萬爲億。二、百萬爲億。三、千萬爲億。四、萬萬爲億」。詳《大正藏》第四十三冊頁 17 中。另窺基《觀彌勒上生兜率天經贊・卷二》亦云：「西方有三億數。一、十萬爲億。二、百萬爲億。三、千萬爲億」。詳《大正藏》第三十八冊頁 295 上。
29 《大正藏》第五十四冊頁 1106 下。
30 《大正藏》第十六冊頁 784 下。

　　若以現在的數學符號來表示則為 1×10^9 的「小世界」(一日、一月、一個須彌山、一個三界為准)，這也就是一尊佛所教化的「佛刹國土」範圍，這樣由210個「佛刹」所構成的二十重「世界種」，其總數則為 21×10^{10} 的(210 000 000 000➔2千100億)「小世界」。若以科學的名詞來稱呼，則一個「世界種」約等於有2千100億的「恒星」(日)，目前天文科學家發現我們這個太陽系所屬的「銀河系」共有4千億顆恒星 (註31)；則我們可以大膽推出一個「銀河系」約相當佛經上所說的2個「世界種」。

　　近來科學家努力的為整個「宇宙」照相，期望能將宇宙以「3D 全景式」來顯示，首先由澳州「舒密特天文台」製出，由 DISCOVERY 於1999年播出於「宇宙之旅」一片中。如下的視頻擷圖所示：(註32)

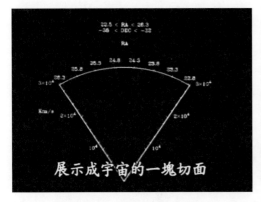

展示成宇宙的一塊切面

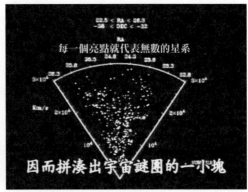

因而拼湊出宇宙謎團的一小塊

　　另外是來自哈佛大學與史密森學會的瑪格麗格勒與約翰后格由於1992年電腦製作出的宇宙「3D 動畫全景」圖，如下的視頻擷圖所示：(註33)

<hr />

31 我們這個太陽系所屬的「銀河系」共有4千億顆恒星的說法可參見「台北天文網站」或參見「維琪　百　科　，　自　由　的　百　科　全　書　」　詳 http://zh.wikipedia.org/wiki/%E7%9F%AE%E6%98%9F%E7%B3%BB。

32 擷圖詳於 DISCOVERY「宇宙之旅」第48分15秒處。台北協和國際於1999年發行。

33 本片原名為「Cosmos Boxed Set」。中文名為「卡爾薩根的宇宙」。由 Carl Sagan 主演主講。公元2000年出版。共有十三集，其中第十集名為「永遠的盡頭」。影片中第58分處即是此圖的出處。

 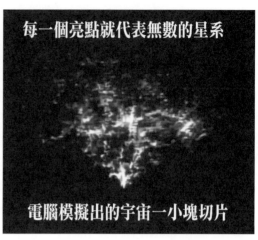

還有《史蒂芬霍金的世界‧第四集‧關於宇宙暗面》中也有宇宙的切片圖，
如下的視頻擷圖所示：（註34）

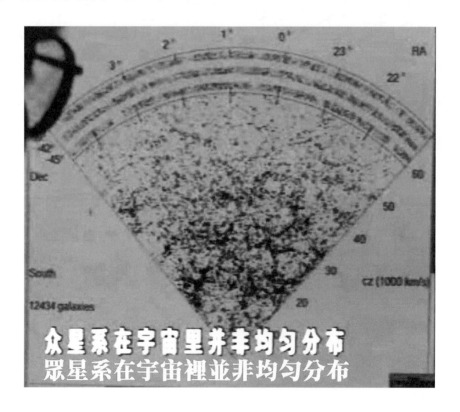

底下圖片是來自<u>李水根</u>、<u>趙翔鵬</u>編著《二維和高維空間的分形圖形藝術》的

---

34 本片於 1997 發行英文版。2002 年大陸發行中文版，英文原名為「Stephen Hawking's Universe」。
共有六集。

封面擷圖。中國大陸科學出版社。2009 年 1 月 1 日發行。

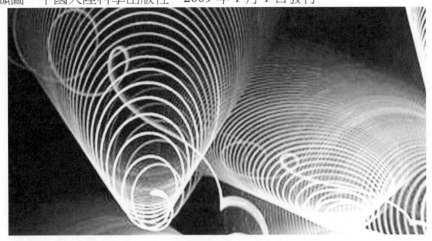

　　底下圖片是來自<u>李水根</u>、<u>趙翔鵬</u>編著《二維和高維空間的分形圖形藝術》書內的圖片掃描。

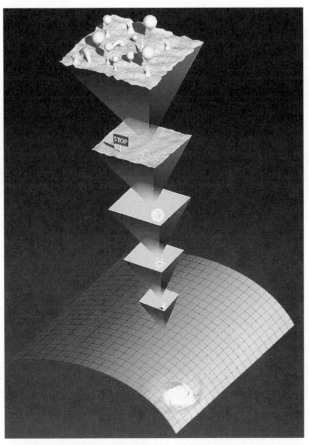

　　以上共有七張現代電腦科技下所製作的 3D 宇宙「切片圖」，均採取「下狹上

閣」的構造，這些圖片與《華嚴經》二十重「世界種」的構造幾乎是一致的。英國物理學家史蒂芬·霍金(Stephen William Hawking 1942～)的《新宇宙論》著作中就說：大霹靂的瞬間有無數「宇宙重疊」產生，如云：

> 「超弦理論」中有無數不同的宇宙世界其實應該是已經存在過的宇宙，所以宇宙在「大霹靂誕生」的最初瞬間，所有可能的宇宙是「重疊」在一起的。（註35）

另外據美國費城賓夕法尼亞大學理論物理學家兼宇宙學教授麥克斯·泰格馬克(Max Tegmark 鐵馬克)在 2004 年出版的著作《科學與終極實在》(Science and Ultimate Reality)（註36）的「平行宇宙」這一章中說道：「事情變得越發明朗，建立在現代物理學基礎上的『多元宇宙模型』能夠經受住檢驗」。他精算的說：宇宙中可能有「1×10^{500}」個「平行宇宙」。（註37）可參閱如下擷圖所示：（註38）。

《華嚴經》可以說是佛陀說法最大的智慧精華所在，遠在二千五百年前的釋迦佛就已有「重疊宇宙」的二十重「世界種」說法，此讓現代宇宙天文學家必定深歎不已！

（二）「世界種」構造的星系觀

《大方廣佛華嚴經·卷第八·華藏世界品第五之一》中有詳細介紹「世界種」依止何物而住？為了方便閱讀，已於經文前面加上數字符號標示，如經云：

---

35 資料來源：http://www.nature.com/news/2006/060619/full/060619-6.html 2006.06.21, KLC。
36 Cambridge Univ Pr 出版社。ISBN：052183113X。2004 年 08 月 30 日。
37 資料來源詳於 Max Tegmark(鐵馬克)專屬網站 http://space.mit.edu/home/tegmark/crazy.html。
38 擷圖詳於 DISCOVERY「科幻成真：平行宇宙」第 3 分 25 秒處。2010 1 月播出。

諸佛子！此「世界種」，

(1)或有依「大蓮華海」住。

(2)或有依「無邊色寶華海」住。

(3)或有依「一切真珠藏寶瓔珞海」住。

(4)或有依「香水海」住。

(5)或有依「一切華海」住。

(6)或有依「摩尼寶網海」住。

(7)或有依「漩流光海」住。

(8)或有依「菩薩寶莊嚴冠海」住。

(9)或有依「種種眾生身海」住。

(10)或有依「一切佛音聲摩尼王海」住……如是等，若廣說者，有世界海微塵數。(註39)

　　上述經文中所說「海」究為何物？若以現代科學的研究成果來說，「海」指的是充滿在宇宙間的「氣體、塵埃、暗物質、暗能量……」等，尤其「暗物質」與「暗能量」就高達 95%，充塞在整個宇宙上，這些「暗物質、暗能量」就是牽引所有「星系」的平衡力量，沒有這些「暗物質、暗能量」的「重力」作用，則星系間就無法取得「重力」平衡點。然而整個宇宙的「可見」星系卻只有 0.5%而已，如下圖所示：

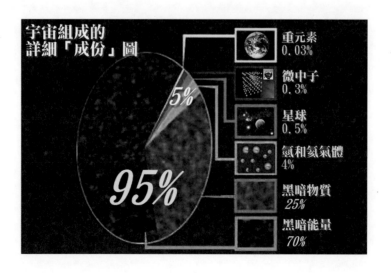

　　科學家近年來積極的研究「暗物質」與「暗能量」，但巧合的是科學家往往在繪製「暗物質、暗能量」時都以「藍色」標示，這與佛典在說「宇宙世界」時常用的「海」字「顏色」竟然是相同。例如 2007 年 1 月 9 日的聯合報就刊出「**天文學的最大成就之一，宇宙「暗物質」完整現形！**」一文，裡面有完整圖形，所標示的「暗物質」就是「藍色」的。文章報導略介如下：

> 美國科學家利用哈伯太空望遠鏡，把看不見的「暗物質」（dark matter）繪成立體圖，讓暗物質具體呈現在世人眼前。新研究證實，宇宙大霹靂之後，「暗物質」分布後才有星系的形成。
>
> 「暗物質」不發出光或電磁輻射，人類目前只能透過「引力」產生的效應，得知宇宙中有「大量暗物質」存在。科學家以往只能模擬暗物質的情況，加州理工學院教授麥西領導的團隊，以「弱引力透鏡」觀測法研究「暗物質」，運用哈伯太空望遠鏡觀測五十萬個遙遠星系一千個小時，繪出「暗物質」面貌。（註40）

　　如下圖形：

---

40 資料及圖示皆詳見網路 http://www.wretch.cc/blog/fsj/5798672。

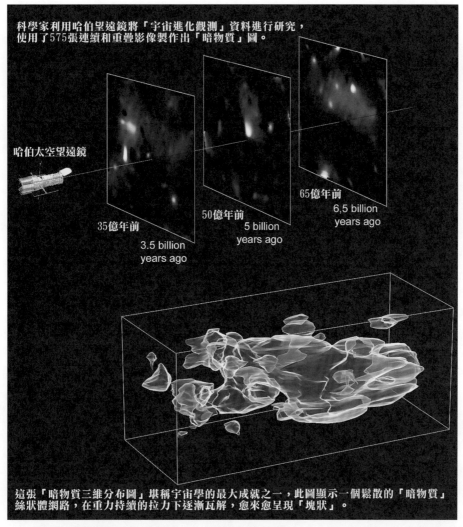

科學家利用哈伯望遠鏡將「宇宙進化觀測」資料進行研究，使用了575張連續和重疊影像製作出「暗物質」圖。

哈伯太空望遠鏡

35億年前
3.5 billion
years ago

50億年前
5 billion
years ago

65億年前
6,5 billion
years ago

這張「暗物質三維分布圖」堪稱宇宙學的最大成就之一，此圖顯示一個鬆散的「暗物質」絲狀體網路，在重力持續的拉力下逐漸瓦解，愈來愈呈現「塊狀」。

《大方廣佛華嚴經・卷第八・華藏世界品第五之一》在介紹「世界種」皆依何而住之後；接著又介紹「世界種」的二十種造形，為了方便閱讀，已於經文前面加上數字符號標示，如經云：

諸佛子！彼一切「世界種」，

(1)或有作「須彌山形」。

(2)江河形。

(3)迴轉形。

(4)漩流形。

(5)輪輞形。

(6)壇墠形(指古代祭祀或會盟用的場地)。

(7)樹林形。

(8)樓閣形。

(9)山幢形。

(10)普方形。

(11)胎藏形。

(12)蓮華形。

(13)**佉勒迦形**（「佉勒迦」乃指「谷麥篅」的意思，為一種盛糧食的「圓囷」），

(14)眾生身形。

(15)雲形。

(16)諸佛相好形。

(17)圓滿光明形。

(18)種種珠網形。

(19)一切門闥形。

(20)諸莊嚴具形……如是等，若廣說者，有世界海微塵數。（註41）

　　底下將試著把這 20 種不同造形的「世界種」以哈勃望遠鏡所拍的「宇宙星系、星雲、星團」作比較，所有的圖片均來自於 http://photojournal.jpl.nasa.gov/Help/ImageGallery.html 網站，故底下不再說明出處。

---

41 《大正藏》第十冊頁 42 上。

(1)須彌山形

NGC 2346↓

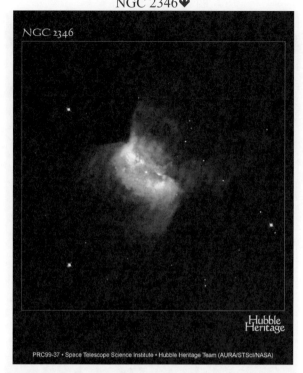

(2)江河形

HH-34↓

(3)迴轉形
UGC 10214 HST⬇

(4)漩流形
M 101⬇

(5)輪輞形

M104↓

(6)壇墠形

HD 44179↓

(7)樹林形

NGC6514⬇

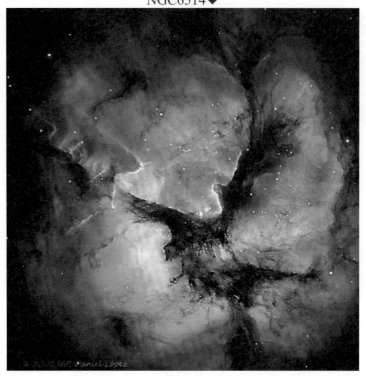

(8)樓閣形

G111.7-2.1⬇

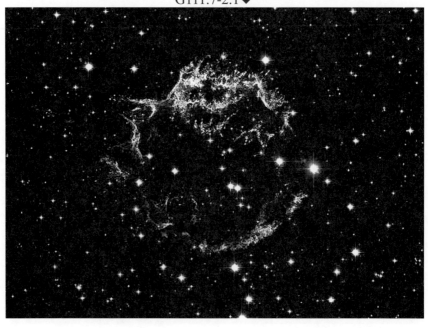

(9)山幢形

IC 1396⬇

(10)普方形

IC 4406⬇

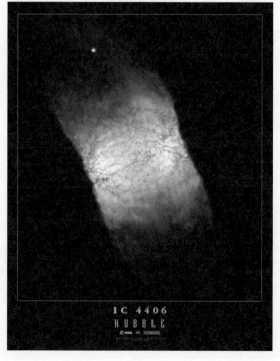

(11)胎藏形

V838⬇

(12)蓮華形

PKS285-02⬇

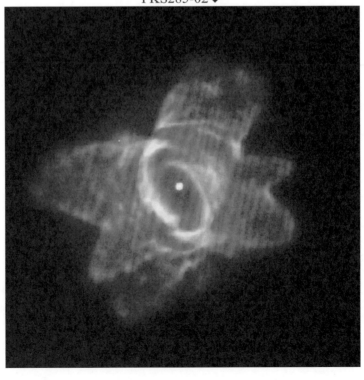

(13)佉勒迦形

NGC 6369⬇

(14)眾生身形

ESO 593-IG 008(宇宙飛鳥)⬇

The Cosmic Bird

ESO Press Photo 54a/07 (21 December 2007)

(15)雲形

NGC 1952 ↓

(16)諸佛相好形

SN 1987A↓

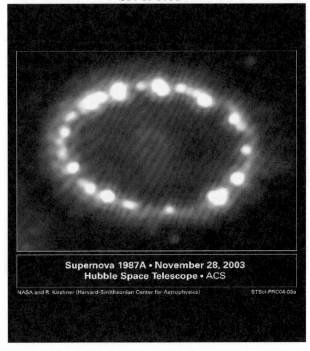

(16)諸佛相好形

heic0312↓

(17)圓滿光明形

NGC 6397↓

(18)種種珠網形

NGC 6960⬇

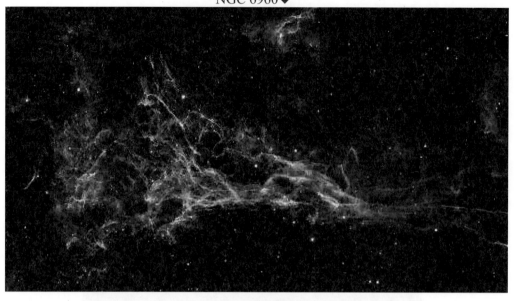

(18)種種珠網形

NGC 6537⬇

(19)一切門闥形
Gomez＇s Hamburger⬇

(20)諸莊嚴具形
「萬花筒」星系⬇

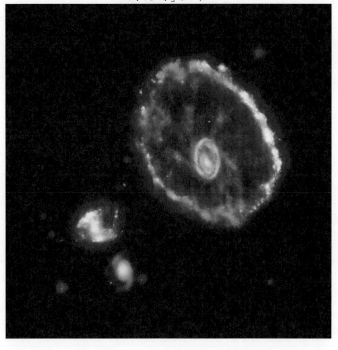

　　以上二十張「星系、星雲、星團……」圖片均以原始的英文名稱標示，所配對的《華嚴》經文也只是採「大略」的比對法(亦即「僅供參考」)，因為同一編號的宇宙圖片因拍攝的角度不同，也會呈現不同的影像；而且同一張編號的圖也有不同的「中文」稱呼，所以這二十張宇宙圖與經文的配對並非是100%完全相同的。況且當哈勃望遠鏡補抓到這些星系時都已是「過去式」了，很多都已「不存在」了；因為這些星系要「傳送」到地球人的眼裡，至少要經歷數千萬年，甚至數千億年的「光景」，所以這些宇宙星系只能說是「美麗的過去式」而已。

　　其實《華嚴經》上不只說到這二十種「世界種」造形而已，若要再加上其餘「世界」的造形，經整理後，總共應有六十八種之多。筆者搜集宇宙天文圖片達上千張，這六十八種「世界」造形都可找到相對應的圖形，礙於本文篇幅，故不再附上圖片。底下僅將這六十八種造形製表如下：

(1)須彌山形	(2)江河形	(3)迴轉形	(4)漩流形 (香水漩流形)
(5)輪輻形	(6)壇墠形	(7)樹林形(眾樹形)	(8)樓閣形(樓觀形)
(9)山幢形	(10)普方形	(11)胎藏形	(12)蓮華形
(13)佉勒迦形	(14)眾生身形	(15)雲形	(16)諸佛相好形
(17)圓滿光明形	(18)種種珠網形	(19)一切門闥形	(20)諸莊嚴具形
(21)摩尼寶形	(22)師子座形	(23)八隅形	(24)摩尼蓮華形
(25)普方形有隅角	(26)四方形	(27)因陀羅網形 (帝網形)	(28)梵天身形
(29)半月形	(30)華旋形	(31)虛空形	(32)執金剛形
(33)卐字形	(34)龜甲形	(35)珠瓔形	(36)寶華旋布形
(37)寶莊嚴具	(38)尸羅幢形	(39)周圓形	(40)金剛形
(41)摩尼寶輪形	(42)三角形	(43)寶燈行列形	(44)廣大城廓形
(45)四洲形	(46)阿脩羅身形	(47)旋遶形	(48)天主髻形
(49)佛掌形	(50)寶輪形	(51)摩尼色眉間毫相形(佛毫相形)	(52)周迴形有無量角
(53)眞珠藏形	(54)欄楯形	(55)寶身形	(56)珠貫形

(57)一切莊嚴具形	(58)佛手形	(59)香摩尼軌度形	(60)大海形
(61)座形	(62)摩尼山形	(63)日輪形	(64)香海旋形
(65)光明輪形	(66)焰山形	(67)師子形	(68)海蚌形

（三）「世界海」的宇宙論與科學觀

古人對於「世界海」的定義同前文所說一樣，難以讓現代人理解，如唐‧李通玄《新華嚴經論‧卷十三》云：「如先德釋云：三千大千世界，數至『恒沙』，爲一『世界海』」。（註42）。若以《華嚴經》的經文逐步對照，當可發現所謂一個「世界海」就是由 111 個「世界種」所組成的宇宙圖，這個宇宙圖就是指一個「世界海」的單位。如唐‧李通玄《新華嚴經論‧卷十三》云：

> 「世界種」中心有十一箇「世界種」，周圍有一百箇世界種，共有「一百一十一箇」世界種，如「天帝網」分布而住。（註43）

下面依唐‧實叉難陀(Śikṣānanda 652～710)譯《大方廣佛華嚴經‧卷第九‧華藏世界品第五之二》的經文內容，先討論右旋圍繞「普照十方熾然寶光明世界種」的 10 個「世界種」，爲了方便閱讀，已於經文前面加上數字符號標示，經云：

> 爾時，普賢菩薩復告大眾言：
> (1)諸佛子！此「無邊妙華光香水海」東，次有香水海，名「離垢焰藏」；出大蓮華，名「一切香摩尼王妙莊嚴」；有「世界種」而住其上，名「遍照剎旋」，以「菩薩行吼音」爲體。
> ……(下略)……
> (2)諸佛子！此「離垢焰藏香水海」南，次有香水海，名「無盡光明輪」；「世界種」名「佛幢莊嚴」；以「一切佛功德海音聲」爲體。
> ……(下略)……
> (3)諸佛子！此「無盡光明輪香水海」右旋，次有香水海，名「金剛寶焰光」；「世界種」名「佛光莊嚴藏」，以「稱說一切如來名音聲」爲體。
> ……(下略)……

42 《大正藏》第三十六冊頁 803 中。
43 《大正藏》第三十六冊頁 803 下。

(4)諸佛子！此「金剛寶焰香水海」右旋，次有香水海，名「帝青寶莊嚴」；「世界種」名「光照十方」，依「一切妙莊嚴蓮華香雲」住，「無邊佛音聲」爲體。
……(下略)……

(5)諸佛子！此「帝青寶莊嚴香水海」右旋，次有香水海，名「金剛輪莊嚴底」；「世界種」名「妙間錯因陀羅網」，「普賢智所生音聲」爲體。
……(下略)……

(6)諸佛子！此「金剛輪莊嚴底香水海」右旋，次有香水海，名「蓮華因陀羅網」；「世界種」名「普現十方影」，依「一切香摩尼莊嚴蓮華」住，「一切佛智光音聲」爲體。
……(下略)……

(7)諸佛子！此「蓮華因陀羅網香水海」右旋，次有香水海，名「積集寶香藏」；「世界種」名「一切威德莊嚴」，以「一切佛法輪音聲」爲體。
……(下略)……

(8)諸佛子！此「積集寶香藏香水海」右旋，次有香水海，名「寶莊嚴」；「世界種」名「普無垢」，以「一切微塵中佛刹神變聲」爲體。
……(下略)……

(9)諸佛子！此「寶莊嚴香水海」右旋，次有香水海，名「金剛寶聚」；「世界種」名「法界行」，以「一切菩薩地方便法音聲」爲體。
……(下略)……

(10)諸佛子！此「金剛寶聚香水海」右旋，次有香水海，名「天城寶堞」；「世界種」名「燈焰光明」，以「普示一切平等法輪音」爲體。(註44)

如下圖所示：

---

44 《大正藏》第十冊頁44上~48中。

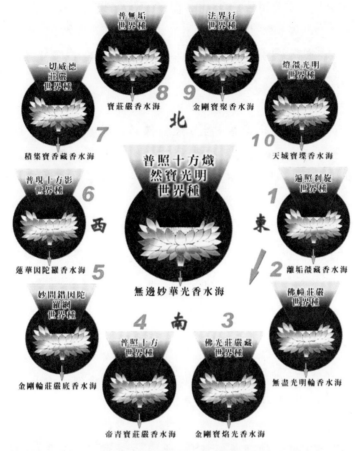

右旋圍繞「普照十方熾然寶光明世界種」的10個「世界種」示意圖

此圖為華藏莊嚴世界海中央十一個世界種安立圖，每一海皆為香水，故稱「香水海」。每一海中皆有殊勝大妙蓮花，妙蓮花上皆有二十重無量世界，叫世界種。右旋次第從東到南到西到北。

果濱 監製

　　由上圖可完整看出右旋圍繞「普照十方熾然寶光明世界種」的10個「世界種」，這就是整個「華藏世界海」中央總共11個「世界種」的構造圖，最中間是「普照十方熾然寶光明世界種」，其中第十三重就是我們「娑婆世界」所在之處。如《大方廣佛華嚴經・卷八・華藏世界品》云：

此上過佛剎微塵數世界，至此世界名「娑婆」，以「金剛莊嚴」爲際，依「種種色風輪所持蓮華網」住；狀如「虛空」，以「普圓滿天宮殿莊嚴虛空雲」而覆其上，十三佛剎微塵數世界周匝圍遶，其佛即是「毘盧遮那如來世尊」。

（註45）

　　第十三重既是「娑婆世界」，亦是「毘盧遮那如來」所教化的國土其中之一，也就是我們「娑婆世界」與「毘盧遮那如來」為同一層，均處在「華藏莊嚴世界海」中央「普照十方熾然寶光明世界種」中的第十三層，這在唐・實叉難陀(Śikṣānanda 652～710)譯《大方廣佛華嚴經・卷二十一》中有明確的經文說明：

> 從此命終，還即於此世界中生，經於佛剎極微塵數劫修行菩薩種種妙行，然後壽終，生此「華藏莊嚴世界海」中「娑婆世界」，值「迦羅鳩孫馱如來」，承事供養，令生歡喜，得三昧，名「離一切塵垢影像光明」。（註46）

　　接下來還要討論圍繞中央「普照十方熾然寶光明世界種」旁的 10 個「世界種」；其旁邊還各有 10 個「世界種」在圍繞著。唐・實叉難陀(Śikṣānanda 652～710)譯《大方廣佛華嚴經卷第十・華藏世界品第五之三》經文云：

> 爾時，普賢菩薩復告大眾言：
>
> ⑴
> (1)諸佛子！彼「離垢焰藏香水海」東，次有香水海，名「變化微妙身」；此海中，有「世界種」名「善布差別方」
>
> ……(下略)……
> (10)如是等不可說佛剎微塵數「香水海」，其最近「輪圍山」香水海，名「玻瓈地」；「世界種」名「常放光明」，以「世界海清淨劫音聲」爲體。
>
> ……(下略)……
> ⑵
> (1)諸佛子！彼「無盡光明輪香水海」外，次有「香水海」，名「具足妙光」；「世界種」名「遍無垢」。
>
> ……(下略)……
> (10)如是等不可說佛剎微塵數「香水海」，其最近「輪圍山」香水海，名「妙樹華」；「世界種」名「出生諸方廣大剎」，以「一切佛摧伏魔音」爲體
>
> ……(下略)……

---

45 《大正藏》第十冊頁 42 中。

46 《大正藏》第十冊頁 758 中。

$\boxed{3}$

$\boxed{4}$

$\boxed{5}$

$\boxed{6}$

$\boxed{7}$

$\boxed{8}$

$\boxed{9}$

$\boxed{10}$

(1)諸佛子！彼「天城寶堞香水海」外，次有「香水海」，名「焰輪赫奕光」；「世界種」名「不可說種種莊嚴」。

……(下略)……

(10)如是等不可說佛剎微塵數「香水海」，其最近「輪圍山」香水海，名「積集瓔珞衣」；「世界種」名「化現妙衣」，以「三世一切佛音聲」爲體。

……(下略)……（註47）

如下圖所示：(每一個瓶子 🌀 就代表一個「世界種」)

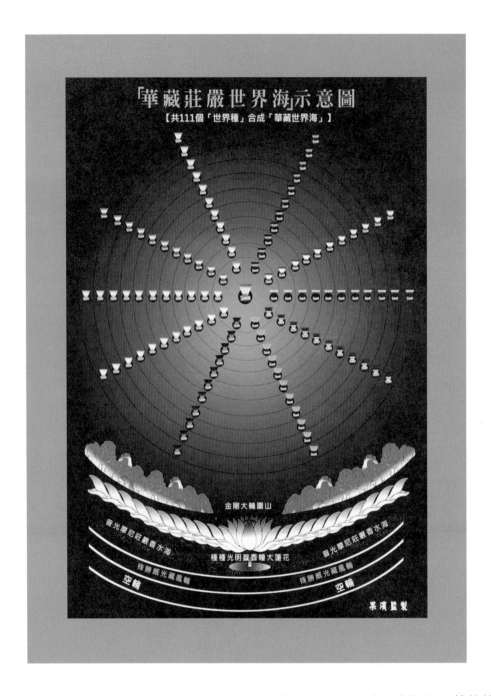

這樣由 111 個「世界種」所組成的宇宙圖就是一個「世界海」的單位,「華藏莊嚴世界海」的構造亦同如此。

前文中已說一個「世界種」約等於 2 千 100 億「恒星」(日),那麼 111 個「世界種」的數學表示是:

2331x10^{10} ($即$ 23 310 000 000 000)➔23 兆 3 千 1 百億的「小世界」。

　　再以我們所處的這個「銀河系」有 4 千億顆恒星來算，那麼一個「世界海」就是相類似「23 兆 3 千 1 百億」個「恒星」，則可進一步可推出 1 個「世界海」=約 60(實際為 58.275)個「銀河系」的數目。

（四）「華藏莊嚴世界海」的宇宙論與科學觀

　　「華藏莊嚴世界海」的名詞稱呼在經典上略有不同，計有「華藏世界、藏世界、蓮花藏世界、蓮花臺藏世界海、蓮花藏世界海」……等。下舉經典資料，製表如下：

經典名稱	內容	稱呼
《大方廣佛華嚴經·卷八·華藏世界品》	種種方便示調伏，普應群心無不盡。「華藏世界」所有塵，一一塵中見法界，寶光現佛如雲集，此是如來剎自在。（註48）	華藏世界
《大方廣佛華嚴經·卷三》	爾時，普賢菩薩欲分別開示故，告一切眾言：諸佛子！當知此「蓮華藏世界海」是盧舍那佛本修菩薩行時，於阿僧祇世界微塵數劫之所嚴淨，於一一劫恭敬供養世界微塵等如來一一佛所，淨修世界海微塵數願行。（註49）	蓮華藏世界海
《清淨法身毘盧遮那心地法門成就一切陀羅尼三種悉地·卷一》	爾時毘盧遮那佛在「蓮花藏世界」，與百千億化身釋迦牟尼佛，說心地尸羅淨行品，教菩薩法，證菩提道。（註50）	蓮花藏世界
《大乘瑜伽金剛性海曼殊室利千臂千缽大教王經·卷六》	如來於法界性海中，現百寶「蓮花臺藏世界」，其臺座上，周遍有千葉，一葉一世界，為千世界，我化為「千釋迦」，據	蓮花藏世界

---

48 《大正藏》第十冊頁 39 中。
49 《大正藏》第九冊頁 412 上。
50 《大正藏》第十八冊頁 776 下。

	千世界……在「蓮花藏世界」寶座上坐寶蓮花。(註51)	
《梵網經・卷二》	爾時千花上佛千百億釋迦，從「蓮花藏世界」赫赫師子座起，各各辭退，舉身放不可思議光。(註52)	蓮花藏世界
《金剛頂經金剛界大道場毘盧遮那如來自受用身內證智眷屬法身異名佛最上乘祕密三摩地禮懺文・卷一》	南謨盡十方「蓮花藏世界海」不可說、不可說微塵剎土海會中。(註53)	蓮花藏世界海
《大乘瑜伽金剛性海曼殊室利千臂千缽大教王經・卷七》	毘盧遮那同共住「蓮花臺藏世界海」，其臺周遍有千葉，一葉一世界爲千世界。(註54)	蓮花臺藏世界海

《大方廣佛華嚴經・卷第十・華藏世界品第五之三》在介紹完 111 個「世界種」之後，經文接著說：

此一一「世界種」中，一切世界依「種種莊嚴」住，遞相接連，成「世界網」；於「華藏莊嚴世界海」(由111個「世界種」構成)種種差別，周遍建立。(註55)

經文中所說的「世界網」是指「世界海」之間的 111 個「世界種」彼此可以互相貫通往來，如唐・澄觀《大方廣佛華嚴經疏・卷十二》云：『「世界網」者，一一世界，猶如『網孔』遞相接』。(註56)《梵網經・卷二》亦說：『時佛觀諸大梵天王網羅幢因爲說『無量世界』猶如『網孔』，一一世界，各各不同，別異無量』。(註57) 這種貫穿他方世界的「網孔」字眼；與現代科學家所提的「蟲洞 Wormhole」(註58) 理論幾乎相似。如英國著名的物理學家史蒂芬·霍金(Stephen William Hawking 1942～)，在他的《時間簡史》第十章「蟲洞和時間旅行」就說：

---

51 《大正藏》第二十冊頁 754 中。
52 《大正藏》第二十四冊頁 1003 中。
53 《大正藏》第十八冊頁 336 下。
54 《大正藏》第二十冊頁 754 中。
55 《大正藏》第十冊頁 51 中。
56 《大正藏》第三十五冊頁 582 中。
57 《大正藏》第二十四冊頁 1003 下。
58 蟲洞(Wormhole)，又稱愛因斯坦·羅森橋，是宇宙中可能存在的連接兩個不同時空的狹窄隧道。「蟲洞」是 1916 年奧地利物理學家首次提出的概念，1930 年代由愛因斯坦及納森·羅森在研究引力場方程時假設，認爲透過「蟲洞」可以做瞬時間的空間轉移或者做時間旅行。

人們也許可以把時空捲曲起來，使得 A 和 B 之間有一近路。在 A 和 B 之間創造一個「蟲洞」就是一個法子。顧名思義，「蟲洞」就是一個時空細管，它能把兩個幾乎平坦的相隔遙遠的區域連接起來……因此，「蟲洞」正和其他可能的超光速旅行方式一樣，允許人們往過去旅行。（註59）

圖解如下：

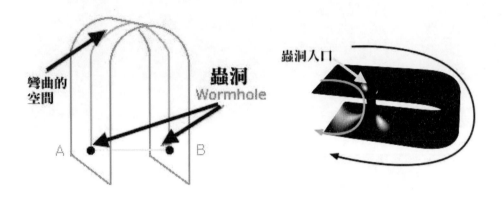

我們可以透過佛經上所說的「網孔」及科學家所提的「蟲洞」理論，進而串連整個宇宙「世界海」。在《大方廣佛華嚴經・卷三十七》上還說，凡是菩薩住「第七地」者，皆可入無量眾生界去教化眾生，亦可入無量的「世界網」（註60）而至無量佛國土。這顯然是「七地菩薩」所為，並非凡夫能做到；但若能以科學的「蟲洞」理論來輔助解說，就能了解佛經中的「入無量世界網」境界並非是遙不可及的「神話」了。

現代天文科學家已將整個宇宙世界製作出影相藍圖，結果這樣的宇宙圖竟然與《華嚴經》所說「遞相接連」（註61）而成的「世界網」相同。如隋・杜順(557～640)說《華嚴五教止觀》云：「帝網天珠，重重無盡之境界」（註62）。

59 史蒂芬・霍金著，許明賢、吳忠超譯：《時間簡史》，湖南科學技術出版社。2001 年 3 月第 2 版第 21 次印刷。

60 《大方廣佛華嚴經・卷三十七》云：「佛子！菩薩摩訶薩住此第七地已，入無量眾生界，入無量諸佛教化眾生業，入『無量世界網』，入無量諸佛清淨國土」。《大正藏》第十冊頁 196 中。同樣的經文亦見《佛說十地經・卷五》云：「菩薩住此第七地中，入於無量諸有情界，入於無量諸佛世尊，成就調伏有情之業，入於無量諸『世界網』，入於無量諸佛世尊佛剎清淨」。詳《大正藏》第十冊頁 556 上。

61 《大正藏》第十冊頁 51 中。

62 《大正藏》第四十五冊頁 1867 上。

　　下面再附上由 DISCOVERY 於 1999 年播出於「宇宙之旅」中的視頻擷圖：（註 *63*）

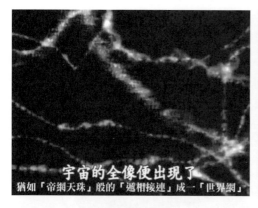 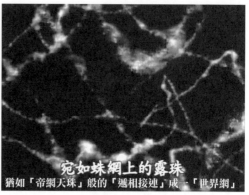

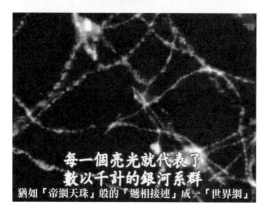

　　從視頻擷圖中可以看出整個宇宙就像「蛛網」上的露珠灑在虛空中，這種圖像就如唐・<u>法藏</u>述《華嚴經探玄記》云：「**帝釋網天珠明徹，互相影現、影復，現影而無窮盡**」，亦如唐・<u>澄觀</u>《大方廣佛華嚴經疏・卷十二》所云：「**帝網者……謂帝釋殿網，貫天珠成**」。（註*64*）

　　佛經上所說「**世界網、網孔、帝網天珠**」之說，竟與現代天文科學有著驚人的相似。

（五）圍繞「華藏莊嚴世界海」之十個世界海的宇宙論與科

---

63 擷圖詳於 DISCOVERY「宇宙之旅」第 48 分 15 秒處。台北協和國際於 1999 年發行。
64 《大正藏》第三十五冊頁 1735 中。

學觀

　　《華嚴經》上除了在「華藏世界品」中宣說「華藏莊嚴世界海」外，另在「如來現相品」中還談到圍繞在「華藏莊嚴世界海」外的十個「世界海」，本文底下就繼續探討所謂的「十方世界海」宇宙論與科學觀。為了方便閱讀，已於經文前面加上數字符號標示，唐・實叉難陀《大方廣佛華嚴經・卷第六・如來現相品第二》云：

　　又「十方世界海」，一切諸佛皆為諸菩薩說世界海、眾生海、法海、安立海……所謂：

(1)此「華藏莊嚴世界海」東，次有「世界海」，名「清淨光蓮華莊嚴」。彼「世界種」中，有國土名「摩尼瓔珞金剛藏」，佛號「法水覺虛空無邊王」。

　　……(下略)……

(2)此「華藏世界海」南，次有「世界海」，名「一切寶月光明莊嚴藏」。彼「世界種」中，有國土名「無邊光圓滿莊嚴」，佛號「普智光明德須彌王」。

　　……(下略)……

(3)此「華藏世界海」西，次有「世界海」，名「可愛樂寶光明」。彼「世界種」中，有國土名「出生上妙資身具」，佛號「香焰功德寶莊嚴」。

　　……(下略)……

(4)此「華藏世界海」北，次有「世界海」，名「毘瑠璃蓮華光圓滿藏」。彼「世界種」中，有國土名「優鉢羅華莊嚴」，佛號「普智幢音王」。

　　……(下略)……

(5)此「華藏世界海」東北方，次有「世界海」，名「閻浮檀金玻瓈色幢」。彼「世界種」中，有國土名「眾寶莊嚴」，佛號「一切法無畏燈」。

　　……(下略)……

(6)此「華藏世界海」東南方，次有「世界海」，名「金莊嚴瑠璃光普照」。彼「世界種」中有國土，名「清淨香光明」，佛號「普喜深信王」。

　　……(下略)……

(7)此「華藏世界海」西南方，次有「世界海」，名「日光遍照」。彼「世界種」中，有國土名「師子日光明」，佛號「普智光明音」。

　　……(下略)……

(8)此「華藏世界海」西北方，次有「世界海」，名「寶光照耀」。彼「世界種」

中，有國土名「眾香莊嚴」，佛號「無量功德海光明」。

……(下略)……

(9)此「華藏世界海」下方，次有「世界海」，名「蓮華香妙德藏」。彼「世界種」中，有國土名「寶師子光明照耀」，佛號「法界光明」。

……(下略)……

(10)此「華藏世界海」上方，次有「世界海」，名「摩尼寶照耀莊嚴」。彼「世界種」中，有國土名「無相妙光明」，佛號「無礙功德光明王」。(註65)

如下圖所示：

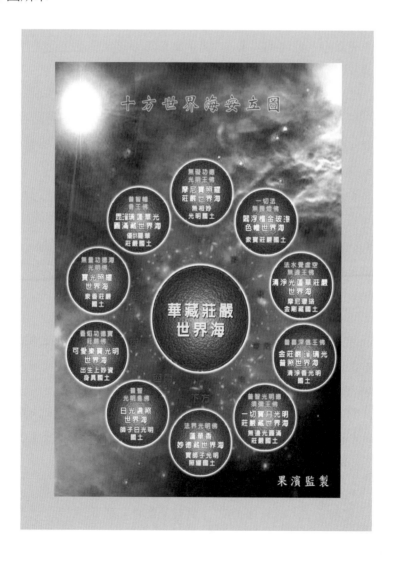

---

65 以上經文詳見《大正藏》第十冊頁 26 上~28 下。

　　前文已說過一個「世界海」約相當於 60 個「銀河系」，故中央「華藏莊嚴世界海」加上周圍 10 個「世界海」，總共有 11 個「世界海」，全部算起來是 660 個「銀河系」，這對於整個宇宙的「銀河系」數量來說，還算是很少的。如 DISCOVERY 於 2005 年 6 月播出的「新新科學觀：外星生物」中就說道：

> 現在當我們為宇宙繪圖時，我們為目前所知的空白穹蒼加入了半科學、半揣想的生物，我們稱它們為外星生物。宇宙可能有「500 億」個「銀河系」，而每個銀河系都有「數千億顆」恆星。這表示宇宙中的恆星比地球海灘上的沙粒還多，如果說地球是唯一存有智慧生物的一粒沙的話，這觀點實在太特別了，使得天文學家不得不存疑。

　　影片中說最少有 500 億個「銀河系」，然而在 2010 年 4 月上映的「與霍金一起瞭解宇宙(Discovery Channel HD Into the Universe With Stephen Hawking)」的「外星人」篇中，霍金(Stephen William Hawking 1942～)宣稱宇宙中至少有 1000 億的「銀河系」。那圍繞「華藏莊嚴世界海」加上周圍 10 個「世界海」也只有 660 個「銀河系」，這樣的數字仍在整個宇宙的數字之內。如果我們再以 1000 億個「銀河系」下去算，那就可推出宇宙至少有 16 億多個「世界海」。

　　下面附上「新新科學觀：外星生物」視頻擷圖：

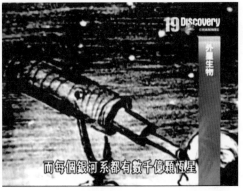

　　底下是「與霍金一起瞭解宇宙(Discovery Channel HD Into the Universe With Stephen Hawking)」視頻擷圖：

大家好 我是史提芬‧霍金

我們只是宇宙「1000億」個「銀河系」星系中的其中一個

在《大方廣佛華嚴經卷第六‧如來現相品第二》中，經文最末「**精進力無礙慧菩薩**」在說完偈頌後，佛以如下開示作結，如云：

> 如此四天下道場中，以佛神力，十方各有「一億」世界海微塵數諸菩薩眾而來集會；應知一切「世界海」、一一「四天下」(四大部洲天下)諸道場中，悉亦如是。(註66)

經文出現了「一億」個「世界海」塵數諸菩薩眾來此集會，聽佛說法。一億「世界海」有究竟有多少？一個「世界海」約 60 個「銀河系」，那一億世界海是 60 億個「銀河系」，這樣的數字還是在目前宇宙 1000 億「銀河系」的總數之內啊！

---

66 《大正藏》第十冊頁 32 下。

三、結論

　　本文以《華嚴經》文義結合宇宙科學新知及圖表、影片來重新詮釋「世界種、世界海、華藏世界海」的構造，相信可讓人更深入了解「華藏莊嚴世界」的完整架構，這對沒有科技的佛陀時代來說，釋迦佛能對宇宙做如此清楚的描述是非常驚人及不可思議的。

　　內文曾提到我們目前所能「觀測」到的宇宙只有 0.5%的「可見星系」，另有 95%是不可「直接」觀測到的物質世界，所以縱使「華藏世界」中的「一億世界海」(60億銀河系)；若以「可觀測」來說的話，它仍然在我們所討論的可見「0.5%星系」內而已，這樣整個浩瀚的所有宇宙星系將是「不可思議」的境界。其實不可「直接」觀測的 95%物質世界；在佛經中也有提到「類似」的經文，如《雜阿含經·卷第十六》云：

　　　爾時世尊告諸比丘：如日遊行，照諸世界，乃至千日、千月……是名「小千世界」。此(小)千世界，中間「闇冥」，日月光照，有大德力，而彼(凡夫眾生)不見。其有眾生，生彼中者，不見(無法知見)自身分。（註67）

在《方廣大莊嚴經·卷第二》亦云：

　　　世界中間「幽冥」之處，「日月」威光所不能照，而皆「大明」。其中眾生各得相見，咸作是言：云何此中忽生「眾生」？（註68）

《過去現在因果經·卷第一》也指出：

　　　三千大千世界，常皆大明，其界中間「幽冥」之處，日月威光所不能照，亦皆朗然。其中眾生各得「相見」，共相謂言：此中云何忽生眾生？（註69）

---

67 《大正藏》第二冊頁 111 下。
68 《大正藏》第三冊頁 547 下。
69 《大正藏》第三冊頁 624 中。

經典皆以「闇冥」或「幽冥」字眼描述，類似這樣的經文非常多，不再例舉。有趣的是這些地方是「有眾生」在住的，只是彼此間「互相不能見」而已。而目前科學家也陸續發現宇宙中不可「直接」觀測到的「暗星系（註70）、屬暗物質的矮星系（註71）、反物質星系（註72）……」等，還有世界科學界最熱門話題的「平行宇宙」(parallel universes)（註73）、「平行世界」(parallel world)和「多重宇宙」(multiverse)；甚至天文望遠鏡哈勃(Hubble Space Telescope)與克卜勒(Kepler space telescope)每天都不斷的在發現「全新的物質」（註74）。故《華嚴經》上有「十大數」（註75）的名相之說，如《大方廣佛華嚴經‧卷第二十八》云：

> 如是等「百世界、千世界、百千世界、億世界、百億世界、千億世界、百千億世界」，乃至「百千億那由他」世界，廣說乃至不可說、不可說「佛剎微塵數」世界眾生，悉能分別知其心念。
>
> 亦知東方「一、十、百、千、萬、億、那由他、無數、無量、無邊、無等、不可數、不可稱、不可思、不可量、不可說(anabhilāpya)、不可說不可說(anabhilāpya anabhilāpya)」諸世界中，所有眾生及諸賢聖言辭、心想、行願、

---

70 「暗星系」是指一種含很少恆星（甚至沒有）的星系級的天體，一般認為它們是由「暗物質」構成，且這些物質也會如同一般星系一樣繞著星系核心旋轉，而它們可能含有一些氣體（例如氫），因此它們能藉由無線電波的波段來偵測它們的存在。目前我們已發現的「暗星系」有：❶Cl 0024+17 (或稱為 ZwCl 0024+1652)。❷HVC 127-41-330。❸VIRGOHI21。❹HE0450-2958。❺Segue 1。❻UGC 10214……等。

71 最近發現 NGC 5291 碰撞後的殘餘物質形成三個有「暗物質」的「矮星系」。以上參考資料：http://www.nrao.edu/pr/2007/darkdwarfs/。另 2009 年 3 月 17 日中研院天文網亦刊出英仙座星系團 Abell 426 內的 29 個橢圓具有暗物質的「矮星系」。以上參考資料：http://asweb.asiaa.sinica.edu.tw/modules/news/article.php?storyid=126。

72 科學家稱「反物質星系」是由中子星和黑洞所撕裂的「恒星」所產生的，例加 2009 年 06 月 23 日中國經濟網綜合刊出超新星「SN 2005E」不斷地釋放出大量的「反物質」粒子，是宇宙中奇特的「反物質」工廠。以上參考資料 http://sci.ce.cn/yzdq/yz/yzxw/200906/23/t20090623_19374874.shtml。

73 人類早於 1954 年，一名年輕的美國普林斯頓大學博士研究生休 埃維雷特三世(Hugh Everett III)就提出了這個大膽的理論：人類世界存在著「平行宇宙」。結果經過半個世紀的研究和探索，美國科學家已逐步證明「平行宇宙」的存在。

74 2010/01/05【台灣醒報記者陳怡竹綜合報導】--「克卜勒」望遠鏡發現太空「全新的物質」--。內容說：美國太空總署的克卜勒太空望遠鏡，日前發現了兩個未知的天體，它們既非行星，也非恆星，因為它們比行星還熱，比恆星還小……美國太空總署的天體物理學者莫爾斯表示：宇宙不停地在製造一些超乎我們想像的物質」。以上參考資料 http://news.msn.com.tw/news1549115.aspx。

75 《大方廣佛華嚴經‧卷四十五‧阿僧祇品第三十》云：「爾時，心王菩薩白佛言：世尊！諸佛如來演說①阿僧祇、②無量、③無邊、④無等、⑤不可數、⑥不可稱、⑦不可思、⑧不可量、⑨不可說、⑩不可說不可說」。《大正藏》第十冊頁 237 中。

地位微細祕密。（註76）

　　宇宙名相、名數總有窮盡，科學能力亦有無法突破之處，到最後仍需會歸「一眞法界」的「性空」之理。唐·<u>李通玄</u>《新華嚴經論·卷第二》就提出：「十方世界『一眞性海』，大智圓周爲國土境界，總爲性海，爲『一眞法界』」。（註77）唐·<u>善無畏</u>(Śubhakara-siṃha 637～735)《金剛頂經毘盧遮那一百八尊法身契印》亦詳細說：

　　　佛告<u>金剛密菩薩摩訶薩</u>……一切如來……同一法性、「一眞法界」、一味如如，不來不去，無相無爲，清淨法身，照圓寂海……恒沙功德不可算，廣度眾生無限極。「人空、法空、自性空」，「一眞法界」本來「空」。（註78）

如下圖所示：

一 眞 法 界 示 意 圖

76　《大正藏》第十冊頁 685 上。
77　《大正藏》第三十六冊頁 730 上。
78　《大正藏》第十八冊頁 335 上。

　　佛典上常說「**色不離空，空不離色，色即是空，空即是色**」（註79），故「**一真法界**」可隨「眾因緣」及「萬法唯心」而變現出真實的「華藏世界海」；而「華藏世界海」亦可隨「眾因緣」而終歸「性空」而幻滅。

　　無論我們從佛典或科學天文角度去研究「多變不可測」及「無常」的宇宙，這種「**有爲法如夢幻泡影（註80）**」及「**萬法唯心、色即是空**」的觀點是探討佛典宇宙及科學宇宙上不可或缺的真理。

---

79 語出《大般若波羅蜜多經・卷四》。《大正藏》第五冊頁 17 下。
80 語出《金剛般若波羅蜜經》。《大正藏》第八冊頁 752 中。

參考書目

1. 唐‧實叉難陀譯《大方廣佛華嚴經》。八十卷。《大正藏》第十冊。

2. 東晉‧佛馱跋陀羅譯《大方廣佛華嚴經》。六十卷。《大正藏》第九冊。

3. 元‧普瑞集《華嚴懸談會玄記卷第十二》。四十卷。《續藏經》第十二冊。

4. 明‧道通《華嚴經吞海集》。三卷。《續藏經》第十二冊。

5. 唐‧法藏《華嚴經探玄記》。二十卷。《大正藏》第三十五冊。

6. 唐‧澄觀《大方廣佛華嚴經疏》。六十卷。《大正藏》第三十五冊。

7. 唐‧李通玄《新華嚴經論》。四十卷。《大正藏》第三十六冊。

8. 明‧仁潮集錄《法界安立圖》。六卷。CBETA 版。卍續藏第五十七冊。

9. 格林(BrianGreene)著，李泳譯：《宇宙的琴弦》，湖南科學技術出版社。2007 年 06 月。

10. 史蒂芬‧霍金著，許明賢、吳忠超譯：《時間簡史》，湖南科學技術出版社。2001 年 3 月第 2 版第 21 次印刷。

11. 谷口義明著，林志隆譯：《不可思議的銀河》，世茂出版社。2001 年 12 月。

12. 陳琪瑛：《華嚴經‧入法界品：空間美感的當代詮釋》，台北法鼓出版社。2007 年 09 月 01 日。

13. 龍樹菩薩釋，迦色編著：《圖解華嚴經：讀懂經中之王》。陝西師範大學出版社。2008 年 04 月 01 日。

14. 李水根、趙翔鵬編著：《二維和高維空間的分形圖形藝術》。中國大陸科學出版社。2009 年 1 月 1 日發行。

15. 釋天蓮《八十華嚴經‧華藏世界品》之探究。台北華嚴專宗學院大學部第七屆畢業論文。1999、6。

16. 李治華「華藏世界安立圖象新詮」。台北《華嚴專宗學院佛學研究所論文集七》。

《華嚴經・華藏世界品》全文解析

唐・實叉難陀譯《大方廣佛華嚴經・卷第八・華藏世界品第五之一》

爾時，普賢菩薩復告大眾言：諸佛子！此「華藏莊嚴世界海」，是毘盧遮那如來往昔於「世界海」微塵數劫修菩薩行時，一一劫中親近「世界海」微塵數佛，一一佛所淨修「世界海」微塵數大願之所嚴淨。

諸佛子！此「華藏莊嚴世界海」，有「須彌山」微塵數「風輪」所持。

(1)其最下風輪，名「平等住」，能持其上「一切寶焰熾然莊嚴」。

(2)次上風輪，名「出生種種寶莊嚴」，能持其上「淨光照耀摩尼王幢」。

(3)次上風輪，名「寶威德」，能持其上「一切寶鈴」。

(4)次上風輪，名「平等焰」，能持其上「日光明相摩尼王輪」。

(5)次上風輪，名「種種普莊嚴」，能持其上「光明輪華」。

(6)次上風輪，名「普清淨」，能持其上「一切華焰師子座」。

(7)次上風輪，名「聲遍十方」，能持其上「一切珠王幢」。

(8)次上風輪，名「一切寶光明」，能持其上「一切摩尼王樹華」。

(9)次上風輪，名「速疾普持」，能持其上「一切香摩尼須彌雲」。

(10)次上風輪，名「種種宮殿遊行」，能持其上「一切寶色香臺雲」。

(11)諸佛子！彼須彌山微塵數風輪，最在上者，名「殊勝威光藏」，能持「普光摩尼莊嚴香水海」；此「香水海」有大蓮華，名「種種光明蘂香幢」。

(12)「華藏莊嚴世界海」，住在其中，四方均平，清淨堅固；「金剛輪山」，周匝圍遶；地海眾樹，各有區別。

「華藏莊嚴世界」底下11重「風輪」示意圖

普照十方
熾燃寶光明
世界種

一切香摩尼王
莊嚴大蓮花

→ 無邊妙華光香水海

種種光明蕊香幢大蓮花

金剛大輪圍山

普光摩尼莊嚴香水海

最上

第11重

第10重　殊勝威光藏風輪

一切寶色香臺雲

第9重　種種寶殿遊行

一切香摩尼須彌雲

第8重　速疾普持風輪

一切摩尼王樹華

第7重　一切寶光明風輪

一切珠王幢

第6重　聲遍十方風輪

一切華燄師子座

第5重　普清淨風輪

光明輪華

第4重　種種普莊嚴風輪

日光明相摩尼王輪

第3重　平等燄風輪

一切寶鈴

第2重　寶威德風輪

淨光照耀摩尼王輪

第1重　出生種種寶莊嚴風輪

一切寶燄熾燃莊嚴

平等住風輪

是時，普賢菩薩欲重宣其義，承佛神力，觀察十方而說頌言：

世尊往昔於諸有，微塵佛所修淨業，故獲種種寶光明，華藏莊嚴世界海。
廣大悲雲遍一切，捨身無量等剎塵，以昔劫海修行力，今此世界無諸垢。
放大光明遍住空，風力所持無動搖，佛藏摩尼普嚴飾，如來願力令清淨。
普散摩尼妙藏華，以昔願力空中住，種種堅固莊嚴海，光雲垂布滿十方。
諸摩尼中菩薩雲，普詣十方光熾然，光焰成輪妙華飾，法界周流靡不遍。
一切寶中放淨光，其光普照眾生海，十方國土皆周遍，咸令出苦向菩提。
寶中佛數等眾生，從其毛孔出化形，梵主帝釋輪王等，一切眾生及諸佛。
化現光明等法界，光中演說諸佛名，種種方便示調伏，普應群心無不盡。
華藏世界所有塵，一一塵中見法界，寶光現佛如雲集，此是如來剎自在。
廣大願雲周法界，於一切劫化群生，普賢智地行悉成，所有莊嚴從此出。

爾時，普賢菩薩復告大眾言：
(1)諸佛子！此「華藏莊嚴世界海」大輪圍山，住「日珠王蓮華」之上。
(2)「栴檀摩尼」以為其身，
(3)「威德寶王」以為其峯，
(4)「妙香摩尼」而作其輪，
(5)「焰藏金剛」所共成立，
(6)一切「香水」流注其間，
(7)「眾寶」為林，「妙華」開敷，
(8)「香草」布地，「明珠」間飾，
(9)種種「香華」處處盈滿，
(10)「摩尼」為網，周匝垂覆。
如是等，有「世界海」微塵數眾妙莊嚴。

爾時，普賢菩薩欲重宣其義，承佛神力，觀察十方而說頌言：

世界大海無有邊，寶輪清淨種種色，所有莊嚴盡奇妙，此由如來神力起。
摩尼寶輪妙香輪，及以真珠燈焰輪，種種妙寶為嚴飾，清淨輪圍所安住。
堅固摩尼以為藏，閻浮檀金作嚴飾，舒光發焰遍十方，內外映徹皆清淨。
金剛摩尼所集成，復雨摩尼諸妙寶，其寶精奇非一種，放淨光明普嚴麗。
香水分流無量色，散諸華寶及栴檀，眾蓮競發如衣布，珍草羅生悉芬馥。
無量寶樹普莊嚴，開華發藥色熾然，種種名衣在其內，光雲四照常圓滿。
無量無邊大菩薩，執蓋焚香充法界，悉發一切妙音聲，普轉如來正法輪。
諸摩尼樹寶末成，一一寶末現光明，毘盧遮那清淨身，悉入其中普令見。
諸莊嚴中現佛身，無邊色相無央數，悉往十方無不遍，所化眾生亦無限。
一切莊嚴出妙音，演說如來本願輪，十方所有淨剎海，佛自在力咸令遍。

爾時，普賢菩薩復告大眾言：諸佛子！此世界海「大輪圍山」內所有「大地」，

(1)一切皆以「金剛」所成，堅固莊嚴，不可沮壞；

(2)清淨平坦，無有高下；

(3)「摩尼」為輪，眾寶為藏；

(4)一切眾生，種種形狀；

(5)諸「摩尼」寶，以為間錯；

(6)散眾寶末，布以蓮華；

(7)香藏「摩尼」，分置其間；

(8)諸莊嚴具，充遍如雲，

(9)三世一切諸佛國土所有莊嚴而為校飾；

(10)「摩尼」妙寶以為其網，普現如來所有境界，如「天帝網」於中布列。

諸佛子！此「世界海」地，有如是等「世界海」微塵數莊嚴。

爾時，普賢菩薩欲重宣其義，承佛神力，觀察十方而說頌言：

> 其地平坦極清淨，安住堅固無能壞，摩尼處處以為嚴，眾寶於中相間錯。
> 金剛為地甚可悅，寶輪寶網具莊嚴，蓮華布上皆圓滿，妙衣彌覆悉周遍。
> 菩薩天冠寶瓔珞，悉布其地為嚴好，栴檀摩尼普散中，咸舒離垢妙光明。
> 寶華發焰出妙光，光焰如雲照一切，散此妙華及眾寶，普覆於地為嚴飾。
> 密雲興布滿十方，廣大光明無有盡，普至十方一切土，演說如來甘露法。
> 一切佛願摩尼內，普現無邊廣大劫，最勝智者昔所行，於此寶中無不見。
> 其地所有摩尼寶，一切佛剎咸來入，彼諸佛剎一一塵，一切國土亦入中。
> 妙寶莊嚴華藏界，菩薩遊行遍十方，演說大士諸弘願，此是道場自在力。
> 摩尼妙寶莊嚴地，放淨光明備眾飾，充滿法界等虛空，佛力自然如是現。
> 諸有修治普賢願，入佛境界大智人，能知於此剎海中，如是一切諸神變。

爾時，普賢菩薩復告大眾言：

諸佛子！此「世界海」大地中，有不可說佛剎微塵數「香水海」，

(1)一切妙寶，莊嚴其底，

(2)妙香摩尼，莊嚴其岸，

(3)毘盧遮那「摩尼」寶王，以為其網，

(4)香水映徹，具眾寶色，充滿其中，

(5)種種寶華，旋布其上，

(6)栴檀細末，澄垽ㄣ（泥渣）其下，

(7)演佛言音，放寶光明，

(8)無邊菩薩，持種種蓋，現神通力，

(9)一切世界所有莊嚴，悉於中現，

(10)十寶階陛，行列分布，

(11)十寶欄楯，周匝圍遶，

(12)四天下微塵數一切寶莊嚴「芬陀利華」，敷榮水中，

(13)不可說百千億那由他數「十寶尸羅幢」，

(14)恒河沙數一切「寶衣鈴網幢」，

(15)恒河沙數無邊色相「寶華樓閣」，

(16)百千億那由他數「十寶蓮華城」，

(17)四天下微塵數眾寶樹林，「寶焰摩尼」以為其網，

(18)恒河沙數「栴檀香」，

(19)諸佛言音，光焰摩尼，

(20)不可說百千億那由他數眾寶「垣牆」，悉共圍遶，周遍嚴飾。

爾時，普賢菩薩欲重宣其義，承佛神力，觀察十方而說頌言：

　此世界中大地上，有香水海摩尼嚴，清淨妙寶布其底，安住金剛不可壞。
　香藏摩尼積成岸，日焰珠輪布若雲，蓮華妙寶為瓔珞，處處莊嚴淨無垢。
　香水澄渟具眾色，寶華旋布放光明，普震音聲聞遠近，以佛威神演妙法。
　階陛莊嚴具眾寶，復以摩尼為間飾，周迴欄楯悉寶成，蓮華珠網如雲布。
　摩尼寶樹列成行，華蘂敷榮光赫奕，種種樂音恒競奏，佛神通力令如是。
　種種妙寶芬陀利，敷布莊嚴香水海，香焰光明無暫停，廣大圓滿皆充遍。
　明珠寶幢恒熾盛，妙衣垂布為嚴飾，摩尼鈴網演法音，令其聞者趣佛智。
　妙寶蓮華作城廓，眾彩摩尼所嚴瑩，真珠雲影布四隅，如是莊嚴香水海。
　垣牆繚繞皆周匝，樓閣相望布其上，無量光明恒熾然，種種莊嚴清淨海。
　毘盧遮那於往昔，種種剎海皆嚴淨，如是廣大無有邊，悉是如來自在力。

爾時，普賢菩薩復告大眾言：諸佛子！一一「香水海」，

(1)各有「四天下微塵數」香水河，右旋圍遶，

(2)一切皆以「金剛」為岸，「淨光摩尼」以為嚴飾，

(3)常現諸佛「寶色光雲」；

(4)及諸眾生所有「言音」。

(5)其河所有漩澓（水回流貌）之處，一切諸佛所修因行種種形相，皆從中出。

(6)「摩尼」為網，「眾寶」鈴鐸，諸「世界海」所有莊嚴，悉於中現。

(7)「摩尼寶雲」以覆其上，其雲普現「華藏世界」毘盧遮那十方化佛，及一切佛神
　通之事。

(8)復出「妙音」，稱揚三世佛菩薩名；

(9)其香水中，常出一切寶焰光雲，相續不絕。

(10)若廣說者，一一河各有「世界海」微塵數莊嚴。

爾時，普賢菩薩欲重宣其義，承佛神力，觀察十方而說頌言：

　清淨香流滿大河，金剛妙寶為其岸，寶末為輪布其地，種種嚴飾皆珍好。
　寶階行列妙莊嚴，欄楯周迴悉殊麗，真珠為藏眾華飾，種種纓鬘共垂下。
　香水寶光清淨色，恒吐摩尼競疾流，眾華隨浪皆搖動，悉奏樂音宣妙法。
　細末栴檀作泥垽，一切妙寶同迴澓，香藏氛氳布在中，發焰流芬普周遍。
　河中出生諸妙寶，悉放光明色熾然，其光布影成臺座，華蓋珠瓔皆具足。
　摩尼王中現佛身，光明普照十方剎，以此為輪嚴飾地，香水映徹常盈滿。
　摩尼為網金為鐸，遍覆香河演佛音，克宣一切菩提道，及以普賢之妙行。

寶岸摩尼極清淨，恒出如來本願音，一切諸佛曩所行，其音普演皆令見。
其河所有漩流處，菩薩如雲常踊出，悉往廣大剎土中，乃至法界咸充滿。
清淨珠王布若雲，一切香河悉彌覆，其珠等佛眉間相，炳然顯現諸佛影。

爾時，普賢菩薩復告大眾言：諸佛子！此諸香水河，
(1)兩間之地，悉以「妙寶」種種莊嚴，
(2)一一各有「四天下微塵數」眾寶莊嚴。
(3)「芬陀利華」周匝遍滿，各有四天下微塵數：
(4)眾寶「樹林」次第行列，
(5)一一樹中，恒出一切「諸莊嚴雲」。
(6)「摩尼寶王」照耀其間，
(7)種種「華香」處處盈滿，
(8)其樹復出微妙音聲，說諸如來一切劫中所修大願。
(9)復散種種「摩尼寶王」，充遍其地，
(10)所謂：「蓮華輪」摩尼寶王、
(11)「香焰光雲」摩尼寶王、
(12)「種種嚴飾」摩尼寶王、
(13)「現不可思議莊嚴色」摩尼寶王、
(14)「日光明衣藏」摩尼寶王、
(15)「周遍十方普垂布光網雲」摩尼寶王、
(16)「現一切諸佛神變」摩尼寶王、
(17)「現一切眾生業報海」摩尼寶王，
(18)如是等，有「世界海」微塵數。
其香水河，兩間之地，一切悉具如是莊嚴。

爾時，普賢菩薩欲重宣其義，承佛神力，觀察十方而說頌言：

其地平坦極清淨，真金摩尼共嚴飾，諸樹行列蔭其中，聳幹垂條華若雲。
枝條妙寶所莊嚴，華焰成輪光四照，摩尼為果如雲布，普使十方常現覩。
摩尼布地皆充滿，眾華寶末共莊嚴，復以摩尼作宮殿，悉現眾生諸影像。
諸佛影像摩尼王，普散其地靡不周，如是赫奕遍十方，一一塵中咸見佛。
妙寶莊嚴善分布，真珠燈網相間錯，處處悉有摩尼輪，一一皆現佛神通。
眾寶莊嚴放大光，光中普現諸化佛，一一周行靡不遍，悉以十力廣開演。
摩尼妙寶芬陀利，一切水中咸遍滿，其華種種各不同，悉現光明無盡歇。
三世所有諸莊嚴，摩尼果中皆顯現，體性無生不可取，此是如來自在力。
此地一切莊嚴中，悉現如來廣大身，彼亦不來亦不去，佛昔願力皆令見。
此地一一微塵中，一切佛子修行道，各見所記當來剎，隨其意樂悉清淨。

爾時，普賢菩薩復告大眾言：諸佛子！諸佛世尊「世界海」，莊嚴不可思議。何以故？諸佛子！此「華藏莊嚴世界海」一切境界，一一皆以「世界海」微塵數清淨功德之所莊嚴。

爾時，普賢菩薩欲重宣其義，承佛神力，觀察十方而說頌言：

此剎海中一切處，悉以眾寶為嚴飾，發焰騰空布若雲，光明洞徹常彌覆。
摩尼吐雲無有盡，十方佛影於中現，神通變化靡暫停，一切菩薩咸來集。
一切摩尼演佛音，其音美妙不思議，毘盧遮那昔所行，於此寶內恒聞見。
清淨光明遍照尊，莊嚴具中皆現影，變化分身眾圍遶，一切剎海咸周遍。
所有化佛皆如幻，求其來處不可得，以佛境界威神力，一切剎中如是現。
如來自在神通事，悉遍十方諸國土，以此剎海淨莊嚴，一切皆於寶中見。
十方所有諸變化，一切皆如鏡中像，但由如來昔所行，神通願力而出生。
若有能修普賢行，入於菩薩勝智海，能於一切微塵中，普現其身淨眾剎。
不可思議億大劫，親近一切諸如來，如其一切之所行，一剎那中悉能現。
諸佛國土如虛空，無等無生無有相，為利眾生普嚴淨，本願力故住其中。

爾時，普賢菩薩復告大眾言：
諸佛子！此中有何等世界住？我今當說。
諸佛子！此不可說佛剎微塵數「香水海」中，有不可說佛剎微塵數「世界種」安住：
一一「世界種」，復有不可說佛剎微塵數世界。
諸佛子！彼諸「世界種」，於「世界海」中，

(1)各各「依住」，
(2)各各「形狀」，
(3)各各「體性」，
(4)各各「方所」，
(5)各各「趣入」，
(6)各各「莊嚴」，
(7)各各「分齊」，
(8)各各「行列」，
(9)各各「無差別」，
(10)各各「力加持」。

諸佛子！此「世界種」，
(1)或有依「大蓮華海」住，
(2)或有依「無邊色寶華海」住，
(3)或有依「一切真珠藏寶瓔珞海」住，
(4)或有依「香水海」住，
(5)或有依「一切華海」住，
(6)或有依「摩尼寶網海」住，
(7)或有依「漩流光海」住，
(8)或有依「菩薩寶莊嚴冠海」住，
(9)或有依「種種眾生身海」住，
(10)或有依「一切佛音聲摩尼王海」住。

如是等，若廣說者，有「世界海」微塵數。

諸佛子！彼一切「世界種」，
(1)或有作「須彌山形」，
(2)或作「江河形」，
(3)或作「迴轉形」，
(4)或作「漩流形」，
(5)或作「輪輞形」，
(6)或作「壇墠 形」（指古代祭祀或會盟用的場地），
(7)或作「樹林形」，
(8)或作「樓閣形」，
(9)或作「山幢形」，
(10)或作「普方形」，
(11)或作「胎藏形」，
(12)或作「蓮華形」，
(13)或作「佉 勒迦形」（「佉勒迦」乃指「谷麥篅 」的意思，為一種盛糧食的「圓囤 」），
(14)或作「眾生身形」，
(15)或作「雲形」，
(16)或作「諸佛相好形」，
(17)或作「圓滿光明形」，
(18)或作「種種珠網形」，
(19)或作「一切門闥 形」，
(20)或作「諸莊嚴具形」。
如是等，若廣說者，有「世界海」微塵數。

諸佛子！彼一切「世界種」，
(1)或有以「十方摩尼雲」為體，
(2)或有以「眾色焰」為體，
(3)或有以「諸光明」為體，
(4)或有以「寶香焰」為體，
(5)或有以「一切寶莊嚴多羅華」為體，
(6)或有以「菩薩影像」為體，
(7)或有以「諸佛光明」為體，
(8)或有以「佛色相」為體，
(9)或有以「一寶光」為體，
(10)或有以「眾寶光」為體，
(11)或有以「一切眾生福德海音聲」為體，
(12)或有以「一切眾生諸業海音聲」為體，
(13)或有以「一切佛境界清淨音聲」為體，
(14)或有以「一切菩薩大願海音聲」為體，
(15)或有以「一切佛方便音聲」為體，

(16)或有以「一切剎莊嚴具成壞音聲」為體，

(17)或有以「無邊佛音聲」為體，

(18)或有以「一切佛變化音聲」為體，

(19)或有以「一切眾生善音聲」為體，

(20)或有以「一切佛功德海清淨音聲」為體。

如是等，若廣說者，有「世界海」微塵數。

爾時，普賢菩薩欲重宣其義，承佛神力，觀察十方而說頌言：

> 剎種堅固妙莊嚴，廣大清淨光明藏，依止蓮華寶海住，或有住於香海等。
> 須彌城樹壇墠形，一切剎種遍十方，種種莊嚴形相別，各各布列而安住。
> 或有體是淨光明，或是華藏及寶雲，或有剎種焰所成，安住摩尼不壞藏。
> 燈雲焰彩光明等，種種無邊清淨色，或有言音以為體，是佛所演不思議。
> 或是願力所出音，神變音聲為體性，一切眾生大福業，佛功德音亦如是。
> 剎種一一差別門，不可思議無有盡，如是十方皆遍滿，廣大莊嚴現神力。
> 十方所有廣大剎，悉來入此世界種，雖見十方普入中，而實無來無所入。
> 以一剎種入一切，一切入一亦無餘，體相如本無差別，無等無量悉周遍。
> 一切國土微塵中，普見如來在其所，願海言音若雷震，一切眾生悉調伏。
> 佛身周遍一切剎，無數菩薩亦充滿，如來自在無等倫，普化一切諸含識。

爾時，普賢菩薩復告大眾言：

諸佛子！此不可說佛剎微塵數「香水海」，在「華藏莊嚴世界海」中，如「天帝網」分布而住。

諸佛子！此最中央「香水海」，名「無邊妙華光」，以「現一切菩薩形摩尼王幢」為底；出大蓮華，名「一切香摩尼王莊嚴」；有「世界種」而住其上，名「普照十方熾然寶光明」，以「一切莊嚴具」為體，有不可說佛剎微塵數世界於中布列。

(1)其最下方有世界，名「最勝光遍照」，以「一切金剛莊嚴光耀輪」為際，依「眾寶摩尼華」而住；其狀猶如「摩尼寶形」，一切「寶華莊嚴雲」彌覆其上，佛剎微塵數世界周匝圍遶，種種安住，種種莊嚴，佛號「淨眼離垢燈」。

(2)此上過佛剎微塵數世界，有世界名「種種香蓮華妙莊嚴」，以「一切莊嚴具」為際，依「寶蓮華網」而住；其狀猶如「師子之座」，一切「寶色珠帳雲」彌覆其上，二佛剎微塵數世界周匝圍遶，佛號「師子光勝照」。

(3)此上過佛剎微塵數世界，有世界名「一切寶莊嚴普照光」，以「香風輪」為際，依種種「寶華瓔珞」住；其形「八隅」，「妙光摩尼日輪雲」而覆其上，三佛剎微塵數世界周匝圍遶，佛號「淨光智勝幢」。

(4)此上過佛剎微塵數世界，有世界名「種種光明華莊嚴」，以「一切寶王」為際，依「眾色金剛尸羅幢海」住；其狀猶如「摩尼蓮華」，以「金剛摩尼寶光雲」而覆其上，四佛剎微塵數世界周匝圍遶，純一清淨，佛號「金剛光明無量精進力善出現」。

(5)此上過佛剎微塵數世界，有世界名「普放妙華光」，以「一切寶鈴莊嚴網」為際，

依「一切樹林莊嚴寶輪網海」住；其形「普方」，而多有「隅角」，「梵音摩尼王雲」以覆其上，五佛剎微塵數世界周匝圍遶，佛號「香光喜力海」。

(6)此上過佛剎微塵數世界，有世界名「淨妙光明」，以「寶王莊嚴幢」為際，依「金剛宮殿海」住；其形「四方」，「摩尼輪髻帳雲」而覆其上，六佛剎微塵數世界周匝圍遶，佛號「普光自在幢」。

(7)此上過佛剎微塵數世界，有世界名「眾華焰莊嚴」，以種種「華莊嚴」為際，依「一切寶色焰海」住；其狀猶如「樓閣」之形，「一切寶色衣真珠欄楯雲」而覆其上，七佛剎微塵數世界周匝圍遶，純一清淨，佛號「歡喜海功德名稱自在光」。

(8)此上過佛剎微塵數世界，有世界名「出生威力地」，以「出一切聲摩尼王莊嚴」為際，依種種「寶色蓮華座虛空海」住；其狀猶如「因陀羅網」，以「無邊色華網雲」而覆其上，八佛剎微塵數世界周匝圍遶，佛號「廣大名稱智海幢」。

(9)此上過佛剎微塵數世界，有世界名「出妙音聲」，以「心王摩尼莊嚴輪」為際，依「恒出一切妙音聲莊嚴雲摩尼王海」住；其狀猶如「梵天身形」，「無量寶莊嚴師子座雲」而覆其上，九佛剎微塵數世界周匝圍遶，佛號「清淨月光明相無能摧伏」。

(10)此上過佛剎微塵數世界，有世界名「金剛幢」，以「無邊莊嚴真珠藏寶瓔珞」為際，依「一切莊嚴寶師子座摩尼海」住；其狀「周圓」，「十須彌山微塵數一切香摩尼華須彌雲」彌覆其上，十佛剎微塵數世界周匝圍遶，純一清淨，佛號「一切法海最勝王」。

(11)此上過佛剎微塵數世界，有世界名「恒出現帝青寶光明」，以「極堅牢不可壞金剛莊嚴」為際，依種種「殊異華海」住；其狀猶如「半月之形」，「諸天寶帳雲」而覆其上，十一佛剎微塵數世界周匝圍遶，佛號「無量功德法」。

(12)此上過佛剎微塵數世界，有世界名「光明照耀」，以「普光莊嚴」為際，依「華旋香水海」住；狀如「華旋」，「種種衣雲」而覆其上，十二佛剎微塵數世界周匝圍遶，佛號「超釋梵」。

(13)此上過佛剎微塵數世界，至此世界名「娑婆」，以「金剛莊嚴」為際，依「種種色風輪所持蓮華網」住；狀如「虛空」，以「普圓滿天宮殿莊嚴虛空雲」而覆其上，十三佛剎微塵數世界周匝圍遶，其佛即是「毘盧遮那如來世尊」。

(14)此上過佛剎微塵數世界，有世界名「寂靜離塵光」，以「一切寶莊嚴」為際，依「種種寶衣海」住；其狀猶如「執金剛形」，「無邊色金剛雲」而覆其上，十四佛剎微塵數世界周匝圍遶，佛號「遍法界勝音」。

(15)此上過佛剎微塵數世界，有世界名「眾妙光明燈」，以「一切莊嚴帳」為際，依「淨華網海」住；其狀猶如「卍字之形」，「摩尼樹香水海雲」而覆其上，十五佛剎微塵數世界周匝圍遶，純一清淨，佛號「不可摧伏力普照幢」。

(16)此上過佛剎微塵數世界，有世界名「清淨光遍照」，以「無盡寶雲摩尼王」為際，依「種種香焰蓮華海」住；其狀猶如「龜甲之形」，「圓光摩尼輪栴檀雲」而覆其上，十六佛剎微塵數世界周匝圍遶，佛號「清淨日功德眼」。

(17)此上過佛剎微塵數世界，有世界名「寶莊嚴藏」，以「一切眾生形摩尼王」為際，依「光明藏摩尼王海」住；其形「八隅」，以「一切輪圍山寶莊嚴華樹網」彌覆其上，十七佛剎微塵數世界周匝圍遶，佛號「無礙智光明遍照十方」。

(18)此上過佛剎微塵數世界，有世界名「離塵」，以「一切殊妙相莊嚴」為際，依「眾

妙華師子座海」住；狀如「珠瓔」，以「一切寶香摩尼王圓光雲」而覆其上，十八佛剎微塵數世界周匝圍遶，純一清淨，佛號「無量方便最勝幢」。

(19)此上過佛剎微塵數世界，有世界名「清淨光普照」，以「出無盡寶雲摩尼王」為際，依「無量色香焰須彌山海」住；其狀猶如「寶華旋布」，以「無邊色光明摩尼王帝青雲」而覆其上，十九佛剎微塵數世界周匝圍遶，佛號「普照法界虛空光」。

(20)此上過佛剎微塵數世界，有世界名「妙寶焰」，以「普光明日月寶」為際，依「一切諸天形摩尼王海」住；其狀猶如「寶莊嚴具」，以「一切寶衣幢雲」及「摩尼燈藏網」而覆其上，二十佛剎微塵數世界周匝圍遶，純一清淨，佛號「福德相光明」。

普照十方熾然寶光明世界種

【二十佛剎微塵數世界周匝圍遶】⑳妙寶焰世界（寶莊嚴具狀）‧福德相光明佛
【十九佛剎微塵數世界周匝圍遶】⑲清淨光普照世界（寶華旋布狀）‧普照法界虛空光佛
【十八佛剎微塵數世界周匝圍遶】⑱離塵世界（珠瓔狀）‧無量方便最勝幢佛
【十七佛剎微塵數世界周匝圍遶】⑰寶莊嚴藏世界（八隅形）‧無礙智光明遍照十方佛
【十六佛剎微塵數世界周匝圍遶】⑯清淨光遍照世界（龜甲之形）‧清淨日功德眼佛
【十五佛剎微塵數世界周匝圍遶】⑮眾妙光明燈世界（卍字之形）‧不可摧伏力普照幢佛
【十四佛剎微塵數世界周匝圍遶】⑭寂靜離塵光世界（執金剛形）‧遍法界勝音佛
【十三佛剎微塵數世界周匝圍遶】⑬娑婆世界（狀如虛空）‧毘盧遮那如來世尊
【十二佛剎微塵數世界周匝圍遶】⑫光明照耀世界（華旋狀）‧超釋梵佛
【十一佛剎微塵數世界周匝圍遶】⑪恒出現帝青寶光明世界（半月之形）‧無量功德法佛
【十佛剎微塵數世界周匝圍遶】⑩金剛幢世界（周圓狀）‧一切法海最勝王佛
【九佛剎微塵數世界周匝圍遶】⑨出妙音聲世界（梵天身形）‧清淨月光明相無能摧伏佛
【八佛剎微塵數世界周匝圍遶】⑧出生威力地世界（因陀羅網狀）‧廣大名稱智海幢佛
【七佛剎微塵數世界周匝圍遶】⑦眾華焰莊嚴世界（樓閣之形）‧歡喜海功德名稱自在光佛
【六佛剎微塵數世界周匝圍遶】⑥淨妙光明世界（四方形）‧普光自在幢佛
【五佛剎微塵數世界周匝圍遶】⑤普放妙華光世界（普方形有隅角）‧香光喜力海佛
【四佛剎微塵數世界周匝圍遶】④種種光明華莊嚴世界（摩尼蓮華狀）‧金剛光明無量精進力善出現佛
【三佛剎微塵數世界周匝圍遶】③一切寶莊嚴普照光世界（八隅形）‧淨光智勝幢佛
【二佛剎微塵數世界周匝圍遶】②種種香華妙莊嚴世界（師子之座狀）‧師子光勝照佛
【一佛剎微塵數世界周匝圍遶】①最勝光遍照世界（摩尼寶形）‧淨眼離垢燈佛

一切香摩尼王莊嚴大蓮華

無邊妙華
光香水海

以「現‧一切菩薩形
摩尼王幢」為底

金
剛
大
輪
圍
山

山
圍
輪
大
剛
金

種
普
光
種
光
摩
明
尼
藥
莊
香
嚴
幢
香
大
輪
蓮
空
華
海
殊
勝
威
光
藏
風
輪
空
輪
空
輪

果濱監製

普照十方熾然寶光明世界種

每一圈皆代表一個三大大千世界，共有210個三千大千世界

妙寶焰世界	○○○○○○○○○○○○○○○○○○○○	20福德相光明佛
清淨光普照世界	○○○○○○○○○○○○○○○○○○○	19普照法界虛空光佛
離塵世界	○○○○○○○○○○○○○○○○○○	18無量方便最勝幢佛
寶莊嚴藏世界	○○○○○○○○○○○○○○○○○	17無礙智光明遍照十方佛
清淨光遍照世界	○○○○○○○○○○○○○○○○	16清淨日功德眼佛
衆妙光明燈世界	○○○○○○○○○○○○○○○	15不可摧伏力普照幢佛
寂靜離塵光世界	○○○○○○○○○○○○○○	14遍法界勝音佛
娑婆世界	○○○○○○○○○○○○○	13毗盧遮那佛
光明照耀世界	○○○○○○○○○○○○	12超釋梵佛
恒出現帝青寶光明世界	○○○○○○○○○○○	11無量功德法佛
金剛幢世界	○○○○○○○○○○	10一切法海最勝王佛
出妙音聲世界	○○○○○○○○○	9清淨月光明相無能摧伏佛
出生威力地世界	○○○○○○○○	8廣大名稱智海幢佛
衆華焰莊嚴世界	○○○○○○○	7歡喜海功德名稱自在光佛
淨妙光明世界	○○○○○○	6普光自在幢佛
普放妙華光世界	○○○○○	5香光喜力海佛
種種光明華莊嚴世界	○○○○	4金剛光明無量精進力善出現佛
一切寶莊嚴普照光世界	○○○	3淨光智勝幢佛
種種香蓮華妙莊嚴世界	○○	2師子光勝照佛
最勝光遍照世界	○	1淨眼離垢燈佛

一切香摩尼王莊嚴大蓮花

無邊妙華光
香水海

金剛大輪圍山

種種光明蕋香幢大蓮花

普光摩尼莊嚴香水海

空輪　　殊勝威光藏風輪　　空輪

果濱監製

普照十方熾然寶光明世界種

妙寶焰世界‧福德相光明佛
（二十佛剎微塵數世界周匝圍遶）
清淨光普照世界‧普照法界虛空光佛
（十九佛剎微塵數世界周匝圍遶）
離塵世界‧無量方便最勝幢佛
（十八佛剎微塵數世界周匝圍遶）
寶莊嚴藏世界‧無礙智光明遍照十方佛
（十七佛剎微塵數世界周匝圍遶）
清淨光遍照世界‧清淨日功德眼佛
（十六佛剎微塵數世界周匝圍遶）
眾妙光明燈世界‧不可摧伏力普照幢佛
（十五佛剎微塵數世界周匝圍遶）
焰雲幢世界‧演法界勝音佛
（十四佛剎微塵數世界周匝圍遶）
樂華世界‧毘盧遮那佛
（十三佛剎微塵數世界周匝圍遶）
光明照耀世界‧超釋梵佛
（十二佛剎微塵數世界周匝圍遶）
恒出現帝青寶光明世界‧無量功德法佛
（十一佛剎微塵數世界周匝圍遶）
金剛幢世界‧一切法海最勝王佛
（十佛剎微塵數世界周匝圍遶）
出妙音聲世界‧清淨月光明相無能摧伏佛
（九佛剎微塵數世界周匝圍遶）
出生威力地世界‧廣大名稱智海幢佛
（八佛剎微塵數世界周匝圍遶）
眾華焰莊嚴世界‧歡喜海功德名稱自在光佛
（七佛剎微塵數世界周匝圍遶）
淨妙光明世界‧普光自在幢佛
（六佛剎微塵數世界周匝圍遶）
普放妙華光世界‧香光喜力海佛
（五佛剎微塵數世界周匝圍遶）
種種光明華莊嚴世界‧金剛光明無量精進力善出現佛
（四佛剎微塵數世界周匝圍遶）
一切寶莊嚴普照世界‧淨光智勝幢佛
（三佛剎微塵數世界周匝圍遶）
種種香蓮華妙莊嚴世界‧師子光勝照佛
（二佛剎微塵數世界周匝圍遶）
最勝光遍照世界‧淨眼離垢燈佛
（一佛剎微塵數世界周匝圍遶）

一切香摩尼王莊嚴大蓮花

無邊妙華光
香水海

金剛大輪圍山

種種光明蕊香幢大蓮花

普光摩尼莊嚴香水海

空輪　　殊勝威光藏風輪　　空輪

果濱監製

諸佛子！此「遍照十方熾然寶光明世界種」，有如是等不可說佛剎微塵數廣大世界，

(1)各各「所依住」，
(2)各各「形狀」，
(3)各各「體性」，
(4)各各「方面」，
(5)各各「趣入」，
(6)各各「莊嚴」，
(7)各各「分齊」，
(8)各各「行列」，
(9)各各「無差別，
(10)各各「力加持」，周匝圍遶。

所謂：
(1)十佛剎微塵數「迴轉形」世界、
(2)十佛剎微塵數「江河形」世界、
(3)十佛剎微塵數「漩流形」世界、
(4)十佛剎微塵數「輪輞形」世界、
(5)十佛剎微塵數「壇墠　形」(指古代祭祀或會盟用的場地)世界、
(6)十佛剎微塵數「樹林形」世界、
(7)十佛剎微塵數「樓觀形」世界、
(8)十佛剎微塵數「尸羅幢形」世界、
(9)十佛剎微塵數「普方形」世界、
(10)十佛剎微塵數「胎藏形」世界、
(11)十佛剎微塵數「蓮華形」世界、
(12)十佛剎微塵數「佉　勒迦形」(「佉勒迦」乃指「谷麥篅　」的意思，為一種盛糧食的「圓囤　」)
　　世界、
(13)十佛剎微塵數「種種眾生形」世界、
(14)十佛剎微塵數「佛相形」世界、
(15)十佛剎微塵數「圓光形」世界、
(16)十佛剎微塵數「雲形」世界、
(17)十佛剎微塵數「網形」世界、
(18)十佛剎微塵數「門闥　形」世界。

如是等，有不可說佛剎微塵數。
此一一世界，各有十佛剎微塵數「廣大世界」周匝圍遶。
此諸世界，一一復有如上所說微塵數世界而為眷屬。
如是所說一切世界，皆在此「無邊妙華光香水海」及圍遶此海香水河中。

右旋圍繞「普照十方熾然寶光明世界種」的10個「世界種」示意圖

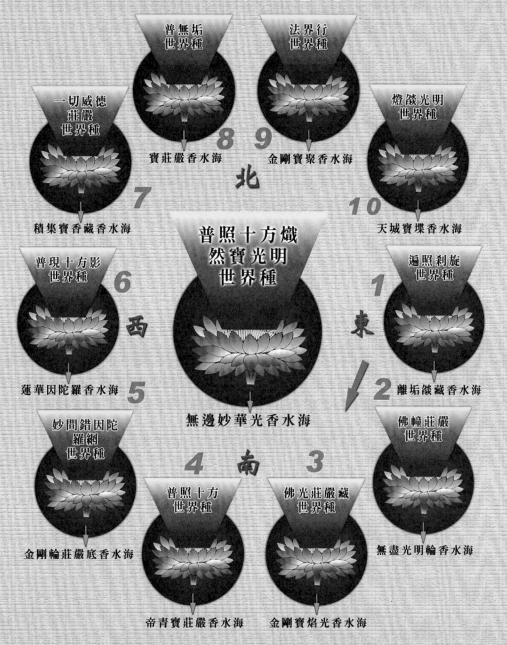

普無垢世界種
寶莊嚴香水海 **8**

法界行世界種
金剛寶聚香水海 **9**

一切威德莊嚴世界種
積集寶藏香水海 **7**

燈燄光明世界種
天城寶堞香水海 **10**

北

普照十方熾然寶光明世界種
無邊妙華光香水海

普現十方影世界種 **6**
蓮華因陀羅香水海 **5**

西

遍照刹旋世界種 **1**
離垢燄藏香水海 **2**

東

妙間錯因陀羅網世界種
金剛輪莊嚴底香水海 **4**

佛幢莊嚴世界種
無盡光明輪香水海

南

普照十方世界種
帝青寶莊嚴香水海

佛光莊嚴藏世界種 **3**
金剛寶焰光香水海

此圖為華藏莊嚴世界海中央十一個世界種安立圖,每一海皆為香水,故稱「香水海」。每一海中皆有殊勝大妙蓮花,妙蓮花上皆有二十重無量世界,叫世界種。右旋次第從東到南到西到北。

果濱監製

唐・<u>實叉難陀</u>譯《大方廣佛華嚴經・卷第九・華藏世界品第五之二》

7

爾時，<u>普賢</u>菩薩復告大眾言：

諸佛子！此「無邊妙華光香水海」東，次有「香水海」，名「離垢焰藏」；出大蓮華，名「一切香摩尼王妙莊嚴」；有「世界種」而住其上，名「遍照剎旋」，以「菩薩行吼音」為體。

(1)此中最下方，有世界名「宮殿莊嚴幢」；其形「四方」，依「一切寶莊嚴海」住，「蓮華光網雲」彌覆其上，佛剎微塵數世界圍遶，純一清淨，佛號「眉間光遍照」。

(2)此上過佛剎微塵數世界，有世界名「德華藏」；其形「周圓」，依「一切寶華蘂海」住，「真珠幢師子座雲」彌覆其上，二佛剎微塵數世界圍遶，佛號「一切無邊法海慧」。

(3)此上過佛剎微塵數世界，有世界名「善變化妙香輪」；形如「金剛」，依「一切寶莊嚴鈴網海」住，「種種莊嚴圓光雲」彌覆其上，三佛剎微塵數世界圍遶，佛號「功德相光明普照」。

(4)此上過佛剎微塵數世界，有世界名「妙色光明」；其狀猶如「摩尼寶輪」，依「無邊色寶香水海」住，「普光明真珠樓閣雲」彌覆其上，四佛剎微塵數世界圍遶，純一清淨，佛號「善眷屬出興遍照」。

(5)此上過佛剎微塵數世界，有世界名「善蓋覆」；狀如「蓮華」，依「金剛香水海」住，「離塵光明香水雲」彌覆其上，五佛剎微塵數世界圍遶，佛號「法喜無盡慧」。

(6)此上過佛剎微塵數世界，有世界名「尸利華光輪」；其形「三角」，依「一切堅固寶莊嚴海」住，「菩薩摩尼冠光明雲」彌覆其上，六佛剎微塵數世界圍遶，佛號「清淨普光明雲」。

(7)此上過佛剎微塵數世界，有世界名「寶蓮華莊嚴」；形如「半月」，依「一切蓮華莊嚴海」住，「一切寶華雲」彌覆其上，七佛剎微塵數世界圍遶，純一清淨，佛號「功德華清淨眼」。

(8)此上過佛剎微塵數世界，有世界名「無垢焰莊嚴」；其狀猶如「寶燈行列」，依「寶焰藏海」住，「常雨香水種種身雲」彌覆其上，八佛剎微塵數世界圍遶，佛號「慧力無能勝」。

(9)此上過佛剎微塵數世界，有世界名「妙梵音」；形如「卐字」，依「寶衣幢海」住，「一切華莊嚴帳雲」彌覆其上，九佛剎微塵數世界圍遶，佛號「廣大目如空中淨月」。

(10)此上過佛剎微塵數世界，有世界名「微塵數音聲」；其狀猶如「因陀羅網」，依「一切寶水海」住，「一切樂音寶蓋雲」彌覆其上，十佛剎微塵數世界圍遶，純一清淨，佛號「金色須彌燈」。

(11)此上過佛剎微塵數世界，有世界名「寶色莊嚴」；形如「卐字」，依「帝釋形寶王海」住，「日光明華雲」彌覆其上，十一佛剎微塵數世界圍遶，佛號「迴照法界光明智」。

(12)此上過佛剎微塵數世界，有世界名「金色妙光」；其狀猶如「廣大城廓」，依「一切寶莊嚴海」住，「道場寶華雲」彌覆其上，十二佛剎微塵數世界圍遶，佛號「寶燈普照幢」。

(13)此上過佛剎微塵數世界，有世界名「遍照光明輪」；狀如「華旋」，依「寶衣旋海」住，「佛音聲寶王樓閣雲」彌覆其上，十三佛剎微塵數世界圍遶，純一清淨，佛號「蓮華焰遍照」。

(14)此上過佛剎微塵數世界，有世界名「寶藏莊嚴」；狀如「四洲」，依「寶瓔珞須彌」

住，「寶焰摩尼雲」彌覆其上，十四佛剎微塵數世界圍遶，佛號「無盡福開敷華」。

(15)此上過佛剎微塵數世界，有世界名「如鏡像普現」；其狀猶如「阿脩羅身」，依「金剛蓮華海」住，「寶冠光影雲」彌覆其上，十五佛剎微塵數世界圍遶，佛號「甘露音」。

(16)此上過佛剎微塵數世界，有世界名「栴檀月」；其形「八隅」，依「金剛栴檀寶海」住，「真珠華摩尼雲」彌覆其上，十六佛剎微塵數世界圍遶，純一清淨，佛號「最勝法無等智」。

(17)此上過佛剎微塵數世界，有世界名「離垢光明」；其狀猶如「香水漩流」，依「無邊色寶光海」住，「妙香光明雲」彌覆其上，十七佛剎微塵數世界圍遶，佛號「遍照虛空光明音」。

(18)此上過佛剎微塵數世界，有世界名「妙華莊嚴」；其狀猶如「旋遶之形」，依「一切華海」住，「一切樂音摩尼雲」彌覆其上，十八佛剎微塵數世界圍遶，佛號「普現勝光明」。

(19)此上過佛剎微塵數世界，有世界名「勝音莊嚴」；其狀猶如「師子之座」，依「金師子座海」住，「眾色蓮華藏師子座雲」彌覆其上，十九佛剎微塵數世界圍遶，佛號「無邊功德稱普光明」。

(20)此上過佛剎微塵數世界，有世界名「高勝燈」；狀如「佛掌」，依「寶衣服香幢海」住，「日輪普照寶王樓閣雲」彌覆其上，二十佛剎微塵數世界圍遶，純一清淨，佛號「普照虛空燈」。

遍照剎旋世界種
位於「無邊妙華光香水海」東（編號1）

㉑高勝燈世界（佛掌狀）‧普照虛空燈佛
⑲勝音莊嚴世界（師子之座狀）‧無邊功德稱普光明佛
⑱妙華莊嚴世界（旋遶之形狀）‧普現勝光明佛
⑰離垢光明世界（香水漩流狀）‧遍照虛空光明音佛
⑯栴檀月世界（八隅形）‧最勝法無等智佛
⑮如鏡像普現世界（阿脩羅身狀）‧甘露音佛
⑭寶藏莊嚴世界（四洲狀）‧無盡福開敷華佛
⑬遍照光明輪世界（華旋狀）‧蓮華焰遍照佛
⑫金色妙光世界（廣大城廓狀）‧寶燈普照幢佛
⑪寶色莊嚴世界（卍字形）‧迴照法界光明智佛
⑩微塵數音聲世界（因陀羅網狀）‧金色須彌燈佛
⑨妙梵音世界（卍字形）‧廣大目如空中淨月佛
⑧無垢焰莊嚴世界（寶燈行列狀）‧慧力無能勝佛
⑦寶蓮華莊嚴世界（半月形）‧功德華清淨眼佛
⑥尸利華光輪世界（三角形）‧清淨普光明雲佛
⑤善蓋覆世界（蓮華狀）‧法喜無盡慧佛
④妙色光明世界（摩尼寶輪狀）‧善眷屬出興遍照佛
③善變化妙香輪世界（金剛形）‧功德相光明普照佛
②德華藏世界（周圓形）‧一切無邊法海慧佛
①宮殿莊嚴幢世界（四方形）‧眉間光遍照佛

一切香摩尼王莊嚴大蓮華

離垢焰藏香水海

空輪　　　　　　空輪

果濱監製

2

諸佛子！此「離垢焰藏香水海」南，次有「香水海」，名「無盡光明輪」；「世界種」名「佛幢莊嚴」；以「一切佛功德海音聲」為體。

(1)此中最下方，有世界名「愛見華」；狀如「寶輪」，依「摩尼樹藏寶王海」住，「化現菩薩形寶藏雲」彌覆其上，佛刹微塵數世界圍遶，純一清淨，佛號「蓮華光歡喜面」。

(2)此上過佛刹微塵數世界，有世界名「妙音」；佛號「須彌寶燈」。

(3)此上過佛刹微塵數世界，有世界名「眾寶莊嚴光」；佛號「法界音聲幢」。

(4)此上過佛刹微塵數世界，有世界名「香藏金剛」；佛號「光明音」。

(5)此上過佛刹微塵數世界，有世界名「淨妙音」；佛號「最勝精進力」。

(6)此上過佛刹微塵數世界，有世界名「寶蓮華莊嚴」；佛號「法城雲雷音」。

(7)此上過佛刹微塵數世界，有世界名「與安樂」；佛號「大名稱智慧燈」。

(8)此上過佛刹微塵數世界，有世界名「無垢網」；佛號「師子光功德海」。

(9)此上過佛刹微塵數世界，有世界名「華林幢遍照」；佛號「大智蓮華光」。

(10)此上過佛刹微塵數世界，有世界名「無量莊嚴」；佛號「普眼法界幢」。

(11)此上過佛刹微塵數世界，有世界名「普光寶莊嚴」；佛號「勝智大商主」。

(12)此上過佛刹微塵數世界，有世界名「華王」；佛號「月光幢」。

(13)此上過佛刹微塵數世界，有世界名「離垢藏」；佛號「清淨覺」。

(14)此上過佛刹微塵數世界，有世界名「寶光明」；佛號「一切智虛空燈」。

(15)此上過佛刹微塵數世界，有世界名「出生寶瓔珞」；佛號「諸度福海相光明」。

(16)此上過佛刹微塵數世界，有世界名「妙輪遍覆」；佛號「調伏一切染著心令歡喜」。

(17)此上過佛刹微塵數世界，有世界名「寶華幢」；佛號「廣博功德音大名稱」。

(18)此上過佛刹微塵數世界，有世界名「無量莊嚴」；佛號「平等智光明功德海」。

(19)_缺

(20)此上過佛刹微塵數世界，有世界名「無盡光莊嚴幢」；狀如「蓮華」，依「一切寶網海」住，「蓮華光摩尼網」彌覆其上，二十佛刹微塵數世界圍遶，純一清淨，佛號「法界淨光明」。

佛幢莊嚴世界種
位於「離垢焰藏香水海」南（編號2）

㉑無盡光莊嚴幢世界（蓮華狀）‧法界淨光明佛
⑲從缺
⑱無量莊嚴世界‧平等智光明功德海佛
⑰寶華幢世界‧廣博功德音大名稱佛
⑯妙輪遍覆世界‧調伏一切染著心令歡喜佛
⑮出生寶瓔珞世界‧諸度福海相光明佛
⑭寶光明世界‧一切智虛空燈佛
⑬離垢藏世界‧清淨覺佛
⑫華王世界‧月光幢佛
⑪普光寶莊嚴世界‧勝智大商主佛
⑩無量莊嚴世界‧普眼法界幢佛
⑨華林幢遍照世界‧大智蓮華光佛
⑧無垢網世界‧師子光功德海佛
⑦與安樂世界‧大名稱智慧燈佛
⑥寶蓮華莊嚴世界‧法城雲雷音佛
⑤淨妙音世界‧最勝精進力佛
④香藏金剛世界‧光明音佛
③衆寶莊嚴光世界‧法界音聲幢佛
②妙音世界‧須彌寶燈佛
①愛見華世界(寶輪狀)‧蓮華光歡喜面佛

無盡光明輪香水海

以「一切佛功德海音聲」為體

空輪　　　　　　　　　　空輪

果濱監製

3

諸佛子！此「無盡光明輪香水海」右旋，次有「香水海」，名「金剛寶燄光」；「世界種」名「佛光莊嚴藏」，以「稱說一切如來名音聲」為體。

(1)此中最下方，有世界名「寶燄蓮華」；其狀猶如「摩尼色眉間毫相」，依「一切寶色水漩海」住，「一切莊嚴樓閣雲」彌覆其上，佛剎微塵數世界圍遶，純一清淨，佛號「無垢寶光明」。

(2)此上過佛剎微塵數世界，有世界名「光燄藏」；佛號「無礙自在智慧光」。

(3)此上過佛剎微塵數世界，有世界名「寶輪妙莊嚴」；佛號「一切寶光明」。

(4)此上過佛剎微塵數世界，有世界名「栴檀樹華幢」；佛號「清淨智光明」。

(5)此上過佛剎微塵數世界，有世界名「佛剎妙莊嚴」；佛號「廣大歡喜音」。

(6)此上過佛剎微塵數世界，有世界名「妙光莊嚴」；佛號「法界自在智」。

(7)此上過佛剎微塵數世界，有世界名「無邊相」；佛號「無礙智」。

(8)此上過佛剎微塵數世界，有世界名「燄雲幢」；佛號「演說不退輪」。

(9)此上過佛剎微塵數世界，有世界名「眾寶莊嚴清淨輪」；佛號「離垢華光明」。

(10)此上過佛剎微塵數世界，有世界名「廣大出離」；佛號「無礙智日眼」。

(11)此上過佛剎微塵數世界，有世界名「妙莊嚴金剛座」；佛號「法界智大光明」。

(12)此上過佛剎微塵數世界，有世界名「智慧普莊嚴」；佛號「智炬光明王」。

(13)此上過佛剎微塵數世界，有世界名「蓮華池深妙音」；佛號「一切智普照」。

(14)此上過佛剎微塵數世界，有世界名「種種色光明」；佛號「普光華王雲」。

(15)此上過佛剎微塵數世界，有世界名「妙寶幢」；佛號「功德光」。

(16)此上過佛剎微塵數世界，有世界名「摩尼華毫相光」；佛號「普音雲」。

(17)此上過佛剎微塵數世界，有世界名「甚深海」；佛號「十方眾生主」。

(18)此上過佛剎微塵數世界，有世界名「須彌光」；佛號「法界普智音」。

(19)此上過佛剎微塵數世界，有世界名「金蓮華」；佛號「福德藏普光明」。

(20)此上過佛剎微塵數世界，有世界名「寶莊嚴藏」；形如「卐字」，依「一切香摩尼莊嚴樹海」住，「清淨光明雲」彌覆其上，二十佛剎微塵數世界圍遶，純一清淨，佛號「大變化光明網」。

佛光莊嚴藏世界種

位於「無盡光明輪香水海」右旋（編號3）

⑳ 寶莊嚴藏世界（形如卍字）‧大變化光明網佛

⑲ 金蓮華世界‧福德藏普光明佛

⑱ 須彌光世界‧法界普智音佛

⑰ 甚深海世界‧十方眾生主佛

⑯ 摩尼華毫相光世界‧普音雲佛

⑮ 妙寶幢世界‧功德光佛

⑭ 種種色光明世界‧普光華王雲佛

⑬ 蓮華池深妙音世界‧一切智普照佛

⑫ 智慧普莊嚴世界‧智炬光明王佛

⑪ 妙莊嚴金剛座世界‧法界智大光明佛

⑩ 廣大出離世界‧無礙智日眼佛

⑨ 眾寶莊嚴清淨輪世界‧離垢華光明佛

⑧ 焰雲幢世界‧演說不退輪佛

⑦ 無邊相世界‧無礙智佛

⑥ 妙光莊嚴世界‧法界自在智佛

⑤ 佛剎妙莊嚴世界‧廣大歡喜音佛

④ 栴檀樹華幢世界‧清淨智光明佛

③ 寶輪妙莊嚴世界‧一切寶光明佛

② 光焰藏世界‧無礙自在智慧光佛

① 寶焰蓮華世界（摩尼色眉間毫相狀）‧無垢寶光明佛

金　剛　寶　焰　光　香　水　海

以「稱說一切如來名音聲」為體

空輪　　　　　　　　　　　　　　　　空輪

果濱監製

4

諸佛子！此「金剛寶焰香水海」右旋，次有「香水海」，名「帝青寶莊嚴」；「世界種」名「光照十方」，依「一切妙莊嚴蓮華香雲」住，「無邊佛音聲」為體。

(1)於此最下方，有世界名「十方無盡色藏輪」；其狀「周迴」，有「無量角」，依「無邊色一切寶藏海」住，「因陀羅網」而覆其上，佛剎微塵數世界圍遶，純一清淨，佛號「蓮華眼光明遍照」。

(2)此上過佛剎微塵數世界，有世界名「淨妙莊嚴藏」；佛號「無上慧大師子」。

(3)此上過佛剎微塵數世界，有世界名「出現蓮華座」；佛號「遍照法界光明王」。

(4)此上過佛剎微塵數世界，有世界名「寶幢音」；佛號「大功德普名稱」。

(5)此上過佛剎微塵數世界，有世界名「金剛寶莊嚴藏」；佛號「蓮華日光明」。

(6)此上過佛剎微塵數世界，有世界名「因陀羅華月」；佛號「法自在智慧幢」。

(7)此上過佛剎微塵數世界，有世界名「妙輪藏」；佛號「大喜清淨音」。

(8)此上過佛剎微塵數世界，有世界名「妙音藏」；佛號「大力善商主」。

(9)此上過佛剎微塵數世界，有世界名「清淨月」；佛號「須彌光智慧力」。

(10)此上過佛剎微塵數世界，有世界名「無邊莊嚴相」；佛號「方便願淨月光」。

(11)此上過佛剎微塵數世界，有世界名「妙華音」；佛號「法海大願音」。

(12)此上過佛剎微塵數世界，有世界名「一切寶莊嚴」；佛號「功德寶光明相」。

(13)此上過佛剎微塵數世界，有世界名「堅固地」；佛號「美音最勝天」。

(14)此上過佛剎微塵數世界，有世界名「普光善化」；佛號「大精進寂靜慧」。

(15)此上過佛剎微塵數世界，有世界名「善守護莊嚴行」；佛號「見者生歡喜」。

(16)此上過佛剎微塵數世界，有世界名「栴檀寶華藏」；佛號「甚深不可動智慧光遍照」。

(17)此上過佛剎微塵數世界，有世界名「現種種色相海」；佛號「普放不思議勝義王光明」。

(18)此上過佛剎微塵數世界，有世界名「化現十方大光明」；佛號「勝功德威光無與等」。

(19)此上過佛剎微塵數世界，有世界名「須彌雲幢」；佛號「極淨光明眼」。

(20)此上過佛剎微塵數世界，有世界名「蓮華遍照」；其狀「周圓」，依「無邊色眾妙香摩尼海」住，「一切乘莊嚴雲」彌覆其上，二十佛剎微塵數世界圍遶，純一清淨，佛號「解脫精進日」。

光照十方世界種
位於「金剛寶焰香水海」右旋（編號4）

⑳ 蓮華遍照世界（周圓狀）‧解脫精進日佛
⑲ 須彌雲幢世界‧極淨光明眼佛
⑱ 化現十方大光明世界‧勝功德威光無與等佛
⑰ 現種種色相海世界‧普放不思議勝義王光明佛
⑯ 栴檀寶華藏世界‧甚深不可動智慧光遍照佛
⑮ 善守護莊嚴行世界‧見者生歡喜佛
⑭ 普光善化世界‧大精進寂靜慧佛
⑬ 堅固地世界‧美音最勝天佛
⑫ 一切寶莊嚴世界‧功德寶光明相佛
⑪ 妙華音世界‧法海大願音佛
⑩ 無邊莊嚴相世界‧方便願淨月光佛
⑨ 清淨月世界‧須彌光智慧力佛
⑧ 妙音藏世界‧大力善商主佛
⑦ 妙輪藏世界‧大喜清淨音佛
⑥ 因陀羅華月世界‧法自在智慧幢佛
⑤ 金剛寶莊嚴藏世界‧蓮華日光明佛
④ 寶幢音世界‧大功德普名稱佛
③ 出現蓮華座世界‧遍照法界光明王佛
② 淨妙莊嚴藏世界‧無上慧大師子佛
① 十方無盡色藏輪世界（周迴狀）‧蓮華眼光明遍照佛

帝 青 寶 海
莊 嚴 香 水

依 一 切 妙 莊 嚴 蓮 華 香 雲 住

以「無邊佛音聲」為體

空輪　　　　空輪

果濱監製

5

諸佛子！此「帝青寶莊嚴香水海」右旋，次有「香水海」，名「金剛輪莊嚴底」；「世界種」名「妙間錯因陀羅網」，「普賢智所生音聲」為體。

(1)此中最下方，有世界名「蓮華網」；其狀猶如「須彌山形」，依「眾妙華山幢海」住，「佛境界摩尼王帝網雲」而覆其上，佛剎微塵數世界圍遶，純一清淨，佛號「法身普覺慧」。

(2)此上過佛剎微塵數世界，有世界名「無盡日光明」；佛號「最勝大覺慧」。

(3)此上過佛剎微塵數世界，有世界名「普放妙光明」；佛號「大福雲無盡力」。

(4)此上過佛剎微塵數世界，有世界名「樹華幢」；佛號「無邊智法界音」。

(5)此上過佛剎微塵數世界，有世界名「真珠蓋」；佛號「波羅蜜師子頻申」。

(6)此上過佛剎微塵數世界，有世界名「無邊音」；佛號「一切智妙覺慧」。

(7)此上過佛剎微塵數世界，有世界名「普見樹峯」；佛號「普現眾生前」。

(8)此上過佛剎微塵數世界，有世界名「師子帝網光」；佛號「無垢日金色光焰雲」。

(9)此上過佛剎微塵數世界，有世界名「眾寶間錯」；佛號「帝幢最勝慧」。

(10)此上過佛剎微塵數世界，有世界名「無垢光明地」；佛號「一切力清淨月」。

(11)此上過佛剎微塵數世界，有世界名「恒出歎佛功德音」；佛號「如虛空普覺慧」。

(12)此上過佛剎微塵數世界，有世界名「高焰藏」；佛號「化現十方大雲幢」。

(13)此上過佛剎微塵數世界，有世界名「光嚴道場」；佛號「無等智遍照」。

(14)此上過佛剎微塵數世界，有世界名「出生一切寶莊嚴」；佛號「廣度眾生神通王」。

(15)此上過佛剎微塵數世界，有世界名「光嚴妙宮殿」；佛號「一切義成廣大慧」。

(16)此上過佛剎微塵數世界，有世界名「離塵寂靜」；佛號「不唐現」。

(17)此上過佛剎微塵數世界，有世界名「摩尼華幢」；佛號「悅意吉祥音」。

(18)缺

(19)缺

(20)此上過佛剎微塵數世界，有世界名「普雲藏」；其狀猶如「樓閣之形」，依「種種宮殿香水海」住，「一切寶燈雲」彌覆其上，二十佛剎微塵數世界圍遶，純一清淨，佛號「最勝覺神通王」。

妙間錯因陀羅網世界種

位於「帝青寶莊嚴香水海」右旋（編號5）

⑳ 普雲藏世界（樓閣之形）・最勝覺神通王佛

⑲ 從缺

⑱ 從缺

⑰ 摩尼華幢世界・悅意吉祥音佛

⑯ 離塵寂靜世界・不唐現佛

⑮ 光嚴妙宮殿世界・一切義成廣大慧佛

⑭ 出生一切寶莊嚴世界・廣度衆生神通王佛

⑬ 光嚴道場世界・無等智遍照佛

⑫ 高焰藏世界・化現十方大雲幢佛

⑪ 恒出歎佛功德音世界・如虛空普覺慧佛

⑩ 無垢光明地世界・一切力清淨月佛

⑨ 衆寶間錯世界・帝幢最勝慧佛

⑧ 師子帝網光世界・無垢日金色光焰雲佛

⑦ 普見樹峯世界・普現衆生前佛

⑥ 無邊音世界・一切智妙覺慧佛

⑤ 真珠蓋世界・波羅蜜師子頻申佛

④ 樹華幢世界・無邊智法界音佛

③ 普放妙光明世界・大福雲無盡力佛

② 無盡日光明世界・最勝大覺慧佛

① 蓮華網世界（須彌山形）・法身普覺慧佛

金剛輪莊嚴底香水海

以「普賢智所生音聲」為體

空輪　　空輪

果濱監製

6

諸佛子！此「金剛輪莊嚴底香水海」右旋，次有「香水海」，名「蓮華因陀羅網」；「世界種」名「普現十方影」，依「一切香摩尼莊嚴蓮華」住，「一切佛智光音聲」為體。

(1)此中最下方，有世界名「眾生海寶光明」；其狀猶如「真珠之藏」，依「一切摩尼瓔珞海漩」住，「水光明摩尼雲」而覆其上，佛刹微塵數世界圍遶，純一清淨，佛號「不思議功德遍照月」。

(2)此上過佛刹微塵數世界，有世界名「妙香輪」；佛號「無量力幢」。

(3)此上過佛刹微塵數世界，有世界名「妙光輪」；佛號「法界光音覺悟慧」。

(4)此上過佛刹微塵數世界，有世界名「吼聲摩尼幢」；佛號「蓮華光恒垂妙臂」。

(5)此上過佛刹微塵數世界，有世界名「極堅固輪」；佛號「不退轉功德海光明」。

(6)此上過佛刹微塵數世界，有世界名「眾行光莊嚴」；佛號「一切智普勝尊」。

(7)此上過佛刹微塵數世界，有世界名「師子座遍照」；佛號「師子光無量力覺慧」。

(8)此上過佛刹微塵數世界，有世界名「寶焰莊嚴」；佛號「一切法清淨智」。

(9)此上過佛刹微塵數世界，有世界名「無量燈」；佛號「無憂相」。

(10)此上過佛刹微塵數世界，有世界名「常聞佛音」；佛號「自然勝威光」。

(11)此上過佛刹微塵數世界，有世界名「清淨變化」；佛號「金蓮華光明」。

(12)此上過佛刹微塵數世界，有世界名「普入十方」；佛號「觀法界頻申慧」。

(13)此上過佛刹微塵數世界，有世界名「熾然焰」；佛號「光焰樹緊那羅王」。

(14)此上過佛刹微塵數世界，有世界名「香光遍照」；佛號「香燈善化王」。

(15)此上過佛刹微塵數世界，有世界名「無量華聚輪」；佛號「普現佛功德」。

(16)此上過佛刹微塵數世界，有世界名「眾妙普清淨」；佛號「一切法平等神通王」。

(17)此上過佛刹微塵數世界，有世界名「金光海」；佛號「十方自在大變化」。

(18)此上過佛刹微塵數世界，有世界名「真珠華藏」；佛號「法界寶光明不可思議慧」。

(19)此上過佛刹微塵數世界，有世界名「帝釋須彌師子座」；佛號「勝力光」。

(20)此上過佛刹微塵數世界，有世界名「無邊寶普照」；其形「四方」，依「華林海」住，「普雨無邊色摩尼王帝網」彌覆其上，二十佛刹微塵數世界圍遶，純一清淨，佛號「遍照世間最勝音」。

普現十方影世界種

位於「金剛輪莊嚴底香水海」右旋（編號6）

⑳無邊寶普照世界（四方形）‧遍照世間最勝音佛

⑲帝釋須彌師子座世界‧勝力光佛

⑱真珠華藏世界‧法界寶光明不可思議慧佛

⑰金光海世界‧十方自在大變化佛

⑯眾妙普清淨世界‧一切法平等神通王佛

⑮無量華聚輪世界‧普現佛功德佛

⑭香光遍照世界‧香燈善化王佛

⑬熾然焰世界‧光焰樹緊那羅王佛

⑫普入十方世界‧觀法界頻申慧佛

⑪清淨變化世界‧金蓮華光明佛

⑩常聞佛音世界‧自然勝威光佛

⑨無量燈世界‧無憂相佛

⑧寶焰莊嚴世界‧一切法清淨智佛

⑦師子座遍照世界‧師子光無量力覺慧佛

⑥眾行光莊嚴世界‧一切智普勝尊佛

⑤極堅固輪世界‧不退轉功德海光明佛

④吼聲摩尼幢世界‧蓮華光恒垂妙臂佛

③妙光輪世界‧法界光音覺悟慧佛

②妙香輪世界‧無量力幢佛

①眾生海寶光明世界（真珠之藏狀）‧不思議功德遍照月佛

蓮　華　因　陀　羅　網　香　水　海

依　一　切　香　摩　尼　莊　嚴　蓮　華　住

以「一切佛智光音聲」為體

空輪　　　　　　　　　　　　　　空輪

果濱監製

7

諸佛子！此「蓮華因陀羅網香水海」右旋，次有「香水海」，名「積集寶香藏」；「世界種」名「一切威德莊嚴」，以「一切佛法輪音聲」為體。

(1)此中最下方，有世界名「種種出生」；形如「金剛」，依「種種金剛山幢」住，「金剛寶光雲」而覆其上，佛剎微塵數世界圍遶，純一清淨，佛號「蓮華眼」。

(2)此上過佛剎微塵數世界，有世界名「喜見音」；佛號「生喜樂」。

(3)此上過佛剎微塵數世界，有世界名「寶莊嚴幢」；佛號「一切智」。

(4)此上過佛剎微塵數世界，有世界名「多羅華普照」；佛號「無垢寂妙音」。

(5)此上過佛剎微塵數世界，有世界名「變化光」；佛號「清淨空智慧月」。

(6)此上過佛剎微塵數世界，有世界名「眾妙間錯」；佛號「開示福德海密雲相」。

(7)此上過佛剎微塵數世界，有世界名「一切莊嚴具妙音聲」；佛號「歡喜雲」。

(8)此上過佛剎微塵數世界，有世界名「蓮華池」；佛號「名稱幢」。

(9)此上過佛剎微塵數世界，有世界名「一切寶莊嚴」；佛號「頻申觀察眼」。

(10)此上過佛剎微塵數世界，有世界名「淨妙華」；佛號「無盡金剛智」。

(11)此上過佛剎微塵數世界，有世界名「蓮華莊嚴城」；佛號「日藏眼普光明」。

(12)此上過佛剎微塵數世界，有世界名「無量樹峯」；佛號「一切法雷音」。

(13)此上過佛剎微塵數世界，有世界名「日光明」；佛號「開示無量智」。

(14)此上過佛剎微塵數世界，有世界名「依止蓮華葉」；佛號「一切福德山」。

(15)此上過佛剎微塵數世界，有世界名「風普持」；佛號「日曜根」。

(16)此上過佛剎微塵數世界，有世界名「光明顯現」；佛號「身光普照」。

(17)此上過佛剎微塵數世界，有世界名「香雷音金剛寶普照」；佛號「最勝華開敷相」。

(18)缺

(19)缺

(20)此上過佛剎微塵數世界，有世界名「帝網莊嚴」；形如「欄楯形」，依「一切莊嚴海」住，「光焰樓閣雲」彌覆其上，二十佛剎微塵數世界圍遶，純一清淨，佛號「示現無畏雲」。

一切威德莊嚴世界種

位於「蓮華因陀羅網香水海」右旋（編號7）

⑳ 帝網莊嚴世界（欄楯形）・示現無畏雲佛

⑲ 從缺
⑱ 從缺

⑰ 香雷音金剛寶普照世界・最勝華開敷相佛
⑯ 光明顯現世界・身光普照佛
⑮ 風普持世界・日曜根佛
⑭ 依止蓮華葉世界・一切福德山佛
⑬ 日光明世界・開示無量智佛
⑫ 無量樹峯世界・一切法雷音佛
⑪ 蓮華莊嚴城世界・日藏眼普光明佛
⑩ 淨妙華世界・無盡金剛智佛
⑨ 一切寶莊嚴世界・頻申觀察眼佛
⑧ 蓮華池世界・名稱幢佛
⑦ 一切莊嚴具妙音聲世界・歡喜雲佛
⑥ 眾妙間錯世界・開示福德海密雲相佛
⑤ 變化光世界・清淨空智慧月佛
④ 多羅華普照世界・無垢寂妙音佛
③ 寶莊嚴幢世界・一切智佛
② 喜見音世界・生喜樂佛
① 種種出生世界（金剛形）・蓮華眼佛

積 極 寶 香 藏 香 水 海

以「一切佛法輪音聲」為體

空輪　　　　　　　　　　空輪

果濱監製

8

諸佛子！此「積集寶香藏香水海」右旋，次有「香水海」，名「寶莊嚴」；「世界種」名「普無垢」，以「一切微塵中佛剎神變聲」為體。

(1)此中最下方，有世界名「淨妙平坦」；形如「寶身」，依「一切寶光輪海」住，「種種栴檀摩尼真珠雲」而覆其上，佛剎微塵數世界圍遶，純一清淨，佛號「難摧伏無等幢」。

(2)此上過佛剎微塵數世界，有世界名「熾然妙莊嚴」；佛號「蓮華慧神通王」。

(3)此上過佛剎微塵數世界，有世界名「微妙相輪幢」；佛號「十方大名稱無盡光」。

(4)此上過佛剎微塵數世界，有世界名「焰藏摩尼妙莊嚴」；佛號「大智慧見聞皆歡喜」。

(5)此上過佛剎微塵數世界，有世界名「妙華莊嚴」；佛號「無量力最勝智」。

(6)此上過佛剎微塵數世界，有世界名「出生淨微塵」；佛號「超勝梵」。

(7)此上過佛剎微塵數世界，有世界名「普光明變化香」；佛號「香象金剛大力勢」。

(8)此上過佛剎微塵數世界，有世界名「光明旋」；佛號「義成善名稱」。

(9)此上過佛剎微塵數世界，有世界名「寶瓔珞海」；佛號「無比光遍照」。

(10)此上過佛剎微塵數世界，有世界名「妙華燈幢」；佛號「究竟功德無礙慧燈」。

(11)此上過佛剎微塵數世界，有世界名「善巧莊嚴」；佛號「慧日波羅蜜」。

(12)此上過佛剎微塵數世界，有世界名「栴檀華普光明」；佛號「無邊慧法界音」。

(13)此上過佛剎微塵數世界，有世界名「帝網幢」；佛號「燈光迥照」。

(14)此上過佛剎微塵數世界，有世界名「淨華輪」；佛號「法界日光明」。

(15)此上過佛剎微塵數世界，有世界名「大威耀」；佛號「無邊功德海法輪音」。

(16)此上過佛剎微塵數世界，有世界名「同安住寶蓮華池」；佛號「開示入不可思議智」。

(17)此上過佛剎微塵數世界，有世界名「平坦地」；佛號「功德寶光明王」。

(18)此上過佛剎微塵數世界，有世界名「香摩尼聚」；佛號「無盡福德海妙莊嚴」。

(19)此上過佛剎微塵數世界，有世界名「微妙光明」；佛號「無等力普遍音」。

(20)此上過佛剎微塵數世界，有世界名「十方普堅固莊嚴照耀」；其形「八隅」，依「心王摩尼輪海」住，「一切寶莊嚴帳雲」彌覆其上，二十佛剎微塵數世界圍遶，純一清淨，佛號「普眼大明燈」。

普無垢世界種

位於「積集寶香藏香水海」右旋（編號8）

⑳十方普堅固莊嚴照耀世界（八隅形）‧普眼大明燈佛

⑲微妙光明世界‧無等力普遍音佛

⑱香摩尼聚世界‧無盡福德海妙莊嚴佛

⑰平坦地世界‧功德寶光明王佛

⑯同安住寶蓮華池世界‧開示入不可思議智佛

⑮大威耀世界‧無邊功德海法輪音佛

⑭淨華輪世界‧法界日光明佛

⑬帝網幢世界‧燈光迴照佛

⑫栴檀華普光明世界‧無邊慧法界音佛

⑪善巧莊嚴世界‧慧日波羅蜜佛

⑩妙華燈幢世界‧究竟功德無礙慧燈佛

⑨寶瓔珞海世界‧無比光遍照佛

⑧光明旋世界‧義成善名稱佛

⑦普光明變化香世界‧香象金剛大力勢佛

⑥出生淨微塵世界‧超勝梵佛

⑤妙華莊嚴世界‧無量力最勝智佛

④焰藏摩尼妙莊嚴世界‧大智慧見聞皆歡喜佛

③微妙相輪幢世界‧十方大名稱無盡光佛

②熾然妙莊嚴世界‧蓮華慧神通王佛

①淨妙平坦世界（寶身形）‧難摧伏無等幢佛

寶　莊　嚴　香　水　海

以「一切微塵中佛剎神變聲」為體

空輪　　　　　　　　　　空輪

果濱監製

9

諸佛子！此「寶莊嚴香水海」右旋，次有「香水海」，名「金剛寶聚」；「世界種」名「法界行」，以「一切菩薩地方便法音聲」為體。

(1)此中最下方，有世界名「淨光照耀」；形如「珠貫」，依「一切寶色珠瓔海」住，「菩薩珠髻光明摩尼雲」而覆其上，佛剎微塵數世界圍遶，純一清淨，佛號「最勝功德光」。

(2)此上過佛剎微塵數世界，有世界名「妙蓋」；佛號「法自在慧」。

(3)此上過佛剎微塵數世界，有世界名「寶莊嚴師子座」；佛號「大龍淵」。

(4)此上過佛剎微塵數世界，有世界名「出現金剛座」；佛號「昇師子座蓮華臺」。

(5)此上過佛剎微塵數世界，有世界名「蓮華勝音」；佛號「智光普開悟」。

(6)此上過佛剎微塵數世界，有世界名「善慣習」；佛號「持地妙光王」。

(7)此上過佛剎微塵數世界，有世界名「喜樂音」；佛號「法燈王」。

(8)此上過佛剎微塵數世界，有世界名「摩尼藏因陀羅網」；佛號「不空見」。

(9)此上過佛剎微塵數世界，有世界名「衆妙地藏」；佛號「焰身幢」。

(10)此上過佛剎微塵數世界，有世界名「金光輪」；佛號「淨治衆生行」。

(11)此上過佛剎微塵數世界，有世界名「須彌山莊嚴」；佛號「一切功德雲普照」。

(12)此上過佛剎微塵數世界，有世界名「衆樹形」；佛號「寶華相淨月覺」。

(13)此上過佛剎微塵數世界，有世界名「無怖畏」；佛號「最勝金光炬」。

(14)此上過佛剎微塵數世界，有世界名「大名稱龍王幢」；佛號「觀等一切法」。

(15)此上過佛剎微塵數世界，有世界名「示現摩尼色」；佛號「變化日」。

(16)此上過佛剎微塵數世界，有世界名「光焰燈莊嚴」；佛號「寶蓋光遍照」。

(17)此上過佛剎微塵數世界，有世界名「香光雲」；佛號「思惟慧」。

(18)此上過佛剎微塵數世界，有世界名「無怨讎」；佛號「精進勝慧海」。

(19)此上過佛剎微塵數世界，有世界名「一切莊嚴具光明幢」；佛號「普現悅意蓮華自在王」。

(20)此上過佛剎微塵數世界，有世界名「毫相莊嚴」；形如「半月」，依「須彌山摩尼華海」住，「一切莊嚴熾盛光摩尼王雲」彌覆其上，二十佛剎微塵數世界圍遶，純一清淨，佛號「清淨眼」。

法界行世界種
位於「寶莊嚴香水海」右旋（編號9）

⑳毫相莊嚴世界（半月形）‧清淨眼佛

⑲一切莊嚴具光明幢世界‧普現悅意蓮華自在王佛

⑱無怨讎世界‧精進勝慧海佛

⑰香光雲世界‧思惟慧佛

⑯光焰燈莊嚴世界‧寶蓋光遍照佛

⑮示現摩尼色世界‧變化日佛

⑭大名稱龍王幢世界‧觀等一切法佛

⑬無怖畏世界‧最勝金光炬佛

⑫眾樹形世界‧寶華相淨月覺佛

⑪須彌山莊嚴世界‧一切功德雲普照佛

⑩金光輪世界‧淨治眾生行佛

⑨眾妙地藏世界‧焰身幢佛

⑧摩尼藏因陀羅網世界‧不空見佛

⑦喜樂音世界‧法燈王佛

⑥善慣習世界‧持地妙光王佛

⑤蓮華勝音世界‧智光普開悟佛

④出現金剛座世界‧昇師子座蓮華臺佛

③寶莊嚴師子座世界‧大龍淵佛

②妙蓋世界‧法自在慧佛

①淨光照耀世界（珠貫形）‧最勝功德光佛

金　剛　寶　聚　香　水　海

以「一切菩薩地方便法音聲」為體

空輪　　　　　　空輪

果濱監製

10

諸佛子！此「金剛寶聚香水海」右旋，次有「香水海」，名「天城寶堞」；「世界種」名「燈焰光明」，以「普示一切平等法輪音」為體。

(1)此中最下方，有世界名「寶月光焰輪」；形如「一切莊嚴具」，依「一切寶莊嚴華海」住，「瑠璃色師子座雲」而覆其上。佛剎微塵數世界圍遶，純一清淨，佛號「日月自在光」。

(2)此上過佛剎微塵數世界，有世界名「須彌寶光」；佛號「無盡法寶幢」。

(3)此上過佛剎微塵數世界，有世界名「眾妙光明幢」；佛號「大華聚」。

(4)此上過佛剎微塵數世界，有世界名「摩尼光明華」；佛號「人中最自在」。

(5)此上過佛剎微塵數世界，有世界名「普音」；佛號「一切智遍照」。

(6)此上過佛剎微塵數世界，有世界名「大樹緊那羅音」；佛號「無量福德自在龍」。

(7)此上過佛剎微塵數世界，有世界名「無邊淨光明」；佛號「功德寶華光」。

(8)此上過佛剎微塵數世界，有世界名「最勝音」；佛號「一切智莊嚴」。

(9)此上過佛剎微塵數世界，有世界名「眾寶間飾」；佛號「寶焰須彌山」。

(10)此上過佛剎微塵數世界，有世界名「清淨須彌音」；佛號「出現一切行光明」。

(11)此上過佛剎微塵數世界，有世界名「香水蓋」；佛號「一切波羅蜜無礙海」。

(12)此上過佛剎微塵數世界，有世界名「師子華網」；佛號「寶焰幢」。

(13)此上過佛剎微塵數世界，有世界名「金剛妙華燈」；佛號「一切大願光」。

(14)此上過佛剎微塵數世界，有世界名「一切法光明地」；佛號「一切法廣大真實義」。

(15)此上過佛剎微塵數世界，有世界名「真珠末平坦莊嚴」；佛號「勝慧光明網」。

(16)此上過佛剎微塵數世界，有世界名「瑠璃華」；佛號「寶積幢」。

(17)此上過佛剎微塵數世界，有世界名「無量妙光輪」；佛號「大威力智海藏」。

(18)此上過佛剎微塵數世界，有世界名「明見十方」；佛號「淨修一切功德幢」。

(19)缺

(20)此上過佛剎微塵數世界，有世界名「可愛樂梵音」；形如「佛手」，依「寶光網海」住，「菩薩身一切莊嚴雲」彌覆其上，二十佛剎微塵數世界圍遶，純一清淨，佛號「普照法界無礙光」。

燈焰光明世界種
位於「金剛寶聚香水海」右旋（編號10）

㉑ 可愛樂梵音世界（佛手形）・普照法界無礙光佛

⑲ 從缺

⑱ 明見十方世界・淨修一切功德幢佛

⑰ 無量妙光輪世界・大威力智海藏佛

⑯ 瑠璃華世界・寶積幢佛

⑮ 真珠末平坦莊嚴世界・勝慧光明網佛

⑭ 一切法光明地世界・一切法廣大真實義佛

⑬ 金剛妙華燈世界・一切大願光佛

⑫ 師子華網世界・寶焰幢佛

⑪ 香水蓋世界・一切波羅蜜無礙海佛

⑩ 清淨須彌音世界・出現一切行光明佛

⑨ 眾寶間飾世界・寶焰須彌山佛

⑧ 最勝音世界・一切智莊嚴佛

⑦ 無邊淨光明世界・功德寶華光佛

⑥ 大樹緊那羅音世界・無量福德自在龍佛

⑤ 普音世界・一切智遍照佛

④ 摩尼光明華世界・人中最自在佛

③ 眾妙光明幢世界・大華聚佛

② 須彌寶光世界・無盡法寶幢佛

① 寶月光焰輪世界（一切莊嚴具形）・日月自在光佛

天城寶堞 香水海

以「普示一切平等法輪音」為體

空輪　　空輪

果濱監製

右旋圍繞「普照十方熾然寶光明世界種」的10個「世界種」示意圖

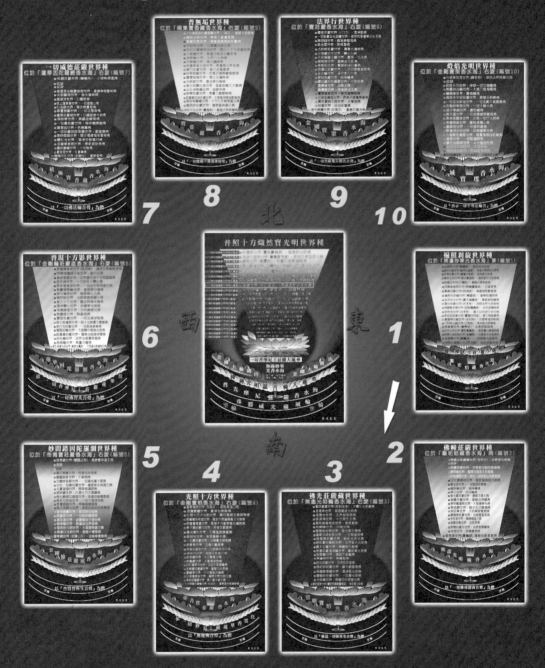

此圖為華藏莊嚴世界海中央十一個世界種安立圖，每一海皆為香水，故稱「香水海」。每一海中皆有殊勝大妙蓮花，妙蓮花上皆有二十重無量世界，叫世界種。右旋次第從東到南到西到北。

果濱監製

「華藏莊嚴世界」底下11重「風輪」示意圖

普照十方
熾燃寶光明
世界種

一切香摩尼王
莊嚴大蓮花

無邊妙華光香水海

金剛大輪圍山

種種光明蕊香幢大蓮花

普光摩尼莊嚴香水海

最上
第11重
第10重　　　殊勝威光藏風輪
第9重　　　　　　　一切寶色香臺雲
　　　　　種種寶殿遊行
第8重　　　　　　　一切香摩尼須彌雲
　　　　　速疾普持風輪
第7重　　　　　　　一切摩尼王樹華
　　　一切寶光明風輪
第6重　　　　　　　一切珠王幢
　　　聲遍十方風輪
第5重　　　　　　　一切華燄師子座
　　　普清淨風輪
第4重　　　　　　　光明輪華
　　　種種普莊嚴風輪
第3重　　　　　　　日光明相摩尼王輪
　　　平等燄風輪
第2重　　　　　　　一切寶鈴
　　寶威德風輪
第1重　　　　　　　淨光照耀摩尼王幢
　　出生種種寶莊嚴風輪
　　　　　　　一切寶燄熾燃莊嚴
　　　平等住風輪

十方世界海安立圖
華藏莊嚴
世界海
無礙功德
光明王佛
摩尼寶照耀
莊嚴世界海
無相妙
光明國土
一切法
無畏燈佛
閻浮檀金玻瓈
色幢世界海
衆寶莊嚴國土
法水覺虛空
無邊王佛
清淨光蓮華莊嚴
世界海
摩尼瓔珞
金剛藏國土
普喜深信王佛
金莊嚴瑠璃光
普照世界海
清淨香光明
國土
普智光明德
須彌王佛
一切寶月光明
莊嚴藏世界海
無邊光圓滿
莊嚴國土
法界光明佛
蓮華香
妙德藏世界海
寶師子光明
照耀國土
普智
光明音佛
日光遍照
世界海
師子日光明
國土
香焰功德寶
莊嚴佛
可愛樂寶光明
世界海
出生上妙資
身具國土
無量功德海
光明佛
寶光照耀
世界海
衆香莊嚴
國土
普智幢
音王佛
毘瑠璃蓮華光
圓滿藏世界海
優鉢羅華
莊嚴國土
上方
北
西北
西
西南
下方
果濱監製

唐·實叉難陀譯《大方廣佛華嚴經·卷第十·華藏世界品第五之三》
爾時，普賢菩薩復告大眾言：

1

(1)諸佛子！彼「離垢焰藏香水海」東，次有「香水海」，名「變化微妙身」；此海中，有「世界種」名「善布差別方」。

(2)次有「香水海」，名「金剛眼幢」；「世界種」名「莊嚴法界橋」。

(3)次有「香水海」，名「種種蓮華妙莊嚴」；「世界種」名「恒出十方變化」。

(4)次有「香水海」，名「無間寶王輪」；「世界種」名「寶蓮華莖密雲」。

(5)次有「香水海」，名「妙香焰普莊嚴」；「世界種」名「毘盧遮那變化行」。

(6)次有「香水海」，名「寶末閻浮幢」；「世界種」名「諸佛護念境界」。

(7)次有「香水海」，名「一切色熾然光」；「世界種」名「最勝光遍照」。

(8)次有「香水海」，名「一切莊嚴具境界」；「世界種」名「寶焰燈」。

(9)缺

(10)如是等不可說佛刹微塵數「香水海」，其最近「輪圍山」香水海，名「玻璨地」；「世界種」名「常放光明」，以「世界海清淨劫音聲」為體。

❶此中最下方，有「世界」名「可愛樂淨光幢」，佛刹微塵數世界圍遶，純一清淨，佛號「最勝三昧精進慧」。

❷此上過「十佛刹」微塵數世界，與「金剛幢世界」齊等，有「世界」名「香莊嚴幢」，十佛刹微塵數世界圍遶，純一清淨，佛號「無障礙法界燈」。

❸此上過「三佛刹」微塵數世界，與「娑婆世界」齊等，有「世界」名「放光明藏」；佛號「遍法界無障礙慧明」。

❹此上過「七佛刹」微塵數世界，至此「世界種」（指「常放光明」世界種）最上方，有「世界」名「最勝身香」，二十佛刹微塵數世界圍遶，純一清淨，佛號「覺分華」。

2

(1)諸佛子！彼「無盡光明輪香水海」外，次有「香水海」，名「具足妙光」；「世界種」名「遍無垢」。

(2)次有「香水海」，名「光耀蓋」；「世界種」名「無邊普莊嚴」。

(3)次有「香水海」，名「妙寶莊嚴」；「世界種」名「香摩尼軌度形」。

(4)次有「香水海」，名「出佛音聲」；「世界種」名「善建立莊嚴」。

(5)次有「香水海」，名「香幢須彌藏」；「世界種」名「光明遍滿」。

(6)次有「香水海」，名「栴檀妙光明」；「世界種」名「華焰輪」。

(7)次有「香水海」，名「風力持」；「世界種」名「寶焰雲幢」。

(8)次有「香水海」，名「帝釋身莊嚴」；「世界種」名「真珠藏」。

(9)次有「香水海」，名「平坦嚴淨」；「世界種」名「毘瑠璃末種種莊嚴」。

(10)如是等不可說佛刹微塵數「香水海」，其最近「輪圍山」香水海，名「妙樹華」；「世界種」名「出生諸方廣大刹」，以「一切佛摧伏魔音」為體。

❶此中最下方，有「世界」名「焰炬幢」；佛號「世間功德海」。

❷此上過「十佛剎」微塵數世界，與「金剛幢世界」齊等，有「世界」名「出生寶」；佛號「師子力寶雲」。

❸此上與「娑婆世界」齊等，有「世界」名「衣服幢」；佛號「一切智海王」。

❹於此「世界種」(指「出生諸方廣大剎」世界種)最上方，有「世界」名「寶瓔珞師子光明」；佛號「善變化蓮華幢」。

3

(1)諸佛子！彼「金剛焰光明香水海」外，次有「香水海」，名「一切莊嚴具瑩飾幢」；「世界種」名「清淨行莊嚴」。

(2)次有「香水海」，名「一切寶華光耀海」；「世界種」名「功德相莊嚴」。

(3)次有「香水海」，名「蓮華開敷」；「世界種」名「菩薩摩尼冠莊嚴」。

(4)次有「香水海」，名「妙寶衣服」；「世界種」名「淨珠輪」。

(5)次有「香水海」，名「可愛華遍照」；「世界種」名「百光雲照耀」。

(6)次有「香水海」，名「遍虛空大光明」；「世界種」名「寶光普照」。

(7)次有「香水海」，名「妙華莊嚴幢」；「世界種」名「金月眼瓔珞」。

(8)次有「香水海」，名「真珠香海藏」；「世界種」名「佛光明」。

(9)次有「香水海」，名「寶輪光明」；「世界種」名「善化現佛境界光明」。

(10)如是等不可說佛剎微塵數「香水海」，其最近「輪圍山」香水海，名「無邊輪莊嚴底」；「世界種」名「無量方差別」，以「一切國土種種言說音」為體。

❶此中最下方，有「世界」名「金剛華蓋」；佛號「無盡相光明普門音」。

❷此上過「十佛剎」微塵數世界，有「世界」與「金剛幢世界」齊等，名「出生寶衣幢」；佛號「福德雲大威勢」。

❸此上與「娑婆世界」齊等，有「世界」名「眾寶具妙莊嚴」；佛號「勝慧海」。

❹於此「世界種」(指「無量方差別」世界種)最上方，有「世界」名「日光明衣服幢」；佛號「智日蓮華雲」。

4

(1)諸佛子！彼「帝青寶莊嚴香水海」外，次有「香水海」，名「阿修羅宮殿」；「世界種」名「香水光所持」。

(2)次有「香水海」，名「寶師子莊嚴」；「世界種」名「遍示十方一切寶」。

(3)次有「香水海」，名「宮殿色光明雲」；「世界種」名「寶輪妙莊嚴」。

(4)次有「香水海」，名「出大蓮華」；「世界種」名「妙莊嚴遍照法界」。

(5)次有「香水海」，名「燈焰妙眼」；「世界種」名「遍觀察十方變化」。

(6)次有「香水海」，名「不思議莊嚴輪」；「世界種」名「十方光明普名稱」。

(7)次有「香水海」，名「寶積莊嚴」；「世界種」名「燈光照耀」。

(8)次有「香水海」，名「清淨寶光明」；「世界種」名「須彌無能為礙風」。

(9)次有「香水海」，名「寶衣欄楯」；「世界種」名「如來身光明」。

(10)如是等不可說佛剎微塵數「香水海」，其最近「輪圍山」香水海，名「樹莊嚴幢」；「世界種」名「安住帝網」，以「一切菩薩智地音聲」為體。

❶此中最下方，有「世界」名「妙金色」；佛號「香焰勝威光」。

❷此上過「十佛刹」微塵數世界，與「金剛幢」世界齊等，有「世界」名「摩尼樹華」；佛號「無礙普現」。

❸此上與「娑婆世界」齊等，有「世界」名「毘瑠璃妙莊嚴」；佛號「法自在堅固慧」。

❹於此「世界種」(指「安住帝網」世界種)最上方，有「世界」名「梵音妙莊嚴」；佛號「蓮華開敷光明王」。

5

(1)諸佛子！彼「金剛輪莊嚴底」香水海外，次有「香水海」，名「化現蓮華處」；「世界種」名「國土平正」。

(2)次有「香水海」，名「摩尼光」；「世界種」名「遍法界無迷惑」。

(3)次有「香水海」，名「眾妙香日摩尼」；「世界種」名「普現十方」。

(4)次有「香水海」，名「恒納寶流」；「世界種」名「普行佛言音」。

(5)次有「香水海」，名「無邊深妙音」；「世界種」名「無邊方差別」。

(6)次有「香水海」，名「堅實積聚」；「世界種」名「無量處差別」。

(7)次有「香水海」，名「清淨梵音」；「世界種」名「普清淨莊嚴」。

(8)次有「香水海」，名「栴檀欄楯音聲藏」；「世界種」名「迥出幢」。

(9)次有「香水海」，名「妙香寶王光莊嚴」；「世界種」名「普現光明力」。

(10)缺

❶缺
❷缺
❸缺
❹缺

6

(1)諸佛子！彼「蓮華因陀羅網香水海」外，次有「香水海」，名「銀蓮華妙莊嚴」；「世界種」名「普遍行」。

(2)次有「香水海」，名「毘瑠璃竹密焰雲」；「世界種」名「普出十方音」。

(3)次有「香水海」，名「十方光焰聚」；「世界種」名「恒出變化分布十方」。

(4)次有「香水海」，名「出現真金摩尼幢」；「世界種」名「金剛幢相」。

(5)次有「香水海」，名「平等大莊嚴」；「世界種」名「法界勇猛旋」。

(6)次有「香水海」，名「寶華叢無盡光」；「世界種」名「無邊淨光明」。

(7)次有「香水海」，名「妙金幢」；「世界種」名「演說微密處」。

(8)次有「香水海」，名「光影遍照」；「世界種」名「普莊嚴」。

(9)次有「香水海」，名「寂音」；「世界種」名「現前垂布」。

(10)如是等不可說佛刹微塵數「香水海」，其最近「輪圍山」香水海，名「密焰雲幢」；「世界種」名「一切光莊嚴」，以「一切如來道場眾會音」為體。

❶於此最下方，有「世界」名「淨眼莊嚴」；佛號「金剛月遍照十方」。

❷此上過「十佛刹」微塵數世界，與「金剛幢世界」齊等，有「世界」名「蓮華德」；佛號「大精進善覺慧」。

❸此上與「娑婆世界」齊等，有「世界」名「金剛密莊嚴」；佛號「娑羅王幢」。

❹此上過「七佛剎」微塵數世界，有「世界」名「淨海莊嚴」；佛號「威德絕倫無能制伏」。

7

(1)諸佛子！彼「積集寶香藏香水海」外，次有「香水海」，名「一切寶光明遍照」；「世界種」名「無垢稱莊嚴」。

(2)次有「香水海」，名「眾寶華開敷」；「世界種」名「虛空相」。

(3)次有「香水海」，名「吉祥幰遍照」；「世界種」名「無礙光普莊嚴」。

(4)次有「香水海」，名「栴檀樹華」；「世界種」名「普現十方旋」。

(5)次有「香水海」，名「出生妙色寶」；「世界種」名「勝幢周遍行」。

(6)次有「香水海」，名「普生金剛華」；「世界種」名「現不思議莊嚴」。

(7)次有「香水海」，名「心王摩尼輪嚴飾」；「世界種」名「示現無礙佛光明」。

(8)次有「香水海」，名「積集寶瓔珞」；「世界種」名「淨除疑」。

(9)次有「香水海」，名「真珠輪普莊嚴」；「世界種」名「諸佛願所流」。

(10)如是等不可說佛剎微塵數「香水海」，其最近「輪圍山」香水海，名「閻浮檀寶藏輪」；「世界種」名「普音幢」，以「入一切智門音聲」為體。

❶此中最下方，有「世界」名「華蘂焰」；佛號「精進施」。

❷此上過「十佛剎」微塵數世界，與「金剛幢世界」齊等，有「世界」名「蓮華光明幢」；佛號「一切功德最勝心王」。

❸此上過「三佛剎」微塵數世界，與「娑婆世界」齊等，有「世界」名「十力莊嚴」；佛號「善出現無量功德王」。

❹於此「世界種」(指「普音幢」世界種)最上方，有「世界」名「摩尼香山幢」；佛號「廣大善眼淨除疑」。

8

(1)諸佛子！彼「寶莊嚴香水海」外，次有「香水海」，名「持須彌光明藏」；「世界種」名「出生廣大雲」。

(2)次有「香水海」，名「種種莊嚴大威力境界」；「世界種」名「無礙淨莊嚴」。

(3)次有「香水海」，名「密布寶蓮華」；「世界種」名「最勝燈莊嚴」。

(4)次有「香水海」，名「依止一切寶莊嚴」；「世界種」名「日光明網藏」。

(5)次有「香水海」，名「眾多嚴淨」；「世界種」名「寶華依處」。

(6)次有「香水海」，名「極聰慧行」；「世界種」名「最勝形莊嚴」。

(7)次有「香水海」，名「持妙摩尼峯」；「世界種」名「普淨虛空藏」。

(8)次有「香水海」，名「大光遍照」；「世界種」名「帝青炬光明」。

(9)次有「香水海」，名「可愛摩尼珠充滿遍照」；「世界種」名「普吼聲」。

(10)如是等不可說佛剎微塵數「香水海」，其最近「輪圍山」香水海，名「出帝青寶」；「世界種」名「周遍無差別」，以「一切菩薩震吼聲」為體。

❶此中最下方，有「世界」名「妙勝藏」；佛號「最勝功德慧」。

❷此上過「十佛剎」微塵數世界，與「金剛幢世界」齊等，有「世界」名「莊嚴相」；佛號「超勝大光明」。

❸此上與「娑婆世界」齊等，有「世界」名「瑠璃輪普莊嚴」；佛號「須彌燈」。

❹於此「世界種」(指「周遍無差別」世界種)最上方，有「世界」名「華幢海」；佛號「無盡變化妙慧雲」。

9

(1)諸佛子！彼「金剛寶聚香水海」外，次有「香水海」，名「崇飾寶埤堄」(古代城牆上的矮牆)；「世界種」名「秀出寶幢」。

(2)次有「香水海」，名「寶幢莊嚴」；「世界種」名「現一切光明」。

(3)次有「香水海」，名「妙寶雲」；「世界種」名「一切寶莊嚴光明遍照」。

(4)次有「香水海」，名「寶樹華莊嚴」；「世界種」名「妙華間飾」。

(5)次有「香水海」，名「妙寶衣莊嚴」；「世界種」名「光明海」。

(6)次有「香水海」，名「寶樹峯」；「世界種」名「寶焰雲」。

(7)次有「香水海」，名「示現光明」；「世界種」名「入金剛無所礙」。

(8)次有「香水海」，名「蓮華普莊嚴」；「世界種」名「無邊岸海淵」。

(9)次有「香水海」，名「妙寶莊嚴」；「世界種」名「普示現國土藏」。

(10)如是等不可說佛剎微塵數「香水海」，其最近「輪圍山」香水海，名「不可壞海」；「世界種」名「妙輪間錯蓮華場」，以「一切佛力所出音」為體。

❶此中最下方，有「世界」名「最妙香」；佛號「變化無量塵數光」。

❷此上過十佛剎微塵數世界，與「金剛幢世界」齊等，有「世界」名「不思議差別莊嚴門」；佛號「無量智」。

❸此上與「娑婆世界」齊等，有「世界」名「十方光明妙華藏」；佛號「師子眼光焰雲」。

❹於此(指「妙輪間錯蓮華場」世界種)最上方，有「世界」名「海音聲」；佛號「水天光焰門」。

10

(1)諸佛子！彼「天城寶堞香水海」外，次有「香水海」，名「焰輪赫奕光」；「世界種」名「不可說種種莊嚴」。

(2)次有「香水海」，名「寶塵路」；「世界種」名「普入無量旋」。

(3)次有「香水海」，名「具一切莊嚴」；「世界種」名「寶光遍照」。

(4)次有「香水海」，名「布眾寶網」；「世界種」名「安布深密」。

(5)次有「香水海」，名「妙寶莊嚴幢」；「世界種」名「世界海明了音」。

(6)次有「香水海」，名「日宮清淨影」；「世界種」名「遍入因陀羅網」。

(7)次有「香水海」，名「一切鼓樂美妙音」；「世界種」名「圓滿平正」。

(8)次有「香水海」，名「種種妙莊嚴」；「世界種」名「淨密光焰雲」。

(9)次有「香水海」，名「周遍寶焰燈」；「世界種」名「隨佛本願種種形」。

(10)如是等不可說佛剎微塵數「香水海」，其最近「輪圍山」香水海，名「積集瓔珞衣」；「世界種」名「化現妙衣」，以「三世一切佛音聲」為體。

❶此中最下方，有「香水海」，名「因陀羅華藏」，世界名「發生歡喜」，佛剎微塵數世界圍遶，純一清淨，佛號「堅悟智」。

❷此上過「十佛剎」微塵數世界，與「金剛幢世界」齊等，有「世界」名「寶網莊嚴」，十佛剎微塵數世界圍遶，純一清淨，佛號「無量歡喜光」。

❸此上過「三佛剎」微塵數世界，與「娑婆世界」齊等，有「世界」名「寶蓮華師子座」，十三佛剎微塵數世界圍遶，佛號「最清淨不空聞」。

❹此上過「七佛剎」微塵數世界，至此「世界種」(指「化現妙衣」世界種)最上方，有「世界」名「寶色龍光明」，二十佛剎微塵數世界圍遶，純一清淨，佛號「遍法界普照明」。

諸佛子！如是「十」不可說佛剎微塵數「香水海」中，有「十」不可說佛剎微塵數「世界種」，皆依「現一切菩薩形摩尼王幢莊嚴蓮華」住，
①各各莊嚴際無有間斷，
②各各放寶色光明，
③各各光明雲而覆其上，
④各各莊嚴具，
⑤各各劫差別，
⑥各各佛出現，
⑦各各演法海，
⑧各各眾生遍充滿，
⑨各各十方普趣入，
⑩各各一切佛神力所加持。

此一一「世界種」(總共有 111 個「世界種」)中，一切世界依「種種莊嚴」住，遞相接連，成「世界網」；於「華藏莊嚴世界海」(由 111 個「世界種」構成)種種差別，周遍建立。

「華藏莊嚴世界海」示意圖

【共111個「世界種」合成「華藏世界海」】

金剛大輪圍山

普光摩尼莊嚴香水海

普光摩尼莊嚴香水海

種種光明蕊香幢大蓮花

殊勝威光藏風輪

殊勝威光藏風輪

空輪

空輪

果濱監製

爾時，普賢菩薩欲重宣其義，承佛威力而說頌言：

華藏世界海，法界等無別，莊嚴極清淨，安住於虛空。此世界海中，剎種難思議，
一一皆自在，各各無雜亂。華藏世界海，剎種善安布，殊形異莊嚴，種種相不同。
諸佛變化音，種種為其體，隨其業力見，剎種妙嚴飾。須彌山城網，水旋輪圓形，
廣大蓮華開，彼彼互圍遶。山幢樓閣形，旋轉金剛形，如是不思議，廣大諸剎種。
大海真珠焰，光網不思議，如是諸剎種，悉在蓮華住。一一諸剎種，光網不可說，
光中現眾剎，普遍十方海。一切諸剎種，所有莊嚴具，國土悉入中，普見無有盡。
剎種不思議，世界無邊際，種種妙嚴好，皆由大仙力。一切剎種中，世界不思議，
或成或有壞，或有已壞滅。譬如林中葉，有生亦有落，如是剎種中，世界有成壞。
譬如依樹林，種種果差別，如是依剎種，種種眾生住。譬如種子別，生果各殊異，
業力差別故，眾生剎不同。譬如心王寶，隨心見眾色，眾生心淨故，得見清淨剎。
譬如大龍王，興雲遍虛空，如是佛願力，出生諸國土。如幻師呪術，能現種種事，
眾生業力故，國土不思議。譬如眾繢像，畫師之所作，如是一切剎，心畫師所成。
眾生身各異，隨心分別起，如是剎種種，莫不皆由業。譬如見導師，種種色差別，
隨眾生心行，見諸剎亦然。一切諸剎際，周布蓮華網，種種相不同，莊嚴悉清淨。
彼諸蓮華網，剎網所安住，種種莊嚴事，種種眾生居。或有剎土中，險惡不平坦，
由眾生煩惱，於彼如是見。雜染及清淨，無量諸剎種，隨眾生心起，菩薩力所持。
或有剎土中，雜染及清淨，斯由業力起，菩薩之所化。有剎放光明，離垢寶所成，
種種妙嚴飾，諸佛令清淨。一一剎種中，劫燒不思議，所現雖敗惡，其處常堅固。
由眾生業力，出生多剎土，依止於風輪，及以水輪住。世界法如是，種種見不同，
而實無有生，亦復無滅壞。一一心念中，出生無量剎，以佛威神力，悉見淨無垢。
有剎泥土成，其體甚堅硬，黑闇無光照，惡業者所居。有剎金剛成，雜染大憂怖，
苦多而樂少，薄福之所處。或有用鐵成，或以赤銅作，石山險可畏，罪惡者充滿。
剎中有地獄，眾生苦無救，常在黑闇中，焰海所燒然。或復有畜生，種種醜陋形，
由其自惡業，常受諸苦惱。或見閻羅界，飢渴所煎逼，登上大火山，受諸極重苦。
或有諸剎土，七寶所合成，種種諸宮殿，斯由淨業得。汝應觀世間，其中人與天，
淨業果成就，隨時受快樂。一一毛孔中，億剎不思議，種種相莊嚴，未曾有迫隘。
眾生各各業，世界無量種，於中取著生，受苦樂不同。有剎眾寶成，常放無邊光，
金剛妙蓮華，莊嚴淨無垢。有剎光為體，依止光輪住，金色栴檀香，焰雲普照明。
有剎月輪成，香衣悉周布，於一蓮華內，菩薩皆充滿。有剎眾寶成，色相無諸垢，
譬如天帝網，光明恒照耀。有剎香為體，或是金剛華，摩尼光影形，觀察甚清淨。
或有難思剎，華旋所成就，化佛皆充滿，菩薩普光明。或有清淨剎，悉是眾華樹，
妙枝布道場，蔭以摩尼雲。有剎淨光照，金剛華所成，有是佛化音，無邊列成網。
有剎如菩薩，摩尼妙寶冠，或有如座形，從化光明出。或是栴檀末，或是眉間光，
或佛光中音，而成斯妙剎。有見清淨剎，以一光莊嚴，或見多莊嚴，種種皆奇妙。
或用十國土，妙物作嚴飾，或以千土中，一切為莊校；或以億剎物，莊嚴於一土，
種種相不同，皆如影像現。不可說土物，莊嚴於一剎，各各放光明，如來願力起。
或有諸國土，願力所淨治，一切莊嚴中，普見眾剎海。諸修普賢願，所得清淨土，
三世剎莊嚴，一切於中現。佛子汝應觀，剎種威神力，未來諸國土，如夢悉令見。
十方諸世界，過去國土海，咸於一剎中，現像猶如化。三世一切佛，及以其國土，

於一剎種中，一切悉觀見。一切佛神力，塵中現眾土，種種悉明見，如影無真實。
或有眾多剎，其形如大海，或如須彌山，世界不思議。有剎善安住，其形如帝網，
或如樹林形，諸佛滿其中。或作寶輪形，或有蓮華狀，八隅備眾飾，種種悉清淨。
或有如座形，或復有三隅，或如佉勒迦，城廓梵王身。或如天主髻，或有如半月，
或如摩尼山，或如日輪形。或有世界形，譬如香海旋，或作光明輪，佛昔所嚴淨。
或有輪輞形，或有壇墠形，或如佛毫相，肉髻廣長眼。或有如佛手，或如金剛杵，
或如焰山形，菩薩悉周遍。或如師子形，或如海蚌形，無量諸色相，體性各差別。
於一剎種中，剎形無有盡，皆由佛願力，護念得安住。有剎住一劫，或住於十劫，
乃至過百千，國土微塵數。或於一劫中，見剎有成壞，或無量無數，乃至不思議。
或有剎有佛，或有剎無佛，或有唯一佛，或有無量佛。國土若無佛，他方世界中，
有佛變化來，為現諸能事。沒天與降神，處胎及出生，降魔成正覺，轉無上法輪。
隨眾生心樂，示現種種相，為轉妙法輪，悉應其根欲。一一佛剎中，一佛出興世，
經於億千歲，演說無上法。眾生非法器，不能見諸佛，若有心樂者，一切處皆見。
一一剎土中，各有佛興世，一切剎中佛，億數不思議。此中一一佛，現無量神變，
悉遍於法界，調伏眾生海。有剎無光明，黑闇多恐懼，苦觸如刀劍，見者自酸毒。
或有諸天光，或有宮殿光，或日月光明，剎網難思議。有剎自光明，或樹放淨光，
未曾有苦惱，眾生福力故。或有山光明，或有摩尼光，或以燈光照，悉眾生業力。
或有佛光明，菩薩滿其中，有是蓮華光，焰色甚嚴好。有剎華光照，有以香水照，
塗香燒香照，皆由淨願力。有以雲光照，摩尼蚌光照，佛神力光照，能宣悅意聲。
或以寶光照，或金剛焰照，淨音能遠震，所至無眾苦。或有摩尼光，或是嚴具光，
或道場光明，照耀眾會中。佛放大光明，化佛滿其中，其光普照觸，法界悉周遍。
有剎甚可畏，嗥叫大苦聲，其聲極酸楚，聞者生厭怖。地獄畜生道，及以閻羅處，
是濁惡世界，恒出憂苦聲。或有國土中，常出可樂音，悅意順其教，斯由淨業得。
或有國土中，恒聞帝釋音，或聞梵天音，一切世主音。或有諸剎土，雲中出妙聲，
寶海摩尼樹，及樂音遍滿。諸佛圓光內，化聲無有盡，及菩薩妙音，周聞十方剎。
不可思議國，普轉法輪聲，願海所出聲，修行妙音聲。三世一切佛，出生諸世界，
名號皆具足，音聲無有盡。或有剎中聞，一切佛力音，地度及無量，如是法皆演。
普賢誓願力，億剎演妙音，其音若雷震，住劫亦無盡。佛於清淨國，示現自在音，
十方法界中，一切無不聞。

唐・實叉難陀譯《大方廣佛華嚴經・卷第六・如來現相品第二》

爾時，諸菩薩及一切世間主，作是思惟：
(1)云何是諸「佛地」？
(2)云何是諸「佛境界」？
(3)云何是諸「佛加持」？
(4)云何是諸「佛所行」？
(5)云何是諸「佛力」？
(6)云何是諸「佛無所畏」？
(7)云何是諸「佛三昧」？
(8)云何是諸「佛神通」？
(9)云何是諸「佛自在」？
(10)云何是諸「佛無能攝取」？
(11)云何是諸「佛眼」？
(12)云何是諸「佛耳」？
(13)云何是諸「佛鼻」？
(14)云何是諸「佛舌」？
(15)云何是諸「佛身」？
(16)云何是諸「佛意」？
(17)云何是諸「佛身光」？
(18)云何是諸「佛光明」？
(19)云何是諸「佛聲」？
(20)云何是諸「佛智」？
唯願世尊哀愍我等，開示演說！

又「十方世界海」，一切諸佛皆為諸菩薩說：
(1)世界海、
(2)眾生海、
(3)法海、
(4)安立海、
(5)佛海、
(6)佛波羅蜜海、
(7)佛解脫海、
(8)佛變化海、
(9)佛演說海、
(10)佛名號海、
(11)佛壽量海，及：
(12)一切菩薩誓願海、
(13)一切菩薩發趣海、
(14)一切菩薩助道海、
(15)一切菩薩乘海、

(16)一切菩薩行海、
(17)一切菩薩出離海、
(18)一切菩薩神通海、
(19)一切菩薩波羅蜜海、
(20)一切菩薩地海、
(21)一切菩薩智海。
願佛世尊亦為我等，如是而說！

爾時，諸菩薩威神力故，於一切供養具雲中，自然出音而說頌言：

　　無量劫中修行滿，菩提樹下成正覺，為度眾生普現身，如雲充遍盡未來。
　　眾生有疑皆使斷，廣大信解悉令發，無邊際苦普使除，諸佛安樂咸令證。
　　菩薩無數等剎塵，俱來此會同瞻仰，願隨其意所應受，演說妙法除疑惑。
　　云何了知諸佛地？云何觀察如來境？佛所加持無有邊，願示此法令清淨。
　　云何是佛所行處，而以智慧能明入？佛力清淨廣無邊，為諸菩薩應開示。
　　云何廣大諸三昧？云何淨治無畏法？神通力用不可量，願隨眾生心樂說。
　　諸佛法王如世主，所行自在無能制，及餘一切廣大法，為利益故當開演。
　　佛眼云何無有量？耳鼻舌身亦復然？意無有量復云何？願示能知此方便。
　　如諸剎海眾生海，法界所有安立海，及諸佛海亦無邊，願為佛子咸開暢。
　　永出思議眾度海，普入解脫方便海，所有一切法門海，此道場中願宣說。

爾時，世尊知諸菩薩心之所念，即於面門眾齒之間，放佛剎微塵數光明，所謂：
(1)眾寶華遍照光明、
(2)出種種音莊嚴法界光明、
(3)垂布微妙雲光明、
(4)十方佛坐道場現神變光明、
(5)一切寶焰雲蓋光明、
(6)充滿法界無礙光明、
(7)遍莊嚴一切佛剎光明、
(8)逈建立清淨金剛寶幢光明、
(9)普莊嚴菩薩眾會道場光明、
(10)妙音稱揚一切佛名號光明。
如是等佛剎微塵數，一一復有佛剎微塵數光明以為眷屬，其光悉具眾妙寶色，普照十方各一億佛剎微塵數「世界海」。彼「世界海」諸菩薩眾，於光明中，各得見此「華藏莊嚴世界海」。以佛神力，其光於彼一切菩薩眾會之前而說頌言：

　　無量劫中修行海，供養十方諸佛海，化度一切眾生海，今成妙覺遍照尊。
　　毛孔之中出化雲，光明普照於十方，應受化者咸開覺，令趣菩提淨無礙。
　　佛昔往來諸趣中，教化成熟諸群生，神通自在無邊量，一念皆令得解脫。
　　摩尼妙寶菩提樹，種種莊嚴悉殊特，佛於其下成正覺，放大光明普威耀。
　　大音震吼遍十方，普為弘宣寂滅法，隨諸眾生心所樂，種種方便令開曉。

往修諸度皆圓滿，等於千剎微塵數，一切諸力悉已成，汝等應往同瞻禮。
十方佛子等剎塵，悉共歡喜而來集，已雨諸雲為供養，今在佛前專觀仰。
如來一音無有量，能演契經深大海，普雨妙法應群心，彼兩足尊宜往見。
三世諸佛所有願，菩提樹下皆宣說，一剎那中悉現前，汝可速詣如來所。
毘盧遮那大智海，面門舒光無不見，今待眾集將演音，汝可往觀聞所說。

爾時，「十方世界海」一切眾會，蒙佛光明所開覺已，各共來詣毘盧遮那如來所，親近供養。所謂：

1

此「華藏莊嚴世界海」東，次有「世界海」，名「清淨光蓮華莊嚴」。彼「世界種」中，有國土名「摩尼瓔珞金剛藏」，佛號「法水覺虛空無邊王」。
(1)於彼如來大眾海中，有菩薩摩訶薩，名「觀察勝法蓮華幢」，與「世界海」微塵數諸菩薩俱，來詣佛所，
(2)各現十種「菩薩身相雲」，遍滿虛空而不散滅；
(3)復現十種「雨一切寶蓮華光明雲」，
(4)復現十種「須彌寶峯雲」，
(5)復現十種「日輪光雲」，
(6)復現十種「寶華瓔珞雲」，
(7)復現十種「一切音樂雲」，
(8)復現十種「末香樹雲」，
(9)復現十種「塗香燒香眾色相雲」，
(10)復現十種「一切香樹雲」。
如是等「世界海」微塵數「諸供養雲」，悉遍虛空而不散滅。現是雲已，向佛作禮，以為供養。即於東方，各化作「種種華光明藏」師子之座，於其座上，結跏趺坐。

2

此「華藏世界海」南，次有「世界海」，名「一切寶月光明莊嚴藏」。彼「世界種」中，有國土名「無邊光圓滿莊嚴」，佛號「普智光明德須彌王」。
(1)於彼如來大眾海中，有菩薩摩訶薩，名「普照法海慧」，與「世界海」微塵數諸菩薩俱，來詣佛所。
(2)各現十種「一切莊嚴光明藏摩尼王雲」，遍滿虛空而不散滅；
(3)復現十種「雨一切寶莊嚴具普照耀摩尼王雲」，
(4)復現十種「寶焰熾然稱揚佛名號摩尼王雲」，
(5)復現十種「說一切佛法摩尼王雲」，
(6)復現十種「眾妙樹莊嚴道場摩尼王雲」，
(7)復現十種「寶光普照現眾化佛摩尼王雲」，
(8)復現十種「普現一切道場莊嚴像摩尼王雲」，
(9)復現十種「密焰燈說諸佛境界摩尼王雲」，
(10)復現十種「不思議佛剎宮殿像摩尼王雲」，
(11)復現十種「普現三世佛身像摩尼王雲」。

如是等「世界海」微塵數「摩尼王雲」，悉遍虛空而不散滅。現是雲已，向佛作禮，以為供養。即於南方，各化作「帝青寶閻浮檀金蓮華藏」師子之座，於其座上，結跏趺坐。

3

此「華藏世界海」西，次有「世界海」，名「可愛樂寶光明」。彼「世界種」中，有國土名「出生上妙資身具」，佛號「香焰功德寶莊嚴」。
(1)於彼如來大眾海中，有菩薩摩訶薩，名「月光香焰普莊嚴」，與「世界海」微塵數諸菩薩俱，來詣佛所，
(2)各現十種「一切寶香眾妙華樓閣雲」，遍滿虛空而不散滅；
(3)復現十種「無邊色相眾寶王樓閣雲」，
(4)復現十種「寶燈香焰樓閣雲」，
(5)復現十種「一切真珠樓閣雲」，
(6)復現十種「一切寶華樓閣雲」，
(7)復現十種「寶瓔珞莊嚴樓閣雲」，
(8)復現十種「普現十方一切莊嚴光明藏樓閣雲」，
(9)復現十種「眾寶末間錯莊嚴樓閣雲」，
(10)復現十種「周遍十方一切莊嚴樓閣雲」，
(11)復現十種「華門鐸網樓閣雲」。
如是等「世界海」微塵數「樓閣雲」，悉遍虛空而不散滅。現是雲已，向佛作禮，以為供養。即於西方，各化作「真金葉大寶藏」師子之座，於其座上，結跏趺坐。

4

此「華藏世界海」北，次有「世界海」，名「毘瑠璃蓮華光圓滿藏」。彼「世界種」中，有國土名「優鉢羅華莊嚴」，佛號「普智幢音王」。
(1)於彼如來大眾海中，有菩薩摩訶薩，名「師子奮迅光明」，與「世界海」微塵數諸菩薩俱，來詣佛所，
(2)各現十種「一切香摩尼眾妙樹雲」，遍滿虛空而不散滅；
(3)復現十種「密葉妙香莊嚴樹雲」，
(4)復現十種「化現一切無邊色相樹莊嚴樹雲」，
(5)復現十種「一切華周布莊嚴樹雲」，
(6)復現十種「一切寶焰圓滿光莊嚴樹雲」，
(7)復現十種「現一切栴檀香菩薩身莊嚴樹雲」，
(8)復現十種「現往昔道場處不思議莊嚴樹雲」，
(9)復現十種「眾寶衣服藏如日光明樹雲」，
(10)復現十種「普發一切悅意音聲樹雲」。
如是等「世界海」微塵數「樹雲」，悉遍虛空而不散滅。現是雲已，向佛作禮，以為供養。即於北方，各化作「摩尼燈蓮華藏」師子之座，於其座上，結跏趺坐。

5

此「華藏世界海」東北方，次有「世界海」，名「閻浮檀金玻瓈色幢」。彼「世界種」

中，有國土名「眾寶莊嚴」，佛號「一切法無畏燈」。
(1)於彼如來大眾海中，有菩薩摩訶薩，名「最勝光明燈無盡功德藏」，與「世界海」
　　微塵數諸菩薩俱，來詣佛所，
(2)各現十種「無邊色相寶蓮華藏師子座雲」，遍滿虛空而不散滅；
(3)復現十種「摩尼王光明藏師子座雲」，
(4)復現十種「一切莊嚴具種種校飾師子座雲」，
(5)復現十種「眾寶鬘燈焰藏師子座雲」，
(6)復現十種「普雨寶瓔珞師子座雲」，
(7)復現十種「一切香華寶瓔珞藏師子座雲」，
(8)復現十種「示現一切佛座莊嚴摩尼王藏師子座雲」，
(9)復現十種「戶牖階砌及諸瓔珞一切莊嚴師子座雲」，
(10)復現十種「一切摩尼樹寶枝莖藏師子座雲」，
(11)復現十種「寶香間飾日光明藏師子座雲」。
如是等「世界海」微塵數「師子座雲」，悉遍虛空而不散滅。現是雲已，向佛作禮，
以為供養。即於東北方，各化作「寶蓮華摩尼光幢」師子之座，於其座上，結跏
趺坐。

6

此「華藏世界海」東南方，次有「世界海」，名「金莊嚴瑠璃光普照」。彼「世界種」
中有國土，名「清淨香光明」，佛號「普喜深信王」。
(1)於彼如來大眾海中，有菩薩摩訶薩，名「慧燈普明」，與「世界海」微塵數諸菩
　　薩俱，來詣佛所，
(2)各現十種「一切如意王摩尼帳雲」，遍滿虛空而不散滅；
(3)復現十種「帝青寶一切華莊嚴帳雲」，
(4)復現十種「一切香摩尼帳雲」，
(5)復現十種「寶焰燈帳雲」，
(6)復現十種「示現佛神通說法摩尼王帳雲」，
(7)復現十種「現一切衣服莊嚴色像摩尼帳雲」，
(8)復現十種「一切寶華叢光明帳雲」，
(9)復現十種「寶網鈴鐸音帳雲」，
(10)復現十種「摩尼為臺蓮華為網帳雲」，
(11)復現十種「現一切不思議莊嚴具色像帳雲」。
如是等「世界海」微塵數「眾寶帳雲」，悉遍虛空而不散滅。現是雲已，向佛作禮，
以為供養。即於東南方，各化作「寶蓮華藏」師子之座，於其座上，結跏趺坐。

7

此「華藏世界海」西南方，次有「世界海」，名「日光遍照」。彼「世界種」中，有國
土名「師子日光明」，佛號「普智光明音」。
(1)於彼如來大眾海中，有菩薩摩訶薩，名「普華光焰髻」，與「世界海」微塵數諸
　　菩薩俱，來詣佛所，
(2)各現十種「眾妙莊嚴寶蓋雲」，遍滿虛空而不散滅；

(3)復現十種「光明莊嚴華蓋雲」，
(4)復現十種「無邊色真珠藏蓋雲」，
(5)復現十種「出一切菩薩悲愍音摩尼王蓋雲」，
(6)復現十種「眾妙寶焰鬘蓋雲」，
(7)復現十種「妙寶嚴飾垂網鐸蓋雲」，
(8)復現十種「摩尼樹枝莊嚴蓋雲」，
(9)復現十種「日光普照摩尼王蓋雲」，
(10)復現十種「一切塗香燒香蓋雲」，
(11)復現十種「栴檀藏蓋雲」，
(12)復現十種「廣大佛境界普光明莊嚴蓋雲」。
如是等「世界海」微塵數「眾寶蓋雲」，悉遍虛空而不散滅。現是雲已，向佛作禮，
以為供養。即於西南方，各化作「帝青寶光焰莊嚴藏」師子之座，於其座上，結
跏趺坐。

8

此「華藏世界海」西北方，次有「世界海」，名「寶光照耀」。彼「世界種」中，有國
土名「眾香莊嚴」，佛號「無量功德海光明」。
(1)於彼如來大眾海中，有菩薩摩訶薩，名「無盡光摩尼王」，與「世界海」微塵數
　諸菩薩俱，來詣佛所，
(2)各現十種「一切寶圓滿光雲」，遍滿虛空而不散滅；
(3)復現十種「一切寶焰圓滿光雲」，
(4)復現十種「一切妙華圓滿光雲」，
(5)復現十種「一切化佛圓滿光雲」，
(6)復現十種「十方佛土圓滿光雲」，
(7)復現十種「佛境界雷聲寶樹圓滿光雲」，
(8)復現十種「一切瑠璃寶摩尼王圓滿光雲」，
(9)復現十種「一念中現無邊眾生相圓滿光雲」，
(10)復現十種「演一切如來大願音圓滿光雲」，
(11)復現十種「演化一切眾生音摩尼王圓滿光雲」。
如是等「世界海」微塵數「圓滿光雲」，悉遍虛空而不散滅。現是雲已，向佛作禮，
以為供養。即於西北方，各化作「無盡光明威德藏」師子之座，於其座上，結跏
趺坐。

9

此「華藏世界海」下方，次有「世界海」，名「蓮華香妙德藏」。彼「世界種」中，有
國土名「寶師子光明照耀」，佛號「法界光明」。
(1)於彼如來大眾海中，有菩薩摩訶薩，名「法界光焰慧」，與「世界海」微塵數諸
　菩薩俱，來詣佛所，
(2)各現十種「一切摩尼藏光明雲」，遍滿虛空而不散滅；
(3)復現十種「一切香光明雲」，
(4)復現十種「一切寶焰光明雲」，

(5)復現十種「出一切佛說法音光明雲」，
(6)復現十種「現一切佛土莊嚴光明雲」，
(7)復現十種「一切妙華樓閣光明雲」，
(8)復現十種「現一切劫中諸佛教化眾生事光明雲」，
(9)復現十種「一切無盡寶華藥光明雲」，
(10)復現十種「一切莊嚴座光明雲」。
如是等「世界海」微塵數「光明雲」，悉遍虛空而不散滅。現是雲已，向佛作禮，以為供養。即於下方，各化作「寶焰燈蓮華藏」師子之座，於其座上，結跏趺坐。

10

此「華藏世界海」上方，次有「世界海」，名「摩尼寶照耀莊嚴」。彼「世界種」中，有國土名「無相妙光明」，佛號「無礙功德光明王」。
(1)於彼如來大眾海中，有菩薩摩訶薩，名「無礙力精進慧」，與「世界海」微塵數諸菩薩俱，來詣佛所。
(2)各現十種「無邊色相寶光焰雲」，遍滿虛空而不散滅；
(3)復現十種「摩尼寶網光焰雲」，
(4)復現十種「一切廣大佛土莊嚴光焰雲」，
(5)復現十種「一切妙香光焰雲」，
(6)復現十種「一切莊嚴光焰雲」，
(7)復現十種「諸佛變化光焰雲」，
(8)復現十種「眾妙樹華光焰雲」，
(9)復現十種「一切金剛光焰雲」，
(10)復現十種「說無邊菩薩行摩尼光焰雲」，
(11)復現十種「一切真珠燈光焰雲」。
如是等「世界海」微塵數「光焰雲」，悉遍虛空而不散滅。現是雲已，向佛作禮，以為供養。即於上方，各化作「演佛音聲光明蓮華藏」師子之座，於其座上，結跏趺坐。

十方世界海安立圖

華藏莊嚴
世界海

無礙功德
光明王佛
摩尼寶照耀
莊嚴世界海
無相妙
光明國土

普智幢
音王佛
毘瑠璃蓮華光
圓滿藏世界海
優鉢羅華
莊嚴國土

一切法
無畏燈佛
閻浮檀金玻璨
色幢世界海
眾寶莊嚴國土

無量功德海
光明佛
寶光照耀
世界海
眾香莊嚴
國土

上方

北

東北

法水覺虛空
無邊王佛
清淨光蓮華莊嚴
世界海
摩尼瓔珞
金剛藏國土

東

香焰功德寶
莊嚴佛
可愛樂寶光明
世界海
出生上妙資
身具國土

東南

南

普喜深信王佛
金莊嚴瑠璃光
普照世界海
清淨香光明
國土

普智
光明音佛
日光遍照
世界海
師子日光明
國土

下方

法界光明佛
蓮華香
妙德藏世界海
寶師子光明
照耀國土

普智光明德
須彌王佛
一切寶月光明
莊嚴藏世界海
無邊光圓滿
莊嚴國土

果濱監製

(1)如是等「十億」佛剎微塵數「世界海」中,有「十億」佛剎微塵數菩薩摩訶薩,
　一一各有「世界海」微塵數諸菩薩眾,前後圍遶而來集會。
(2)是諸菩薩,一一各現「世界海」微塵數種種莊嚴諸供養雲,悉遍虛空而不散滅。
(3)現是雲已,向佛作禮,以為供養。
(4)隨所來方,各化作種種寶莊嚴師子之座,於其座上,結跏趺坐。
(5)如是坐已,其諸菩薩身毛孔中,一一各現十「世界海」微塵數一切寶種種色光
　明:
(6)一一光中,悉現十「世界海」微塵數諸菩薩,皆坐蓮華藏師子之座。
(7)此諸菩薩,悉能遍入「一切法界諸安立海」所有微塵;
(8)彼一一塵中,皆有十佛世界微塵數諸廣大剎;
(9)一一剎中,皆有三世諸佛世尊。
(10)此諸菩薩,悉能遍往親近供養;

(1)於念念中,以夢自在,示現法門,開悟「世界海」微塵數眾生,
(2)念念中,以示現一切諸天沒生法門,開悟「世界海」微塵數眾生,
(3)念念中,以說一切菩薩行法門,開悟「世界海」微塵數眾生,
(4)念念中,以普震動一切剎歎佛功德神變法門,開悟「世界海」微塵數眾生,
(5)念念中,以嚴淨一切佛國土顯示一切大願海法門,開悟「世界海」微塵數眾生,
(6)念念中,以普攝一切眾生言辭佛音聲法門,開悟「世界海」微塵數眾生,
(7)念念中,以能雨一切佛法雲法門,開悟「世界海」微塵數眾生,
(8)念念中,以光明普照十方國土周遍法界示現神變法門,開悟「世界海」微塵數
　眾生,
(9)念念中,以普現佛身充遍法界一切如來解脫力法門,開悟「世界海」微塵數眾
　生,
(10)念念中,以普賢菩薩建立一切眾會道場海法門,開悟「世界海」微塵數眾生。

如是普遍一切法界,隨眾生心,悉令開悟。
(1)念念中,一一國土,各令如須彌山微塵數眾生墮惡道者,永離其苦,
(2)各令如須彌山微塵數眾生住邪定者,入正定聚,
(3)各令如須彌山微塵數眾生,隨其所樂生於天上,
(4)各令如須彌山微塵數眾生,安住聲聞、辟支佛地,
(5)各令如須彌山微塵數眾生,事善知識具眾福行,
(6)各令如須彌山微塵數眾生,發於無上菩提之心,
(7)各令如須彌山微塵數眾生,趣於菩薩不退轉地,
(8)各令如須彌山微塵數眾生,得淨智眼,見於如來所見一切諸平等法,
(9)各令如須彌山微塵數眾生,安住諸力諸願海中,以無盡智而為方便淨諸佛國,
(10)各令如須彌山微塵數眾生,皆得安住毘盧遮那廣大願海,生如來家。

爾時,諸菩薩光明中同時發聲,說此頌言:

　諸光明中出妙音,普遍十方一切國,演說佛子諸功德,能入菩提之妙道。

劫海修行無厭倦，令苦眾生得解脫，心無下劣及勞疲，佛子善入斯方便。
盡諸劫海修方便，無量無邊無有餘，一切法門無不入，而恒說彼性寂滅。
三世諸佛所有願，一切修治悉令盡，即以利益諸眾生，而為自行清淨業。
一切諸佛眾會中，普遍十方無不往，皆以甚深智慧海，入彼如來寂滅法。
一一光明無有邊，悉入難思諸國土，清淨智眼普能見，是諸菩薩所行境。
菩薩能住一毛端，遍動十方諸國土，不令眾生有怖想，是其清淨方便地。
一一塵中無量身，復現種種莊嚴剎，一念沒生普令見，獲無礙意莊嚴者。
三世所有一切劫，一剎那中悉能現，知身如幻無體相，證明法性無礙者。
普賢勝行皆能入，一切眾生悉樂見，佛子能住此法門，諸光明中大音吼。

~果濱其餘著作一覽表~

一、《大佛頂首楞嚴王神咒·分類整理》(國語)。1996 年 8 月。大乘精舍印經會發行。書籍編號 C-202。

二、《生死關初篇》。1996 年 9 月。大乘精舍印經會發行。書籍編號 C-207。

三、《雞蛋葷素說》。1998 年。大乘精舍印經會發行。☛ISBN：957-8389-12-4。

四、《生死關全集》。1998 年。和裕出版社發行。☛ISBN：957-8921-51-9。

五、《修行先從不吃蛋做起》。2001 年 3 月。大乘精舍印經會發行。☛ISBN：957-8389-12-4。

六、《大悲神咒集解(附千句大悲咒文)》。2002 年 9 月。台南噶瑪噶居法輪中心貢噶寺發行。新鳴遠出版有限公司製作。☛ISBN：957-28070-0-5。

七、《唐密三大咒》。2006 年 8 月。新鳴遠出版有限公司發行。☛ISBN：978-957-8206-28-1。

八、《漢傳穢跡金剛法集》。2007 年 8 月。新鳴遠出版有限公司發行。☛ISBN：978-957-8206-31-1。

九、《楞嚴經聖賢錄·上》。2007 年 8 月。萬卷樓圖書股份有限公司發行。☛ISBN：978-957-739-601-3。

十、《楞嚴經傳譯及其真偽辯證之研究》。2009 年 8 月。萬卷樓圖書股份有限公司發行。☛ISBN：978-957-739-659-4。

十一、《果濱學術論文集(一)》。2010 年 9 月。萬卷樓圖書股份有限公司發行。☛ISBN：978-957-739-688-4。

十二、《淨土聖賢錄五編卷一·往生比丘》。2010 年 12 月。大乘精舍印經會發行。

✠大乘精舍印經會
　地址：台北市漢口街一段 132 號 6 樓
　電話：(02)23145010、23118580

✠和裕出版社
　地址：台南市海佃路二段 636 巷 5 號
　電話：(06)2454023

✠新鳴遠出版有限公司
　地址：708 台南市安平區建平三街 216 巷 15 號
　電話：(06)2976459

✠萬卷樓圖書股份有限公司
　地址：臺北市羅斯福路二段 41 號 6 樓之 3
　電話：(02)23216565·23952992

國家圖書館出版品預行編目資料

果濱學術論文集(一)／果濱 撰. --初版. --
臺北市：萬卷樓, 2010.09
　面；　　公分
　ISBN 978－957－739－688－4 (第 1 冊：精裝)
　1. 佛教　2. 文集
220.7　　　　　　　　　　　　99015351

果濱學術論文集(一)

撰　　　者：陳士濱(法名：果濱)現為德霖技術學院通識中心專任教師
發　行　人：陳滿銘
封 面 設計：張守志
出　版　者：萬卷樓圖書股份有限公司
　　　　　　地址：臺北市羅斯福路二段 41 號 6 樓之 3
　　　　　　電話：(02)23216565．23952992
　　　　　　傳真：(02)23944113
　　　　　　劃撥帳號：15624015
出版登記證：新聞局局版臺業字第 5655 號
網　　　址：http://www.wanjuan.com.tw
E－mail　：wanjuan@seed.net.tw
作 者 網站：http://www.ucchusma.net/sitatapatra/
承 印 廠商：中茂分色製版印刷事業股份有限公司
定　　　價：490 元
出 版 日期：2010 年 9 月初版